Deutsche Texte 43
Herausgegeben von Gotthart Wunberg

Literarische Wertung

Texte zur Entwicklung der Wertungsdiskussion in der Literaturwissenschaft

Ausgewählt, eingeleitet und herausgegeben von
NORBERT MECKLENBURG

Deutscher Taschenbuch Verlag

Max Niemeyer Verlag
Tübingen

CIP-Kurztitelaufnahme der Deutschen Bibliothek

Literarische Wertung : Texte zur Entwicklung d. Wertungsdiskussion in d. Literaturwiss. / ausgew., eingel. u. hrsg. von Norbert Mecklenburg. – 1. Aufl. – [München] : Deutscher Taschenbuch-Verlag; Tübingen : Niemeyer, 1977.

(Deutsche Texte ; 43)
ISBN 3-423-04283-4 (Dt. Taschenbuch-Verl.)
ISBN 3-484-19042-6 (Niemeyer)

NE: Mecklenburg, Norbert [Hrsg.]

Satz: Bücherdruck Wenzlaff, Kempten

ISBN Niemeyer 3-484-19042-6
ISBN dtv 3-423-04283-4

Inhaltsverzeichnis

Einleitung

Ursprung des Problems der literarischen Wertung

Gewertet wird Literatur, seit es sie gibt. Über das Werten nachgedacht hat die Literaturwissenschaft schon in ihren Anfängen. Bereits Herder und Friedrich Schlegel benutzten die Formel vom »Wert und Unwert« der Dichtung.[1]* Als besonderer literaturwissenschaftlicher Problembereich trat Wertung jedoch erst vor fünfzig Jahren hervor. Seitdem spricht man vom Problem der literarischen Wertung.

Der Ursprung dieses neuen Problems könnte in der fortgeschrittenen wissenschaftlichen Arbeitsteilung gesucht werden. Die Literaturwissenschaft mußte ihre Aufgabengebiete und Methoden immer mehr differenzieren und sonderte dabei auch einen Bereich ›literarische Wertung‹ aus. Die germanistischen Handbücher seit Oskar Walzels ›Gehalt und Gestalt‹, die Wertung in einem abgetrennten Kapitel behandeln, legen diese Auffassung nahe. Aber sie wäre oberflächlich. Die Entstehung des Bewußtseins, daß literarische Wertung ein Problem sei, hat tiefere geschichtliche Ursachen. Sie ist verflochten mit der Krise der bürgerlichen Gesellschaft, die im geistigen Bereich die Erfahrung einer umfassenden ›Kulturkrise‹ in den Jahrzehnten um die Jahrhundertwende hervorgerufen hat. Geschichte und Gegenwart, Literatur und Gesellschaft schienen mehr und mehr auseinanderzufallen. Der Bruch mit der Tradition, durch den sich die aufsteigende bürgerliche Gesellschaft vormals von ihren geschichtlichen Herkunftswelten emanzipiert hatte, weitete sich nun auf ihre eigenen Grundlagen aus. Das Problem der literarischen Wertung entsprang letztlich der Ratlosigkeit angesichts der von Nietzsche beobachteten Entwertung der ›obersten Werte‹.

---

* Kurztitel beziehen sich auf das Literaturverzeichnis am Ende dieses Bandes.

1 Johann Gottfried Herder: Sämmtliche Werke, hrsg. v. B. Suphan, Berlin 1877ff., S. 216; Friedrich Schlegel: Prosaische Jugendschriften, hrsg. v. J. Minor, Bd. 1.2, Wien 1882, Bd. 2, S. 11 (»Vom ästhetischen Werthe der Griechischen Komödie«).

Seine systematische literaturwissenschaftliche Erörterung wurde möglich im Rahmen der seit Dilthey in Angriff genommenen Theorie der Geisteswissenschaften, die in Auseinandersetzung mit Historismus und Positivismus das praktisch-normative Fundament der historisch-hermeneutischen Wissenschaften offenzulegen suchte. Der Historismus hatte von Anbeginn den Schatten des Relativismus auch auf die Literaturwissenschaften geworfen und dadurch die Frage nach den Bedingungen der Möglichkeit von literarischer Wertung und Kritik allererst gestellt. Der Positivismus hatte das gegenständliche Gewicht der Literaturwissenschaft von den Texten auf die Autoren, das methodische von der kritischen Interpretation auf ›wertfreie‹ Beschreibung verschoben und damit die Frage der Wertung verdrängt. Die geisteswissenschaftliche Hermeneutik stellte im Gegenzug dazu den ›Lebensbezug‹ der historischen und philologischen Disziplinen und die methodologische Einheit von Interpretation und Wertung heraus. Hier konnte die literaturwissenschaftliche Theorie der Wertung anknüpfen.

Diese Theoriebildung geschah freilich keineswegs in ideologiefreiem Raum. Das Problem der literarischen Wertung stellt ja keine theoretische Spezialfrage dar, sondern verweist auf die Grundlagenproblematik der Literaturwissenschaft selbst und damit auf deren gesellschaftlichen Funktionszusammenhang. Die konservativen, idealistischen und nationalen Vorstellungen, die bereits den ideologischen Hintergrund der Diltheyschen Theorie bestimmten, traten in der ›geisteswissenschaftlichen‹ Germanistik massiv hervor. Das Krisenbewußtsein, dem das Problem der literarischen Wertung seine Entstehung verdankt, führte nicht zu radikaler, an die gesellschaftlichen Wurzeln der Krise führender Kritik, sondern zu abschirmenden ideologischen Reaktionen. Die literaturwissenschaftliche Wertungslehre wurde von vornherein dazu benutzt, die traditionellen bürgerlichen ›Kulturgüter‹ gegen die literarische Avantgarde ebenso wie gegen die ›Massenliteratur‹ zu verteidigen. Sie ergriff Partei für die herrschende Kultur. Die Geschichte der literarischen Wertungstheorien ist weithin Ideologiegeschichte der Literaturwissenschaft.

Geisteswissenschaftliche und ›völkische‹ Wertungstheorie

Dennoch ist, wo über literarische Wertung gesprochen wurde, nicht nur Ideologie vermittelt worden. Das Kapitel über das Werturteil in Walzels Lehrbuch von 1923[2] stellt den ersten auch methodologisch fruchtbaren Beitrag zur Theorie der literarischen Wertung dar. Walzel wendet sich gleichermaßen gegen die positivistische Trennung von Wissenschaft und Werturteil wie gegen eine irrationalistische Überordnung des ›Werterlebnisses‹ über das wissenschaftlich fundierte Werturteil. Gegen alle metaphysische Rede von der Zeitlosigkeit der Kunst und ihrer Werte führt Walzel eine »geschichtliche Betrachtungsart« ins Feld, die einmal den Rang der Literatur – den ›Kulturwert‹ – danach bemißt, wieweit sie adäquater Ausdruck ihrer Zeit ist, die zum andern die an der Wirkungsgeschichte etwa Goethes abzulesende historische Relativität der Wertungen durch eine geisteswissenschaftliche Typenlehre zu ordnen sucht.

Enger als Walzel stellte Ermatinger die literaturwissenschaftliche »Urteilsbildung«[3] in die ideologischen Auseinandersetzungen der Zeit hinein, deren gesellschaftliche Basis er jedoch sogleich mystifizierte, indem er vom Kampf der beiden »Grundströme« einer mechanistischen und einer geistigen Weltanschauung sprach. In ihm stellen sich nach Ermatinger auf symbolische Weise »überzeitliche, allgemeine Richtungen des menschlichen Gemütes« dar. Den von der Kulturkrise nach dem Weltkrieg heraufgeführten Verlust der Maßstäbe wollte er dadurch überwinden, daß er die Subjektivität des Einzelurteils durch Beziehung auf ein Generations- und Zeitbewußtsein ausweitete – die grob vereinfachte Version eines Gedankens, den Troeltsch als ›Kultursynthese‹ der Gegenwart gefaßt hatte.[4] Ermatinger benutzte ihn, um zur Wertentscheidung gegen den ›Materialismus‹ für die ›Tiefen des Gemütes‹ aufzurufen. Mit solchen irrationalistischen Thesen bewegte sich die literaturwissenschaftliche Wertungslehre bereits im unmittelbaren ideologischen Vorfeld des Faschismus.[5]

In der Nähe Ermatingers steht das Buch von Beriger, die erste größere Monographie zur literarischen Wertung.[6] Beriger versuchte konsequent mit Hilfe des Symbolbegriffs, die sogenannten außer-

---

[2] Walzel: Gehalt und Gestalt im Kunstwerk des Dichters, S. 112–143.

[3] Ermatinger: Das dichterische Kunstwerk.

[4] Ernst Troeltsch: Der Historismus und seine Probleme, Halle 1922, S. 164ff.

[5] Ermatinger: Vom Urteilen über Dichtwerke, in diesem Band S. 1–9.

[6] Beriger: Die literarische Wertung.

ästhetischen Werte einzubeziehen. Auf diese Weise wurde es möglich, daß in die scheinbar unpolitische, an der deutschen Klassik orientierte Literatur- und Wertungstheorie nationale Ideologeme einsickerten.

Julius Petersens ›Wissenschaft von der Dichtung‹, 1939 zuerst erschienen, führt »in etwas anderer Anordnung dieselben Kategorien der Wertung« wie Beriger[7] auf. Neben die ästhetischen, ethischen und religiösen Werte treten die ›volkhaften‹:

> »Die *volkhafte* Echtheit wurzelt in arteigenem Verwachsensein mit dem Empfinden der Gemeinschaft und in dem rassebewußten Verantwortungsgefühl einer Gegenwart, die mit Geschichte und Zukunft des eigenen Volkes und der Menschheit sich verknüpft fühlt.«[8]

Einem Autor wie Heine wird von da aus Echtheit zwar in ästhetischer Hinsicht zu-, in ›volkhafter‹ jedoch abgesprochen. Mit dem Anschein systematischer Folgerichtigkeit werden typologische Begriffsspekulationen angestellt, die massives Eindringen von Ideologie ermöglichen. Geisteswissenschaftliche Methodenlehre geht bruchlos in ›völkische‹ Literaturbetrachtung über.[9]

Das Kapitel über »Dichtungsbewertung« in einer methodologischen Aufsatzsammlung von Robert Petsch, mit der er eine »Literaturwissenschaft deutscher Art«[10] vorbereiten wollte, liefert sich, wenn das möglich ist, noch mehr dem völkischen Jargon als das Petersens aus. Petsch erklärt offen Volkstum und Rasse zu den bestimmenden Gesichtspunkten seiner literaturwissenschaftlichen Suche nach deutschem Geist und deutschen Werten.[11] Dem Begriff der Ideologie spottend, werden die Ausführungen Petschs allenfalls von der Kategorie des Geschwätzes getroffen. Sie repräsentieren den tiefsten Stand der germanistischen Wertungstheorie.

---

7 Petersen: Die Wissenschaft von der Dichtung, S. 621. – Die Erteilung der Abdrucklizenz für den Abschnitt »Wertmaßstäbe« aus diesem Buch (S. 270–276) wurde kategorisch abgelehnt.

8 Ebd., S. 272.

9 Daran ändert auch nichts die allzu verspätet an »jugendliche Literarhistoriker« gerichtete Warnung vor »blindem Übereifer in rassischer Analyse von Dichtungen«, die Petersen einige Jahre später (1940) niederzuschreiben sich genötigt fühlte (ebd., S. 504).

10 Petsch: Deutsche Literaturwissenschaft, S. 4.

11 Ebd., S. 7.

Werkimmanente und phänomenologische Wertungstheorie

Nach 1945 zog sich die Germanistik in scheinbar radikalem Bruch mit ihrer ›völkischen‹ Vergangenheit auf die ›Autonomie‹ des sprachlichen Kunstwerks zurück. Fragen der Wertung wurden mit der Scheu des gebrannten Kindes als ideologieverdächtig umgangen oder auf die letztlich klassizistisch-epigonale Ganzheitslehre der ›werkimmanenten Interpretation‹ reduziert. Jene ›außerästhetischen‹ Werte, die man selber noch vor kurzem lautstark proklamiert hatte, wurden nun als ›uneigentlich‹ ausgeschlossen. Dichtung als ›einheitliche Gestaltung einer eigenen Welt‹ sollte nicht nach ›außerliterarischen‹ Kriterien, sondern gemäß ihren eigenen immanenten Gesetzen bewertet werden. Die künstlerische trennte man von der geschichtlichen Wertung ab. Stimmig oder brüchig – auf diese dürre Alternative wurden Probleme der Wertung letzten Endes reduziert.[12]

Dennoch sollte nicht geleugnet werden, daß die ›werkimmanente‹ Wertungstheorie auch Ansätze enthält, die festgehalten bzw. weitergeführt zu werden verdienen. Dazu gehört vor allem die Forderung, die Wertung eines literarischen Textes nicht an der Analyse seiner ästhetischen Struktur vorbei, sondern durch sie hindurch zu vollziehen. Das schließt die weitere, gleichermaßen wichtige und berechtigte Forderung ein, Wertung methodisch aufs engste mit Interpretation zu verknüpfen. Diese Forderungen sind von der werkimmanenten Literaturwissenschaft selbst indessen nur auf wenig plausible Weise erfüllt worden. Wo man das ›Wagnis des Wertens‹ auf sich nahm, geriet man schnell in den ›Jargon der Eigentlichkeit‹.[13]

Im Hintergrund der ›werkimmanenten‹ Wertungstheorie steht als deren philosophische Legitimation die phänomenologische Wertlehre. Beide verbindet der gleiche Antihistorismus. Zahlreiche germanistische Arbeiten zur literarischen Wertung reden einen Wertjargon, der in trivialisierter Form immer die gleichen phänomenologischen Grunddogmen wiederholt: Werturteile gründen im ›Wertgefühl‹. ›Wertschau‹ zeichnet sich durch ›Evidenz‹ aus; wer zu ihr nicht fähig ist, ist mit ›Wertblindheit‹ geschlagen. Dichtung ist ein ›Wertträger‹, der im ›Wertorgan‹ ›Werterlebnisse‹ auslöst. In ihr ›offenbaren‹ sich in zeitgebundener Form ›zeitlose, übergeschichtliche Werte‹. Ihre

---

[12] Kayser: Literarische Wertung und Interpretation, in diesem Band S. 24–41; Vom Werten der Dichtung.

[13] Vgl. etwa Pfeiffer: Umgang mit Dichtung, Kap. II: Wertung.

›Absolutheit‹ wird gerade durch die Relativität der Werturteile bewiesen.[14]

Solche Dogmen werden noch in jüngster Zeit aufgefrischt.[15] Sie halten wissenschaftstheoretischer Überprüfung nicht stand. Sprachanalytische Kritik hat sie als Leerformeln, Tautologien und Zirkelschlüsse durchschaut. Es gibt kein Kriterium, das ›Evidenzerlebnis‹ von einer beliebigen subjektiven Überzeugung zu unterscheiden.[16] Ideologiekritik, die darüber hinaus nach der Funktion dieser Dogmen fragt, die sich so zäh in der Literaturwissenschaft halten, hat den Wertjargon als ›falsches Bewußtsein‹ entlarvt, das die aus geschichtlichen Ursachen entschwundenen Werte als die ewigen zurückrufen möchte. Dem Wertbegriff selbst, von ökonomischen auf ›Kulturgüter‹ übertragen, wohnt eine verdinglichende Tendenz inne: die kritische Auseinandersetzung mit Literatur verkehrt sich in affirmatives Registrieren von ›Werten‹. Die phänomenologische Werttheorie geht – ähnlich wie die werkimmanente – ideologisch Hand in Hand mit literarischem und politischem Konservatismus.

Die Wertlehre Roman Ingardens

Der theoretisch bedeutendste Ansatz einer phänomenologischen Wertästhetik der Literatur, der im Werk Roman Ingardens vorliegt, kann indessen nicht einfach auf Ideologie reduziert werden. Er sei darum an dieser Stelle etwas ausführlicher vorgestellt. Obwohl Ingarden an den Positionen der phänomenologischen Wertlehre dogmatisch, d.h. ohne zureichende Begründungen, hartnäckig festhält[17] und auch sein ausgesprochen konservatives Literaturverständnis deutlich genug – wenn auch meist nur in Anmerkungen – zu erkennen gibt, enthalten seine Arbeiten wichtige Gesichtspunkte, die nicht vorschnell übergangen werden dürfen. Das gilt weniger

---

14 Wutz: Zur Theorie der literarischen Wertung; Seidler: Zum Wertungsproblem in der Literaturwissenschaft; Lockemann: Literaturwissenschaft und literarische Wertung; Hinderer: Literary Value Judgments and Value Cognition.

15 Vgl. Herrmann: Der allein ausziehende Held, S. 321.

16 Topitsch: Kritik der phänomenologischen Wertlehre, S. 22.

17 Ingarden: Vom Erkennen des literarischen Kunstwerks, S. 393f.

für seine speziellen Studien zur literarischen Wertung, die merkwürdig zwischen Dogmatismus und Hilflosigkeit hin- und herschwanken, als für die prinzipiellen erkenntniskritischen Überlegungen, die Ingarden in dem Buch ›Vom Erkennen des literarischen Kunstwerks‹ durchführt. Die Hauptabsicht Ingardens, von der schon sein Hauptwerk ›Das literarische Kunstwerk‹ bestimmt wird, besteht darin, den Subjektivismus und Relativismus in der Literaturinterpretation und -bewertung dadurch zu bekämpfen, daß er deren ›objektive‹ Basis, das Werk selbst und seinen strukturellen Aufbau, in den Mittelpunkt stellt. In dieser Absicht unterscheidet Ingarden das literarische Kunstwerk als ein unabhängig vom Leser existierendes rein intentionales schematisches Gebilde streng von den verschiedenen ›Konkretisationen‹, die bei den einzelnen Rezeptionen des Werkes entstehen können. Nur so ist es möglich – und darin dürfte Ingarden gegenüber einigen modernistischen Literaturwissenschaftlern recht haben –, ein ›richtiges‹ – ›richtig‹ im Sinne von ›textgemäß‹ – von einem ›falschen‹ Verständnis eines literarischen Textes zu unterscheiden.

Der ästhetische Gegenstand konstituiert sich im ›ästhetischen Erlebnis‹, nach Ingarden der ursprünglichen Erfassungsweise des literarischen Kunstwerks. Vom ästhetischen Erlebnis des Lesers sind solche Einstellungen zu unterscheiden, die den Forscher kennzeichnen: einmal das ›vorästhetische forschende Erkennen‹ des literarischen Kunstwerks in seiner schematischen Gestalt, d. h. die literaturwissenschaftliche Analyse der ›objektiven Basis‹ der ästhetischen Konkretisationen, derjenigen Eigenschaften des Textes also, die, vom subjektiven ästhetischen Erlebnis unabhängig, dieses überhaupt erst ermöglichen; zum andern das ›betrachtende Erkennen der ästhetischen Konkretisationen‹ selbst, das seinen Abschluß in der Bestimmung ihres ästhetischen Wertes findet. Dieser ist gegenständlich ›fundiert‹ in ästhetisch wertneutralen Eigenschaften des Kunstwerks. Künstlerischen Wert hat ein Werk also in dem Maße, wie es dazu beiträgt, ästhetische Erlebnisse als ›Wertantworten‹ hervorzurufen und die in ihnen ›erschauend‹ anerkannten ästhetischen Werte zu fundieren. Die Erfassung der künstlerischen Werte gehört zur Aufgabe des vorästhetischen forschenden Erkennens des literarischen Kunstwerks. Ein Schema mag diese Bestimmungen Ingardens noch einmal verdeutlichen:

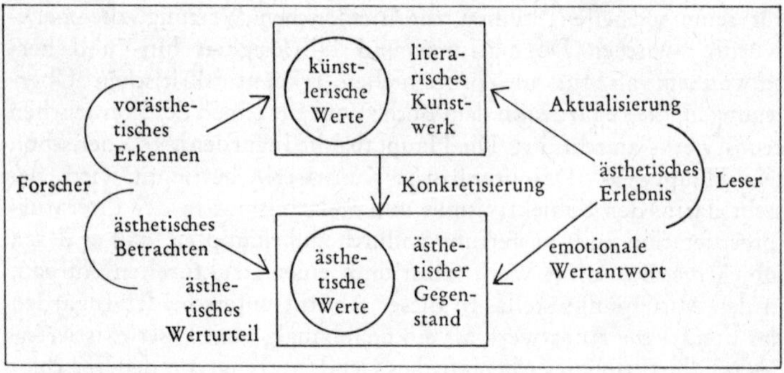

Das vorästhetische forschende Erkennen des literarischen Kunstwerks ist von besonderer Bedeutung, wenn es darum geht, sich von herrschenden ›Moden‹ der Lektüre eines Werkes zu befreien und von mangelhaften zu angemessenen Konkretisationen zu gelangen.[18] Nicht alle in den verschiedenen Konkretisationen aufscheinenden ästhetischen Werte haben eine rechtmäßige Fundierung im betreffenden Kunstwerk selbst, denn nicht alle Konkretisationen sind richtige Interpretationen. Das Werk als schematisches Gebilde läßt aufgrund seiner ›Unbestimmtheitsstellen‹ einen Spielraum von Konkretisierungsmöglichkeiten. Um den jeweiligen ästhetischen Wert abzuwägen, muß der Literaturforscher also eine Reihe von Konkretisationen betrachten, d.h. er darf das betreffende Werk nicht einseitig lesen.[19] Dieses Abwägen gehört bereits zu einer Phase der Betrachtung, in der das Problem der Bewertung auftaucht.[20] Dabei ist die Bewertung der künstlerischen Werte von derjenigen der ästhetischen Werte nach Ingarden strikt zu unterscheiden. Die ästhetischen Werte, die im ästhetischen Erlebnis an der betreffenden Konkretisation ›geschaut‹ werden, sind in sich absolut. Die künstlerischen dagegen sind bloß relationale Werte, d.h. die Werte von Mitteln zur Hervorbringung jener ästhetischen Werte. Diese Mittel oder Werkzeuge sind die Eigenschaften des literarischen Kunstwerks selbst, vermöge welcher es auf den ästhetischen Betrachter einwirkt. Die Grundlage der Bewertung eines Kunstwerks hinsichtlich seines

[18] Ingarden: in diesem Band S. 118f.
[19] Ebd., S. 124. [20] Ebd., S. 126.

künstlerischen Wertes besteht also darin, »in der forschenden Betrachtung unter Berücksichtigung einer Reihe von Konkretisationen denjenigen Bestand an Eigenschaften zu suchen, in welchem die Basis für einen möglichen ästhetischen Wert enthalten sein kann«.[21] Nicht ein Streit um sogenannte Kriterien des Wertes, wie er in den literaturwissenschaftlichen Studien zur literarischen Wertung geführt wird, vermag nach Ingarden das Problem der Wertung zu lösen, vielmehr allein »ein immer genaueres und tieferes analytisches Erkennen« der literarischen Kunstwerke selbst.[22] Es kommt darauf an, »keine allgemeinen ›Kriterien‹ von vornherein aufzustellen, sondern die einzelnen Kunstwerke ganz vorurteilslos zu betrachten und sich von ihnen belehren zu lassen«.[23]

Noch schärfer wendet sich Ingarden gegen die Kriterien im Hinblick auf das wissenschaftliche Betrachten des im ästhetischen Erlebnis konstituierten und in der Wertantwort anerkannten ästhetischen Wertes des Kunstwerks. Er versucht die Auffassung, ohne Kriterien gebe es keine Wertung, abzuwehren, indem er Kriterien überhaupt als etwas dem zu bewertenden Kunstwerk Äußerliches hinstellt. Sie stellen es in ein fremdes Licht und befreien den wertenden Betrachter davon, es »auf eigene Verantwortung mühsam zu erkennen«.[24] Die Berufung auf Kriterien sieht Ingarden als »Flucht vor der Kunst« an, sie widerstreite »dem echten Wesen aller Kunst«. Kriterien führen nur einen skeptischen Relativismus herauf und verhindern »die echte intuitive Erschauung der Werte«.[25]

Ingardens starres Festhalten an den problematischen Positionen der phänomenologischen Wertlehre kommt noch deutlicher darin zum Ausdruck, wie er literarische Werturteile bestimmt. Von rein deskriptiven Sätzen, die das literarische Kunstwerk bzw. den ästhetischen Gegenstand bloß beschreiben, unterscheidet er solche, welche diesen ausdrücklich bewerten, indem sie ihn lobend oder tadelnd beurteilen. Nicht dies sind aber nach Ingarden die echten Werturteile, sondern Sätze einer dritten Gruppe, solche nämlich, welche objektiv feststellen, daß der betreffende Gegenstand einen bestimmten ästhetischen Wert besitzt.[26] In dieser Gruppe haben diejenigen Urteile eine besondere Bedeutung, welche den ästhetischen Wert nicht schlicht benennen, sondern seine Fundierung bestimmen, d. h. auf-

[21] Ebd., S. 129. [22] Ebd., S. 130. [23] Ebd., S. 132.
[24] Ingarden: Vom Erkennen des literarischen Kunstwerks, S. 324.
[25] Ebd., S. 325. [26] Ebd., S. 335.

klären, »in welchen ästhetisch wertneutralen, aber künstlerisch wirksamen und dadurch wertvollen Momenten des betreffenden Kunstwerks der Wert seinen konstitutiven Grund hat«.[27] Diese Urteile, die ein Bindeglied bilden einmal zwischen den beschreibenden und den wertenden Urteilen über den ästhetischen Gegenstand, zum andern auch zwischen der vorästhetischen Erkenntnis des literarischen Kunstwerks und der ästhetischen Betrachtung seiner Konkretisationen, spielen eine wichtige Rolle in der literarischen Wertung. Deren mögliche Objektivität sieht er vor allem gesichert durch eine »weitestgehende Unterwerfung des Forschers unter die vom literarischen Kunstwerk ausgehenden Suggestionen« einerseits, durch seine »ebenso weitgehende Unabhängigkeit von der herrschenden Modeauffassung« und ihren Kriterien.[28]

Diese ganzen Überlegungen Ingardens scheinen sich am Ende jedoch bei aller Spitzfindigkeit hoffnungslos in einem Zirkel zu bewegen, der – vereinfacht – etwa so abläuft:

1. Ein literarisches Kunstwerk hat dann einen künstlerischen Wert, wenn seine Konkretisation einen ästhetischen Wert hat. 2. Die Konkretisation hat dann einen ästhetischen Wert, wenn sie im ästhetischen Erlebnis eine adäquate Wertantwort hervorruft. 3. Eine Wertantwort ist dann adäquat, wenn sie einen im literarischen Kunstwerk selbst fundierten ästhetischen Wert erschaut. 4. Ein ästhetischer Wert ist dann im literarischen Kunstwerk selbst fundiert, wenn dieses einen künstlerischen Wert hat. 5. = 1.

Ingardens objektivistischer Wertbegriff, der sprachanalytischer Kritik nicht standhält, verhindert es, den Widerstreit der Wertungen in Literaturwissenschaft und Literaturkritik anders zu erklären als durch Hinweise auf die partielle Beschränktheit und ›Wertblindheit‹ der Urteilenden. Damit ist aber nur ein neuer Zirkel beschritten, denn wer sollte nun wiederum über ›Wertblindheit‹ urteilen als eben diese an der literarischen Verständigung Beteiligten? Ingarden hat die Sisyphusarbeit seiner Überlegungen zur literarischen Wertung auf die rein erkenntnistheoretische bzw. -kritische Ebene beschränkt und sich jede »positive Forschung« auf diesem Gebiet versagt.[29] Er hat sich dennoch erhofft, daß die auf Probleme der literarischen Wertung mehr und mehr aufmerksam gewordene Literaturwissenschaft, gegenüber deren Wissenschaftlichkeit er übrigens wiederholt äußerste Skepsis anmeldet, in konkreten Untersuchungen erproben

---

[27] Ebd., S. 339. [28] Ebd., S. 341. [29] Ebd., S. 440.

würde, in welchem Maße die von ihm aufgewiesenen Wege wirklich gangbar sind.[30] Diese Hoffnung dürfte sich, nicht wegen der »negative[n] Wühlarbeit« der literaturwissenschaftlichen Wertungstheoretiker,[31] sondern wegen der problematischen Voraussetzungen seines eigenen Ansatzes kaum erfüllen. Ingardens berechtigtes Bemühen, theoretische Mittel bereitzustellen, die angesichts der Gefahr willkürlicher und reduktiver Interpretationen von Literatur ein textgemäßes und ausschöpfendes Verständnis ermöglichen, hat für die Literatur-, Interpretations- und Rezeptionstheorie wichtige Gesichtspunkte aufgefunden, die auch für die Wertungstheorie Bedeutung haben. Seine speziellen Überlegungen zur literarischen Wertung jedoch gehen aufgrund ihres wertphänomenologischen Dogmatismus an den konkreten Fragen der Literaturwissenschaft und Literaturkritik vorbei.

Rehistorisierung der Wertungstheorie

Die Ende der fünfziger Jahre einsetzende Kritik an der ›werkimmanenten Interpretation‹ im Zuge einer allmählichen Rehistorisierung der literaturwissenschaftlichen Methode hob auch die Wertungsdiskussion nach und nach auf eine neue Reflexionsstufe, wobei man freilich oft genug einfach auf das Alte, die vorübergehend verdrängte geisteswissenschaftliche Wertungstheorie, zurückgriff. Der Absolutheitsanspruch formalistischer Wertvorstellungen wurde zurückgewiesen, eine Einheit von Literaturgeschichte und Literaturkritik gefordert.[32] Die konstitutive Geschichtlichkeit und ›Offenheit‹ des literarischen Kunstwerks wurde entdeckt bzw. wiederentdeckt.[33] Die wichtigsten Beiträge dieser Phase stammen von Hans-Egon Hass, Wilhelm Emrich und Walter Müller-Seidel. Hans-Egon Hass unternahm es in einer scharfsinnigen und umfangreichen Abhandlung, deren theoretischer Ansatz freilich stark von der phänomenologischen Wertlehre beeinflußt ist, ästhetische und geschichtliche

30 Hier zeigen sich selbst Ingardens Werttheorie positiv gegenüberstehende Literaturwissenschaftler wie Joseph Strelka äußerst skeptisch; vgl. Strelka: Die gelenkten Musen, S. 352.

31 Ingarden: Vom Erkennen des literarischen Kunstwerks, S. 432.

32 Sengle: Ein Aspekt der literarischen Wertung; Zur Einheit von Literaturgeschichte und Literaturkritik.

33 Wehrli: Wert und Unwert in der Dichtung.

Kriterien der literarischen Wertung systematisch zu bestimmen und die mögliche Intersubjektivität eines literarischen Werturteils aus seiner Beziehung auf das Wert- und Bildungsbewußtsein einer »Kulturgemeinschaft« abzuleiten.[34] Nach dem Abdanken des werkimmanenten Absolutismus erneut mit einer pluralistischen ›Anarchie der Werte‹ konfrontiert, griff Hass wie seinerzeit schon Ermatinger auf den Philosophen Ernst Troeltsch zurück, der den historischen Relativismus der Werte mit Hilfe einer ›Kultursynthese‹ der Gegenwart zu überwinden gehofft hatte. Das einzelne literarische Werk wie auch die Literatur insgesamt als »Wertsystem« soll nach Hass aus dem Zusammenhang mit dem kulturellen Ganzen und von den aktuellen ›Interessen‹ aus, die das Wertbewußtsein der Gegenwart bestimmen, beurteilt werden.[35]

Auch Wilhelm Emrich versucht, den ästhetischen Formalismus einerseits, den historischen Relativismus andererseits zu überwinden.[36] Seine zentrale These besagt, daß sich die literarischen Erscheinungen jeweils bestimmten menschlichen »Daseins- und Bewußtseinsstufen« zuordnen und von hier aus bewerten ließen – ein Ansatz, den Emrich selbst in Parallelsetzung zu dem Emil Staigers ontologisch oder phänomenologisch, beides auch im Sinne von anthropologisch, nennt, den man aber vielleicht besser als ›geschichtsphilosophisch‹ bezeichnet. Emrichs konservativ-idealistische und im übrigen recht eklektizistische Literatur- und Wertungstheorie reicht freilich an ihr großes historisches Vorbild, die Kunstphilosophie Hegels mit ihrer dialektischen Zuordnung von Kunst-, Bewußtseins- und Gesellschaftsstufen, nicht im entferntesten heran. Es ist Emrich weder theoretisch noch in seinen exemplarischen Analysen gelungen, die historische und zugleich wertende Zuordnung von Literatur und Bewußtsein hinreichend zu begründen. Aber so vage dieser Ansatz auch formuliert, so flüchtig er skizziert ist, er weist doch im Prinzip über eine bloße Synthese aus formalistischer und geistesgeschichtlicher Wertung, worauf sich die übrigen Ansätze zumeist beschränken, hinaus auf eine kritische, d. h. das Verhältnis von Literatur und Gesellschaft reflektierende Wertungstheorie. Die bei-

---

[34] Hass: in diesem Band S. 41.

[35] Ebd., S. 46; zu Troeltsch s. o. Anm. 4.

[36] Emrich: Das Problem der Wertung und Rangordnung literarischer Werke, in diesem Band S. 48–69; Bewußtseins- und Daseinsstufen der Dichtung.

den übrigen Hauptpunkte seiner Theorie, das Kriterium der ›Unausschöpfbarkeit‹ der großen Werke vermöge des von ihnen in Gang gebrachten und gehaltenen wirkungsgeschichtlichen Kontinuums der Reflexion und die These von einer ›absoluten Rangordnung‹ der Literatur, sind mit Recht als unhaltbar kritisiert worden.[37]

Die für diese Phase der germanistischen Wertungstheorie repräsentativste Arbeit ist das Buch Walter Müller-Seidels über ›Probleme der literarischen Wertung‹ (1965), das bereits in zweiter Auflage (1969) erschienen ist. Müller-Seidel besticht einmal durch die Fülle aus konkreter literaturgeschichtlicher Anschauung gewonnener und immer lehrreicher Einzelanalysen, an denen es in allen andern Arbeiten zur literarischen Wertung sehr mangelt, zum andern durch die große Flexibilität seiner aspektreichen, nach vielen Seiten offenen theoretischen Überlegungen. Dadurch wird sein problematischer Grundansatz teilweise überdeckt. Bei aller geschichtlichen Bewußtheit postuliert Müller-Seidel doch – in der Nachfolge geisteswissenschaftlicher Werttheorie – »überzeitliche Strukturen und Typologien«,[38] eine übergeschichtliche Norm, ein Unbedingtes, Absolutes, ohne welches literarische Wertung seiner Auffassung nach dem Historismus verfallen würde, und versucht, diese Norm in den fünf Momenten des Öffentlichen, Höheren, Ganzen, Wahren und Menschlichen umschreibend zu erfassen. Diese Begriffe werden aber viel zu vage gebraucht, als daß sie literarischer Wertung praktisch als Kriterien dienen könnten. Müller-Seidels Erörterungen umstrittener literarischer Phänomene machen immer genau dort halt, wo konsequente geschichtliche Analyse auf den Zusammenhang von Literatur und Gesellschaft stoßen und wo demnach literarische Wertung in Ideologiekritik übergehen müßte. Hinter seiner pluralistisch anmutenden Wertungstheorie verbirgt sich ein literarischer und wissenschaftlicher Konservatismus, der sich – wie die germanistische Wertungstheorie von Anbeginn – weniger kritischer Überprüfung als ideologischer Abschirmung der traditionellen literarischen Werte widmet.

Müller-Seidels Arbeit stellt darum eher den Abschluß einer alten als den Anfang einer neuen Richtung literaturwissenschaftlicher

---

37 Vgl. Wunberg: Interpretation und Wertung, in diesem Band S. 70–81; Gerth: ›Ästhetische‹ und ›ontologische‹ Wertung.

38 Müller-Seidel: Wertung und Wissenschaft im Umgang mit Literatur, S. 29.

Wertungstheorie dar. Sie reiht sich in jene ›geisteswissenschaftliche‹ Literaturbetrachtung ein, die mit ihrem Drang nach ›höheren‹, ›zeitlosen‹ Werten klassisch-ästhetische Denkweisen in verdinglichter Form, ohne kritische Reflexion auf den widerspruchsvollen Zusammenhang des klassischen Autonomiebegriffs, festhält. Diese autonomieästhetische Wertungstheorie, von der die Germanistik bis in einzelne ihrer Wertungskriterien hinein bisher beherrscht worden ist, fordert mit ihrem in der Regel ästhetisch epigonalen und politisch affirmativen Charakter Ideologiekritik heraus.[39]

Die Wendung zur Wissenschaftstheorie. Gegenwärtige Positionen

Mit der Aufnahme und Kritik des Ansatzes von Müller-Seidel ist die literaturwissenschaftliche Wertungstheorie in eine neue Phase eingetreten: die wissenschaftstheoretische. Die wissenschaftsgeschichtliche Auseinandersetzung mit der ›völkischen‹ Vergangenheit der Germanistik, die hochschulpolitische Diskussion über die gesellschaftliche Aufgabe der Geisteswissenschaften, der Streit um den literaturwissenschaftlichen ›Methodenpluralismus‹, die kritische Fortführung der hermeneutischen Theorie haben Gesichtspunkte ins Licht gerückt, die es notwendig machen, die Wertungstheorie in einen wissenschaftstheoretischen Rahmen zu stellen. Müller-Seidel selbst hat hierzu erste Schritte unternommen, indem er die Alternative ›Werturteilsfreiheit‹ oder ›Parteilichkeit‹, ›positivistische‹ oder ›materialistische‹ Literaturwissenschaft zugunsten eines hermeneutisch-offenen Standorts zu überwinden suchte.[40] Vor einer ›Ideologisierung‹ der Fachwissenschaft warnend, hat er indessen die ideologische Basis dieses scheinbar ›höheren‹ Standorts nicht durchschaut.[41]

Neuere wissenschaftstheoretisch orientierte Arbeiten zur literarischen Wertung versuchen gegenwärtig, angeleitet von kritischer Gesellschaftstheorie, über eine wissenschaftliche ›Selbstreflexion‹ das praktisch-normative Fundament der Literaturwissenschaft, ihr ›erkenntnisleitendes Interesse‹, offenzulegen, um auf dieser Basis ein-

[39] Vgl. Schulte-Sasse: Autonomie als Wert, in diesem Band S. 148–177.

[40] Müller-Seidel: Wertung und Wissenschaft im Umgang mit Literatur, S. 24f.

[41] Vgl. Völker: Skizze einer marxistischen Literaturwissenschaft, S. 83–99; Schulte-Sasse: Literarische Wertung, S. 64–70.

mal Ideologiekritik an traditionellen Wertungen, Kriterien und Normen der Literaturwissenschaft üben, zum andern inhaltliche und methodische Prinzipien für eine kritische Praxis aufstellen zu können.[42]

Es wäre indessen eine Illusion, von wissenschaftstheoretischer Arbeit die Erstellung eines theoretischen Rahmens für literarische Wertung zu erwarten, der allgemeine Zustimmung findet. Die Aufgabe der Wertung wahrnehmend, ist die Literaturwissenschaft nicht neutraler Beobachter, sondern engagierter Teilnehmer an der literarischen Kommunikation und damit unausweichlich in die Interessengegensätze verstrickt, die deren Hintergrund bilden.[43] Diese Gegensätze, Ausdruck von grundlegenden Widersprüchen des gesellschaftlichen Systems, bestimmen nicht nur ihre einzelnen Wertungen mit, sondern darüber hinaus die Strategien der Kriterienwahl und letztlich auch die wissenschaftstheoretischen Rahmenüberlegungen, von denen sie jeweils legitimiert werden. Wie sich in der Bildungspolitik konservative, ›technokratische‹ und demokratisch-sozialistische Interessen unterscheiden, so können auch die gegenwärtigen theoretischen Positionen zur literarischen Wertung in drei verschiedene Interessenrichtungen eingeordnet werden: eine konservativ-geistesgeschichtliche, die unter Berufung auf die traditionelle Hermeneutik und Theorie der Geisteswissenschaften vor allem Anspruch und Geltung der literarischen Überlieferung, der bürgerlichen ›Bildungswerte‹ zumal, erhalten möchte; eine ›modernistische‹, die sich – teilweise unter dem Einfluß ›neopositivistischer‹ Wissenschaftstheorie – auf verschiedene neuere Methodenansätze stützt, um den literarisch-ästhetischen Wert ›exakter‹ zu bestimmen; und eine kritische, die im Anschluß sei es an die kritische Gesellschaftstheorie, Ästhetik und Hermeneutik der ›Frankfurter Schule‹, sei es an entschlossener ›materialistische‹ Positionen literarische Wertung wie Literaturwissenschaft als Moment aufklärerisch-emanzipatorischer gesellschaftlicher Praxis begreift.

Diese Einteilung ist freilich sehr grob. Sie unterschlägt, daß insbesondere die ganz summarisch als ›modernistisch‹ bezeichnete Richtung sich aus höchst verschiedenartigen noch näher zu bezeichnenden

---

42 Vgl. u. a. die Ansätze bei Weber: Über eine Theorie der Literaturkritik; Mecklenburg: Kritisches Interpretieren; Lindner: Probleme der literarischen Wertung.

43 Mecklenburg/Müller: Erkenntnisinteresse und Literaturwissenschaft.

Positionen zusammensetzt, daß die breite Masse der Literaturwissenschaftler vermutlich in keine der drei Richtungen einzuordnen ist, weil sie das Problem der literarischen Wertung von vornherein aus ihrem wissenschaftlichen Bewußtsein verdrängt, und schließlich daß in der Wertungsdiskussion auch Argumente vorgebracht werden, die als über die jeweilige Interessenposition hinaus plausibel anzuerkennen sind. Während die konservative Position immer noch bei den meisten Beiträgen zur Theorie der literarischen Wertung bis hin zu denen Müller-Seidels durchschlägt, seien sie mehr phänomenologisch an Ingarden, seien sie mehr geistesgeschichtlich an Dilthey orientiert, haben sich andere, weiterführende Ansätze bisher wenig Gehör in der Germanistik verschaffen können.

›Modernistische‹ Ansätze

Als ›modernistisch‹ seien hier die Ansätze zu einer mathematischen bzw. informationstheoretischen, zu einer sprachanalytischen und zu einer semiotisch-rezeptionstheoretischen Wertungslehre zusammengefaßt, weil sie die Ablehnung der traditionellen idealistisch-geistesgeschichtlichen Wertungstheorien vereinigt, ohne daß sie jedoch einer radikalen, materialistischen Kritik an diesen Raum geben. Sie streben in erster Linie eine Anpassung der Wertungstheorie an neue literaturwissenschaftliche Methoden, ihre Modernisierung, an.

Von ihnen hat diejenige wohl am wenigsten Praktikables erbracht, die sich – im Anschluß an G. D. Birkhoff oder Max Bense[44] – um eine Mathematisierung der literarisch-ästhetischen Wertbestimmung bemüht. Die Berechnungsformeln sind entweder zu simpel, um triftige Urteile über literarische Texte zu ermöglichen, oder sie beruhen auf zu vielen, ihrerseits nicht wieder mathematisierbaren Voraussetzungen.[45]

Erheblich wichtiger sind die vorwiegend von der angloamerikanischen Literaturkritik ausgearbeiteten sprachanalytischen Aspekte zur Theorie der Wertung. Wie gegenüber dem Dogmatismus der Wertphänomenologie die analytische Philosophie die Logik von Werturteilen einer Aufklärung nähergebracht hat,[46] so gelang es

---

[44] Vgl. Mecklenburg: Kritisches Interpretieren, S. 34ff.
[45] Vgl. auch Krause: Ästhetische Wertung als Aggregation.
[46] Kraft: Die Grundlagen einer wissenschaftlichen Wertlehre.

erst einer sprachanalytischen Theorie der Kritik, die Funktion von evaluativen, d. h. wertenden Sätzen im literaturwissenschaftlich-literaturkritischen ›Sprachspiel‹, ihr Zusammenwirken mit deskriptiven und interpretativen Sätzen und ihre Beziehung auf Kriterien, sichtbar zu machen.[47] Der sprachanalytische Ansatz bewährt sich allerdings weniger bei der theoretischen Begründung als vielmehr bei der kritischen Prüfung der literaturwissenschaftlichen Wertungspraxis. So ließ sich auf diesem Wege die Unsinnigkeit einer ›werkimmanenten‹ Wertung nachweisen.[48] Auch das seit Kant immer wieder aufgeworfene Problem der Objektivität ästhetischer Urteile ist mit Hilfe der analytischen Philosophie neu in Angriff genommen worden.[49] Diese Ansätze wären heute, auf argumentationstheoretischer Ebene, aufzunehmen in eine von analytischer Forschungslogik und kritischer Hermeneutik gleichermaßen vorbereitete Theorie des literaturkritischen Diskurses, die Regeln für Gebrauch und Geltungsprüfung von Wertungen als evaluativen und normativen Sätzen formuliert.

Die wichtigsten Impulse zur literarischen Wertung aus ›modernistischer‹ Richtung kommen von semiotischen und rezeptionstheoretischen Überlegungen, wie sie in letzter Zeit in die Literaturwissenschaft eingebracht worden sind. Die ästhetische Werttheorie wurde von dem amerikanischen Semiotiker Morris in eine allgemeine Zeichentheorie eingebettet, was großen Einfluß auf den ›New Criticism‹ ausgeübt hat.[50] Bereits vor Morris hatte der Prager Strukturalist Mukařovský seine bedeutende Abhandlung ›Ästhetische Funktion, Norm und ästhetischer Wert als soziale Fakten‹ veröffentlicht,[51] die gleichfalls semiotisch ansetzt, d. h. vom Zeichencharakter der ästhetischen Gebilde ausgeht. Mukařovský, dessen Rezeption in der Germanistik erst in den letzten Jahren eingesetzt hat, ging es vor allem darum, das dialektische Verhältnis von Kunst und Ge-

---

47 Weitz: The Philosophy of Criticism, in diesem Band S. 81–90.

48 Henze: Das Kunstwerk als eine Regel.

49 Delius: Zur Natur und Verbindlichkeit ästhetischer Wertungen: Haller: Das Problem der Objektivität ästhetischer Wertungen; vgl. auch Henckmann: Über die Verbindlichkeit ästhetischer Urteile.

50 Morris: Grundlagen der Zeichentheorie. Ästhetik und Zeichentheorie.

51 Mukařovský: Ästhetische Funktion, Norm und ästhetischer Wert als soziale Fakten; vgl. auch Chvatik: Der ästhetische Wert; Günther: Grundbegriffe der Rezeptions- und Wirkungsanalyse im tschechischen Strukturalismus, S. 230–239.

sellschaft, von ästhetischer und praktischer Funktion herauszuarbeiten. Den ästhetischen Wert faßte er als die dynamische Ganzheit einer Vielzahl von außerästhetischen Werten und ihrer wechselseitigen Beziehungen auf.[52] Das Verhältnis des ästhetischen Wertes eines einzelnen Werkes zur gesellschaftlich vorgegebenen ästhetischen Norm bezeichnete er als eine »dialektische Antinomie«,[53] d. h. der Wert muß zwar an der Norm gemessen werden, die er nie ganz erreicht, aber die Norm bleibt auch immer hinter dem Wert zurück, erweist sich als nie ganz angemessener Maßstab: neue Werte bzw. Werke schaffen neue Normen. Die Wirkungsgeschichte der Kunst stellte sich ihm entsprechend als ein ständiges Durchbrechen von ästhetischen Normen dar.[54] Von hier aus konnte er sogar – die von ihm selbst erkannte Dialektik allerdings einseitig zugunsten des Wertes, zuungunsten der Norm auflösend – den ästhetischen Wert eines Kunstwerks als desto höher und dauerhafter ansetzen, je mehr es geschichtlich-gesellschaftlich vorgegebene ästhetische Normensysteme durchbricht.[55]

Genau hier knüpft heute eine hauptsächlich von dem Romanisten Jauß in Gang gebrachte rezeptionsorientierte Wertungstheorie an. Qualität und Rang eines literarischen Werks sollen sich nach Jauß aus der Analyse der Zusammenhänge von Wirkung, Rezeption und Nachruhm ergeben. Die historisch zu objektivierende Distanz von Werk und ›Erwartungshorizont‹ wird als ein Maß des ästhetischen Wertes angesehen. Ein literarischer Text ist danach desto wertvoller, je radikaler er verfestigte Verstehens- und Beurteilungsschemata durchbricht und Möglichkeiten neuer Erfahrung freisetzt.[56] Diese abstrakt-modernistische Position steht und fällt mit dem problematischen Kriterium der ›Innovation‹. Die es im Munde führen, scheinen wenig davon zu ahnen, daß sie bei seiner Explikation unweigerlich aus der literarischen in die ökonomische Sphäre geraten würden. Einst eine theologisch-geschichtsphilosophische, ist Neuheit vor allem eine Kategorie des Markts geworden. Die Theoretiker der literari-

[52] Mukařovský: ebd., S. 103; zur Kritik an diesem »funktionalen Strukturalismus« Mukařovskýs und zugleich am »ontologischen Strukturalismus« Ingardens vgl. Bojtár: Wert und Wertung des literarischen Werkes.

[53] Mukařovský: ebd., S. 36.

[54] Ebd., S. 45.

[55] Ebd., S. 108.

[56] Vgl. Jauß: Literaturgeschichte als Provokation, S. 147, 177f., 202.

schen ›Innovation‹ muten dem Kunstwerk leichtfertig zu, daß es erfülle, was die profitorientierte Warenproduktion heute ebenso trügerisch verspricht wie vormals die religiöse Offenbarung: Siehe, ich mache alles neu.

Mit der bloßen Analyse der Rezeptions- und Wertungsgeschichte kann Wertung ebensowenig allein legitimiert werden wie etwa mit der Analyse der Entstehungsgeschichte oder der Textstruktur. Die empirische Erforschung gegebener Wertungen kann den aktualen Vollzug einer Wertung nicht ersetzen, sie stellt ihr allenfalls Gesichtspunkte zur Verfügung, die bisher unreflektierte Vorurteile durchschauen und überwinden helfen können. Allein diese negative Funktion kann eine historische Rezeptions- und Wertforschung haben, die den geschichtlichen Wandel von literarischen ›Wertinteressen‹, Kriterien und Normensystemen und seine bildungsgeschichtlichen und sozialen Ursachen aufarbeitet, eine literatursoziologische Wertforschung, die literarische Wertungen im vor- und außerwissenschaftlichen Bereich – etwa in Massenmedien, staatlicher Zensur, Justiz, Kirchen, Schulen, Verbänden – analysiert,[57] oder eine empirische Rezeptionsforschung, die experimentell das wertende Verhalten von Rezipienten untersucht.[58] Dasselbe gilt für eine offenbar als literaturwissenschaftliche Supertheorie konzipierte ›Semiotik der Literatur‹, die literarische Wertung als eine Form der ›Textverarbeitung‹ nur zu ihrem ›Objektbereich‹,[59] zu ihren eigenen Aufgaben dagegen nur deren ›Beschreibung‹ zählt.[60] Eine historisch-empirische Wertforschung, die durch vergleichende Analyse verschiedener literarischer Wertsysteme den Kulturzentrismus europäisch-amerikanischer Literaturkritik in Frage stellen möchte,[61] kann von sich aus

---

57 Vgl. Hans Norbert Fügen: Einleitung, in: Wege der Literatursoziologie, hrsg. v. H. N. Fügen, Neuwied 1968, S. 27; vgl. etwa auch Glotz: Die Bedeutung der Kritik für das Lesen; Singer: Grenzfälle; Einecke: Über die Tätigkeit der Bundesprüfstelle.

58 Vgl. Literarische Rezeption, hrsg. v. H. Heuermann [u. a.], Paderborn 1975. – Zum Zusammenhang bzw. zur Wechselwirkung von literarischer Wertung/Einstellung und Rezeption vgl. insbes. die Arbeiten von Crossen, Eysenck und Britton, ebd.

59 Wienold: Semiotik der Literatur, S. 27.

60 Ebd., S. 166.

61 Fokkema: The Problem of Generalization and the Procedure of Literary Evaluation, S. 261; vgl. Willi: Grundlagen einer empirischen Soziologie der Werte und Wertsysteme.

niemals über den Schatten des Relativismus springen, der alle ›Wissenssoziologie‹ begleitet. Das zeigte sich bereits an dem Programm einer Soziologie der literarischen Geschmacksbildung, das im Gegenzug gegen geisteswissenschaftliche Wertmetaphysik auf bahnbrechende, noch zu wenig rezipierte Weise vor einem halben Jahrhundert von Schücking aufgestellt worden ist.[62] Historische Wertforschung als Teil einer Sozialgeschichte der Literatur kann für die systematische Wertungstheorie und über diese für die literaturkritische Praxis nur dann nützlich werden, wenn sie Wertungspositionen der Vergangenheit nicht nur rekapituliert, sondern in einen »historisch-kritischen Dialog« mit ihnen eintritt.[63]

Damit ist zugleich die dritte der theoretischen Strategien angedeutet, die in der gegenwärtigen literaturwissenschaftlichen Wertungsdiskussion auftreten: die kritische. Auch dies ist wie ›modernistisch‹ nur eine grobe Kennzeichnung, die zudem wiederum die Unterschiede zwischen den hier eingeordneten Auffassungen unterschlägt. Eine kritische Literaturwissenschaft hat sich, begründeten Ideologieverdacht gegen den literarischen Wertbegriff selbst und damit gegen jede von der Wissenschaftspraxis abgespaltene ›Wertungstheorie‹ hegend, bisher eher auf wissenschaftstheoretischer Ebene sowie vielfach mit textanalytischen und literaturhistorischen Studien als auf dem Gebiet der Wertungstheorie zu Wort gemeldet.[64] Manche sozialgeschichtlich-ideologiekritisch eingestellten Arbeiten zeigen, ohne daß sie das Vokabular der Werttheorie heranzögen, teilweise eine fortgeschrittene Praxis an, die, um allgemein zu werden, von Theorie allererst einzuholen wäre. Dabei dürften von den Bemühungen um eine zeitangemessene, die Tradition der ›Klassiker‹ und der neomarxistischen Ästhetik mit modernen Konzeptionen vermittelnde materialistische Literaturtheorie[65] mehr Aufschlüsse für Theorie und Praxis der Literaturkritik zu erwarten sein als von

---

[62] Schücking: Literarische »Fehlurteile«, in diesem Band S. 9–24; selbst bei Schulte-Sasse: Literarische Wertung (1. Aufl.) fehlt merkwürdigerweise jeder Hinweis auf Schücking.

[63] Vgl. Schulte-Sasse: Autonomie als Wert, in diesem Band S. 173.

[64] Vgl. etwa Peter Bürger: Theorie der Avantgarde, Frankfurt am Main 1974; oder auch: Conrady: Literatur und Germanistik als Herausforderung.

[65] Vgl. etwa: Literaturwissenschaft und Sozialwissenschaften 4, hrsg. v. H. Schlaffer, Stuttgart 1974; Arbeitsfeld: Materialistische Literaturtheorie, hrsg. v. K.-M. Bogdal [u. a.], Frankfurt am Main 1975.

den die Germanistik noch weithin bestimmenden geisteswissenschaftlichen oder phänomenologischen Theorieresten. Entsprechend den Prinzipien kritischer Wissenschaftstheorie, die materialistische Theoreme nur in entdogmatisierender Weise aufzunehmen bereit ist, hätte freilich Theorie der Kritik ständig eine selbstkritische Offenheit zu wahren, um nicht zu einem dogmatischen Normensystem zu erstarren. Höchst geschlossen tritt dagegen eine historisch-materialistische Wertungstheorie auf, wie sie erst kürzlich in der DDR aus einem offensichtlichen Nachholbedürfnis gegenüber der ›bürgerlichen‹ Literaturwissenschaft heraus, doch sogleich in ebenso bestechender wie lähmender Systematik, konzipiert worden ist.[66]

Historisch-materialistische Wertungstheorie

Rita Schober stellt in ihrer Studie ›Zum Problem der literarischen Wertung‹ dem Hauptabschnitt zwei fundierende Einleitungsabschnitte voran, die vom Akt des Wertens überhaupt und von der Spezifik des literarischen Wertes handeln. Wertung wird plausibel als eine Tätigkeit bestimmt, in der »die objektiven Eigenschaften des Gegenstandes in ihrer Bedeutung für das Subjekt« erscheinen.[67] Außer dem wertenden Subjekt und dem zu bewertenden Objekt gehört zu ihr als dritter Faktor immer ein »Bezugssystem, das sich als ein der Spezifik des Objekts entsprechender Teil der gesamtgesellschaftlichen Praxis erweist«. In jeder individuellen Wertung kommt also ein »gesellschaftliches Verhältnis« zum Ausdruck, Wertung ist ein ideologisch-historisches Phänomen. Was man ›Wert‹ nennt, ist als Bedeutungsrelation aufzufassen, deren Größen einmal die »qualitativen Bestimmtheiten der Objekte«, zum andern die »Bedürfnisse und Interessen der Menschen« sind.[68] Diese Relation wird für verschiedene ›Wertbereiche‹ von jeweils verschiedenen »Wertkategorien« erfaßt. Die spezifischen Kategorien des literarischen Wertes ergeben sich aus der dialektischen Analyse des literarischen Kunstwerks, seiner Struktur, des literarischen Schaffens- und

66 Schober: Zum Problem der literarischen Wertung; vgl. auch die Arbeiten von Weimann: Das Traditionsproblem und die Krise der Literaturgeschichte; Literaturgeschichte und Mythologie.
67 Schober: Zum Problem der literarischen Wertung, S. 10.
68 Ebd., S. 11.

des Rezeptionsprozesses. Nicht erst die Rezeption eines literarischen Kunstwerks, sondern bereits dieses selbst ist eine Form der ›Werterfassung‹, d. h. in ihm hat sich ein erkennendes und wertendes Subjekt objektiviert. Literarische Wertung stellt darum gleichsam eine Wertung zweiten Grades dar, »die eine als ›künstlerischen Wert‹ im Kunstwerk selbst objektivierte ›Wertung‹ bewertet«.[69] Die Analyse des Schaffensprozesses gibt Aufschluß über Entstehung und Aufbau der vom Künstler produzierten ›Wertwelt‹, die des Rezeptionsprozesses über deren Beziehung auf verschiedene Funktionen – Schober spricht ausdrücklich von »Polyfunktionalität«[70] – des Kunstwerks und rezeptive Tätigkeiten, zu denen auch die literarische Wertung gehört. Diese Bestimmungen werden jeweils in schematisierenden graphischen Modellen festgehalten und wiederholt am Werk Emile Zolas veranschaulicht.

Die literarische Wertung kompliziert sich dadurch, daß sie ein doppeltes Bezugssystem hat: als Widerspiegelung der Wirklichkeit muß das Werk an der gesellschaftlichen Wirklichkeit selbst, als literarische Widerspiegeung muß es an der Literatur, d. h. der Gesamtheit vorhandener literarischer Werke, gemessen werden. ›Außerliterarische‹ und ›innerliterarische‹ Kriterien sind miteinander zu vermitteln. Von dieser theoretischen Basis aus werden andere theoretische Positionen literarischer Wertung, wie sie in den verschiedenen ›bürgerlichen‹ Literaturtheorien enthalten sind, als »Mißverständnisse« – die anglo-amerikanische Theorie der Literaturkritik würde von »fallacies« sprechen – kritisiert, die Ausdruck der ideologischen »Krise der spätbürgerlichen Ästhetik« seien.[71] Neben formalistischen werden aber vor allem nichtorthodox marxistische Positionen angegriffen. Ihnen werden als die wahren marxistischen Kriterien die aus der »komplexen Wertaxiomatik« der marxistisch-leninistischen Ästhetik abzuleitenden entgegengehalten. Die Studie schließt mit der Betonung des notwendigen Klassenstandpunkts literarischer Wertung: Jede Klasse betreibt die Aneignung des kulturellen Erbes, die Auswahl und die wertende Vermittlung der überlieferten literarischen Werke von ihrem Standpunkt und ihrem Interesse und für ihre eigene gesellschaftliche Praxis. Erst in der welthistorischen Situation des »Übergangs vom Kapitalismus zum Sozialismus« aber ist eine »umfassende Wertung und Selektion aller kulturellen und literarischen Werke der Vergangenheit möglich«.[72]

---

[69] Ebd., S. 32. [70] Ebd., S. 29. [71] Ebd., S. 40. [72] Ebd., S. 48.

Während Literaturwissenschaft unterm Spätkapitalismus durch positivistische Anwendung »wertfreier Deskriptionsmethoden« den humanistischen Gehalt des klassischen Erbes neutralisiert, kann sie erst in der entwickelten sozialistischen Gesellschaft die »Spitzenleistungen aller Völker, aller Länder, aller Zeiten«[73] angemessen bewerten. Abgesehen von der Kritik, die an einer Redeweise nötig ist, welche gelegentlich nicht minder als der idealistische Wertjargon literarische Qualität verdinglicht, wäre dieser sehr hohe Selbstanspruch historisch-materialistischer Wertungstheorie an der Praxis zu messen, die von ihr begründet werden soll. Theoretisch hat sie unleugbar eine Reihe wichtiger Gesichtspunkte ins Licht gerückt, die von der ›bürgerlichen‹ Wertungstheorie bis heute vernachlässigt werden und die eine kritische aufzugreifen hätte.

Schon ein skizzenhafter Überblick über die geschichtliche Entwicklung und die gegenwärtigen Positionen der literarischen Wertungstheorie scheint ein Chaos von Aspekten und Problemen an den Tag zu bringen, das literaturwissenschaftlich-literaturkritische Praxis eher behindern als befördern mag. Ist literarische Wertung als Theorie gerade in den letzten Jahren ein wichtiges Stück vorangekommen, so hat sie doch als Praxis noch kaum begonnen. Dafür gibt es verschiedene Ursachen. Zu ihnen gehört das gebrochene Verhältnis der deutschen Literaturwissenschaft zur Literaturkritik, ihre antikritische Tradition, die Unsicherheit über den richtigen Gebrauch von angemessenen Wertungskriterien, die unentwickelte methodologische Prüfung der Möglichkeiten literaturwissenschaftlicher Wertungspraxis.

Literarische Wertung und Literaturkritik

Literarische Wertung und Literaturkritik werden bei uns, anders als im Ausland, meist voneinander getrennt gesehen: jene meint eine spezielle theoretische Frage der Literaturwissenschaft, diese das Geschäft journalistischer Buchrezension. Eine solche Trennung ist sowohl sachlich als auch geschichtlich fragwürdig. Die Literaturwissenschaft verstand sich in ihrer Gründungsphase als dialektische Einheit von Literaturgeschichte, Literaturtheorie und Literaturkritik. Das

---

[73] Ebd., S. 49f.

Problem der Wertung tauchte erst auf, nachdem diese Einheit längst auseinandergebrochen war. Zu den Ursachen dafür sind vor allem der Zerfall der literarischen Öffentlichkeit[74] und der Historismus, Konservatismus und Positivismus der Geisteswissenschaften zu zählen, ihr Mißtrauen gegenüber den kritischen Traditionen der Aufklärung. Literaturwissenschaft wurde zu einer Hüterin der nationalen Kulturgüter, Literaturkritik zu einem Appendix des Buchmarkts. Gerade das Aufkommen des Wertgedankens in der Germanistik steht im Gegensatz zur Idee von Kritik. Der metaphysische Wertjargon der geisteswissenschaftlichen Literaturwissenschaft der zwanziger Jahre konnte nahtlos in eine Proklamation völkischer Wertungen übergehen, die von der Ausmerzung des Begriffs der Kritik begleitet war. Nach 1945 blieb das Verhältnis der Germanistik zur Kritik beschädigt. Hochschulbetrieb und Massenmedien produzieren als ›Kulturindustrie‹ eine unkritische Wissenschaft und eine unwissenschaftliche Kritik.

Auf diese Situation reagieren heute Bemühungen um eine ›neue Germanistik‹ und eine ›andere‹ Literaturkritik. Die Möglichkeit einer Literaturkritik als praktischer Disziplin der Literaturwissenschaft zeichnet sich ab, deren Aufgabe es wäre, die durch Tradition und Markt vermittelte Literatur nicht nur zu analysieren, sondern auch im Hinblick auf gegenwärtige Leser kritisch zu bewerten.[75] Literarische Wertung könnte auf diese Weise in der Literaturwissenschaft praktisch-institutionell verankert werden.

Das Problem der Kriterien

Eine zweite Ursache für das Zögern der Literaturwissenschaft, eine kritische Wertungspraxis zu betreiben, ist die Unsicherheit im Hinblick auf die Kriterien der Kritik. Nachdem in der traditionellen literaturwissenschaftlichen Wertungstheorie zahlreiche Kriterien aufgestellt und wieder verworfen wurden[76] und nachdem der Leerformel- und Ideologiecharakter der meisten von ihnen durchschaut

[74] Hohendahl: Literaturkritik und Öffentlichkeit.

[75] Lämmert: Über die zukünftige Rolle der Literaturkritik; Mecklenburg: Wertung und Kritik als praktische Aufgaben der Literaturwissenschaft.

[76] Zur Kritik der Kriterien vgl. vor allem Lunding: Absolutismus oder Relativismus? Zur Wertfrage; Das Wagnis des Wertens.

worden ist, stehen sich Dogmatismus und Skeptizismus, Absolutismus und Relativismus unvermittelt gegenüber. Auf der einen Seite wird von Emil Staiger unter Berufung auf klassische Autoritäten ein allgemeiner Konsensus behauptet, der doch allererst durch deren gezielte Auswahl – alle gehören mehr oder weniger der idealistisch-platonischen Tradition an – zustande gekommen ist. Einheit, Individualität, Gattungs- und Sprachgemäßheit, Kommunikationsstiftung und historisches Gewicht werden von ihm als grundlegende Kriterien aufgestellt. Am Ende wird die Normativität der deutschen Klassik beschworen, deren Kriterien es wieder zu entdecken und in einem neuen, nicht mehr idealistischen Sinne anzuwenden gelte.[77] Auf der andern Seite wird von Hirsch in nominalistisch-sprachanalytischer Denktradition das Problem der Kriterienwahl an geschichtlichen Stufen literaturkritischer Schulen von Hume bis Coleridge gleichsam sektensoziologisch aufgezeigt mit dem Ergebnis, daß wir in einer Welt des literaturkritischen ›Protestantismus‹ leben, d. h. daß alle unsere Kriterien keine absolute Gültigkeit beanspruchen können, da es keine ›immanenten‹, aus einem ›Wesen‹ der Literatur ableitbaren Kriterien gibt. Die Wahl der Kriterien beruhe letztlich – hier steht Hirsch in genauem Gegensatz zu Staiger, der sich ›katholisch‹ auf Autoritäten beruft – auf dem protestantischen ›inneren Licht‹ des Kritikers[78] – das aber dürfte gleichfalls eine recht trübe Beleuchtungsart sein.

Eine Lösung des Kriterienproblems, mit der die Antinomie von Dogmatismus und Skeptizismus überwunden wäre, müßte die einzelnen Wertungskriterien inhaltlich aus dem kritischen Reflexionsrahmen einer Literatur- und Gesellschaftstheorie gewinnen, und sie müßte formal die Logik des Kriteriengebrauchs analysieren, das Ineinandergreifen von Finden, Wählen, Begründen, Ableiten und Anwenden der Kriterien im literaturkritischen ›Sprachspiel‹. Einzelne Kriterien werden meist nicht isoliert gebraucht, sondern stehen in Beziehung zu andern im Rahmen übergreifender ›Wertungsstrategien‹,[79] die ihrerseits den verschiedenen untereinander in Theorienkonkurrenz stehenden theoretischen Positionen in der Lite-

---

77 Staiger: Einige Gedanken zur Fragwürdigkeit des Wertproblems, in diesem Band S. 117.

78 Hirsch: Privileged Criteria in Literary Evaluation, in diesem Band S. 102.

79 Vgl. ebd., S. 96; Wienold: Semiotik der Literatur, S. 167.

raturwissenschaft entsprechen.[80] Innerhalb dieser Strategien haben dieselben Kriterien ein unterschiedliches Gewicht. So wird das Kriterium des Fortschritts, das jede geschichtsbezogene Wertungstheorie berücksichtigen muß, je nach der theoretischen Position anders eingeschätzt. Insbesondere ›bürgerliche‹ und ›materialistische‹ Positionen prallen hier hart aufeinander, obwohl – oder vielleicht gerade weil – beide noch keinesfalls zu intersubjektiv verbindlichen Bestimmungen gelangt sind.

Das Kriterium des Fortschritts als Beispiel

Der geisteswissenschaftlich orientierte Wertungstheoretiker geht aus von der scheinbaren Diskrepanz zwischen der Fortschrittsidee und der quasi zeitlosen und zeitenthobenen Vollendung der großen literarischen Kunstwerke, ihrer Alterslosigkeit und Abgelöstheit – das was Schopenhauer in der Formel ausgedrückt hat, die Kunst sei im Gegensatz zur politischen Geschichte überall am Ziel.[81] Die Idee der Zeitlosigkeit und Klassizität erweist sich einer geschichtlichen Betrachtungsweise indessen als ein illusionärer Wunschtraum, eine ohnmächtige *laudatio temporis acti*. Das Kunstwerk kann nicht aus seinen entstehungs- und wirkungsgeschichtlichen Zusammenhängen völlig herausgelöst werden. Die Geschichtlichkeit der Kunst wird nun aber nicht nur gegen jene Idee der Zeitlosigkeit, sondern auch gegen die des Fortschritts ins Feld geführt. Epigonentum und Avantgarde, Fortschritt und Rückschritt, Blüte und Verfall, Integration und Desintegration sind miteinander »verhängt«, jede progressistische Auffassung der Literaturgeschichte ist ebenso einseitig wie die konservative. Fortschritt läßt sich am ehesten an der immanenten Entwicklung literarischer Techniken ausmachen. Alles was darüber hinausgeht, sind geschichtsphilosophische ›Mythen‹, denen die perspektivische Geschichtlichkeit der menschlichen Existenz gegenüberzustellen ist, in der sich die konkrete Aneignung der Literatur durch Leser vollzieht.[82]

---

80 Mecklenburg: Wertung und Kritik als praktische Aufgaben der Literaturwissenschaft.

81 Arthur Schopenhauer: Sämtliche Werke, hrsg. v. A. Hübscher, 2. Aufl. Wiesbaden 1947ff., Bd. 2 (1949), S. 218.

82 Wehrli: Fortschritt in der Dichtung?, in diesem Band S. 134–148.

Der marxistische Wertungstheoretiker dagegen erklärt von vornherein zur Basis einer positiven Bestimmung von Kunstfortschritt die entwickelte sozialistische Gesellschaft und die Theorie des sozialistischen Realismus. Mit Berufung auf die klassische Tradition der Kunstphilosophie, Winckelmann, Diderot, Lessing und vor allem Hegel, wird Fortschritt in der Kunstentwicklung nicht von ästhetischen Vollkommenheitsideen aus, sondern aus seinem Zusammenhang mit dem sozialen Progreß verstanden. Den späteren bürgerlichen Kunsttheorien wird vorgeworfen, von solcher Reflexionshöhe abgefallen zu sein und entweder gar kein oder ein verzerrtes Verständnis dieses dialektischen Prozesses zu haben. Die Entdeckung des historischen und dialektischen Materialismus durch Marx und Engels erst hat den endgültig richtigen Erklärungsrahmen für Fortschritte in der Kunst geliefert. Deren besondere Dialektik, ihre Widersprüchlichkeit, ergibt sich aus ihrer relativen Autonomie. Hier spielt das von Marx konstatierte ›unegale Verhältnis‹ der Entwicklung der materiellen zur künstlerischen Produktion eine Rolle. Gesellschaftsfortschritt, wissenschaftlich-technischer Fortschritt und Kunstfortschritt sind aufeinander bezogen, aber zugleich voneinander unterschieden. Während sie in der spätkapitalistischen Gesellschaft immer mehr auseinanderfallen, stehen sie in der sozialistischen in einer produktiven Spannung. Das beweisen Theorie und Praxis des sozialistischen Realismus.[83]

Die Grenzen beider Ansätze liegen auf der Hand. Die theoretische Basis bleibt entweder dogmatisch oder unbenannt. Der Orthodoxie des Marxismus-Leninismus steht eine ihrem Anspruch nach ideologiefreie, ja total ideologiefeindliche Position gegenüber, die indessen, auch wenn sie im Unterschied zu jener kaum Anstrengungen macht, frühere bürgerliche Theoretiker aufzuarbeiten, ihren eigenen ideologischen Hintergrund kaum verbergen kann. Ein letztlich christlich-protestantisches Welt- und Geschichtsbild, das in der Rede von der Gottunmittelbarkeit aller Zeiten und Dichter historistisch, in der Rede vom dichterischen Ereignis und der Geschichtlichkeit der Existenz existentialistisch gefärbt ist, schimmert durch ebenso wie ein verharmlosendes Gesellschaftsbild, das in der Rede vom Verschwinden sozialer Trennwände zugunsten einer einheitlichen Wohlstandsgesellschaft[84] zum Ausdruck kommt. Das schein-

---

83 Jarmatz: Gibt es in der Kunst einen Fortschritt.
84 Wehrli: in diesem Band S. 147.

bare Einnehmen eines ›dritten‹ Standpunktes ›über‹ den Ideologien gehört zum typischen Denkbestand des Konservatismus. Während der Marxist den sozialistischen Realismus zur Basis der gesamten Kunst- und Wertungstheorie hochspielt, macht der Geisteswissenschaftler ihn als eine Form engagierter Kunst verächtlich, von der nicht einmal überzeugte Marxisten überzeugt seien. Ebenso konsequent wie unhaltbar werden an Brecht Marxismus und Artistik auseinandergerissen.[85] Ein abstraktes idealistisch-formalistisches Literaturverständnis schlägt hier dogmatisch durch, während umgekehrt der Marxist große Mühe hat, die Theorie gegenüber der zugestandenen Autonomie der Kunst flexibel zu halten. Zu Vorsicht mahnend, spricht er von der »außerordentlichen Kompliziertheit des Kunstfortschrittes« – warum eigentlich außerordentlich? –, die »mechanische Gleichsetzungen« verbietet.[86] Und obwohl er an objektiven »Gesetzen« auch hier festhält, spricht er doch von »überraschenden Momenten, Formen und Inhalten« – wie aber reimen sich Gesetz und Überraschung? Letztlich bleibt bei ihm die geschichtliche Dialektik der Kunst dogmatisch fixiert, während der Geisteswissenschaftler sie mystifiziert, indem er, gegen ›geschichtsphilosophische Mythen‹ polemisierend, selber noch viel massiver mythisch von Blüte und Verfall redet. Beide haben mit Recht Vorbehalte gegenüber oberflächlich modernistischen Verwendungen des Emanzipationsbegriffs, wie ihn formalistische Schriftsteller und Kritiker heute gern im Munde führen, aber der eine, weil er nicht nur dem Begriff, sondern auch der Sache skeptisch gegenübersteht, und der andere, weil er zu wissen behauptet, wo allein die entscheidende Emanzipation bereits stattgefunden hat. Beide vermeiden methodologische Überlegungen darüber, wie Geschichte, möglicher Fortschritt, emanzipatorisches Potential im Werk selbst sowie in seiner Rezeption sich aufsuchen ließe, der eine, indem er das einzelne Werk der ›Wellenbewegung‹ der Literaturgeschichte entzieht und in die Geschichtlichkeit der menschlichen Existenz bannt, der andere, indem er es ins starre Korsett des Histomat fest einspannt. Wenn es im Hinblick auf das Kriterium des Fortschritts teilweise richtig ist, mit Marx dem bürgerlichen Wertungstheoretiker vorzuwerfen, er komme »über allgemeine schlechte Redensarten« nicht hinaus,[87] so

---

85 Ebd., S. 141.
86 Jarmatz: Gibt es in der Kunst einen Fortschritt, S. 205.
87 Ebd., S. 203.

kann andererseits schwer geleugnet werden, daß auch der marxistische bisher kaum über mehr als allgemeine starre Formeln verfügt, auch wenn er jenem theoretisch entscheidende, nicht aufgebbare Einsichten voraus hat. Es käme darauf an, diese richtigen Aspekte einer materialistischen Theorie des literarischen Fortschritts zu entdogmatisieren, wozu nicht zuletzt beitragen könnte, daß man den weltanschaulichen Skeptizismus des bürgerlichen Literaturwissenschaftlers, die unablässig berechtigte Frage, wo denn jeweils ›vorne‹ sei,[88] in einen methodischen verwandelt. Es kann dabei also nicht um eine schlechte Vermittlung beider Positionen gehen, sondern um ihre Aufhebung in einer kritischen Theorie der Literatur, die das Kriterium des Fortschritts, der Geschichts- und Gegenwartadäquatheit, praktisch-interpretatorisch handhabbar macht.[89]

Zur Praxis literarischer Wertung

Kriterien der literarischen Wertung bedürfen aber nicht nur theoretischer Begründung, sondern auch einer plausiblen Praxis. Erst in ihrer konkreten Anwendung erweisen sie ihre Angemessenheit oder Unangemessenheit – darin liegt die von Mukařovský herausgestellte Dialektik von Wert und Norm. Theorie der literarischen Wertung ist vor allem Theorie einer Praxis, sie muß darum immer zugleich auch Methodologie kritischen Interpretierens sein.[90] Bestimmt werden muß das Verhältnis von beschreibenden, interpretierenden und wertenden Sätzen, von ›verstehendem‹ und ›erklärendem‹ Verfahren, wie es die kritische Hermeneutik analysiert hat, das Zusammenspiel von analytisch-interpretativen mit historischen und theoretischen Argumenten, von ästhetischer und geschichtlicher Wertung. Abgewogen werden müssen die Darstellungsformen literarischer Wertung zwischen Essayismus und Szientismus, wobei ebenso wie ihre Wissenschaftlichkeit der Appellcharakter von Literaturkritik, ihre pragmatische Dimension, gebührend zu berücksichtigen wäre.

---

88 Wehrli: in diesem Band S. 138.

89 Wichtige Gesichtspunkte für eine kritische Theorie des literarischen Fortschrittes enthält die Rekonstruktion der Literaturtheorie Brechts durch Heinz Brüggemann; vgl. Heinz Brüggemann: Literarische Technik und soziale Revolution, Reinbek 1973.

90 Mecklenburg: Kritisches Interpretieren.

Geprüft werden muß schließlich die Reichweite spezieller Verfahren wie der vergleichenden Kritik, der quasi experimentellen Textumformung, etwa als ›Austauschprobe‹ analog zu linguistischen Analysetechniken. Nützlich ist eine solche ›instrumentelle‹ Methode freilich nicht schon, wenn sie »den Leser aktiviert«[91] – darin mag sie sich nicht von der rhetorischen Technik einer Verlagswerbung unterscheiden –, sondern in dem Maße, wie sie von der Sache selbst, dem zu interpretierenden Text, mehr sehen läßt und zugleich dazu beiträgt, seine kritische Bewertung, ihre Gesichtspunkte und Kriterien plausibel zu machen. Die Rhetorik von Literaturkritik und literarischer Wertung hat sich auf Überzeugen, nicht auf Überreden zu richten.[92]

Zur Pragmatik der literarischen Wertung gehört schließlich die Berücksichtigung ihrer Adressaten, die sich etwa in ihrer Sprache niederschlagen müßte. Eine noch so feinsinnige Bewertung eines Goethegedichts taugt nichts, wenn sie die ›Sprache Eckermanns‹, nicht die gegenwärtiger Leser spricht, und eine noch so radikale Kritik eines erfolgreichen Unterhaltungsschriftstellers bleibt wirkungslos, wenn sie aufgrund ihres Jargons dessen Konsumenten, die Massen der Leser, nicht erreicht. Literarische Wertung, von der Literaturwissenschaft praktiziert, hat eine exemplarische Funktion: nicht ›Werte‹, sondern die Fähigkeit zu Urteil und Kritik soll sie vermitteln helfen. Darin liegt ihre didaktische Dimension, die für den Bereich des Deutschunterrichts in einer Didaktik der literarischen Wertung entfaltet werden müßte.[93] Die Literaturwissenschaft spielt, wenn sie kritisch-wertende Interpretationen vorlegt, im literarischen Kommunikationsspiel der Gesellschaft nicht die Rolle eines Richters, vielmehr die eines Initiators, Anwalts, Sachverständigen. Sie dient, wo sie ihr Erkenntnisinteresse als praktisch-emanzipatorisch versteht, der Demokratisierung literarischer Bildung: »Demokratisch ist es, den ›kleinen Kreis der Kenner‹ zu einem großen Kreis der Kenner zu machen. Denn die Kunst braucht Kenntnisse.«[94]

---

[91] Bonheim: Instrumentale Literaturkritik, S. 77.

[92] Vgl. Mecklenburg: Die Rhetorik der Literaturkritik.

[93] Mecklenburg: Einleitung, in: Zur Didaktik der literarischen Wertung; vgl. Waldmann: Theorie und Didaktik der Trivialliteratur; Schemme: Trivialliteratur und literarische Wertung; Literarische Wertung und Wertungsdidaktik, hrsg. v. G. Pilz u. E. Kaiser, Kronberg/Ts. 1976.

[94] Bertolt Brecht: Gesammelte Werke, Frankfurt am Main 1967 (Werkausgabe Edition Suhrkamp), Bd. 18, S. 273.

Offene Probleme

Abschließend und zusammenfassend seien noch einmal einige zentrale Problemfelder genannt, die in der weiteren wissenschaftlichen Diskussion als Schwerpunkte behandelt werden könnten.

1. Wertung als Moment literarischer Kommunikation wird außerhalb und innerhalb der Literaturwissenschaft geübt. Sie kann damit einerseits zum Objekt theoretischer, historischer und empirischer Rezeptionsforschung, andererseits zum Gegenstand wissenschaftstheoretischer und methodologischer Selbstthematisierung der Literaturwissenschaft gemacht werden. Im ersten Fall wäre die bisher noch offene Frage zu klären, welche Rolle historische und empirische ›Wertungsforschung‹ für literaturkritische Praxis spielen kann. »Zum Verhältnis von Rezeptionsästhetik und literarischer Wertung bzw. Literaturkritik gibt es bisher nur Hinweise, kaum ausbaufähige Ansätze.«[95]

Im zweiten Fall käme es einmal darauf an, gegenüber dem herrschenden geisteswissenschaftlichen Objektivismus kritische Praxis überhaupt zu legitimieren durch Rückgang auf das praktisch-normative Fundament und auf das erkenntnisleitende Interesse der Literaturwissenschaft als Verständigungswissenschaft, und sodann darauf, gegenüber dem auch in der Literaturwissenschaft verbreiteten Szientismus, der immer noch normative Fragen als nicht wahrheitsfähig und Werturteile als irrational aus der Wissenschaft ausklammern möchte, die verschiedenen von der sprachanalytischen Theorie der Literaturkritik, der analytischen Forschungslogik, der kritischen Hermeneutik und der Argumentationstheorie entwickelten Funktionsbestimmungen evaluativer und normativer Sätze zusammenzufassen und auf literaturkritische Praxis zu beziehen. Dabei wäre zu prüfen, was die kritische Sprachphilosophie, insbesondere die sprechakttheoretische Ethikdiskussion,[96] zur Durchleuchtung auch ästhetischer Diskurse, der allgemeinen kommunikativen und der speziellen wissenschaftlichen Verfahren zur Rechtfertigung von Normen und Werten auf literarischem Feld, beizutragen vermag.

2. Infolge der autonomieästhetischen, die Subjekt-Objekt-Dia-

[95] Grimm: Einführung in die Rezeptionsforschung, S. 63.

[96] Vgl. Karl-Otto Apel, Sprechakttheorie und transzendentale Sprachpragmatik zur Frage ethischer Normen, in: Sprachpragmatik und Philosophie, hrsg. v. K.-O. Apel, Frankfurt am Main 1976, S. 10–173.

lektik vernachlässigenden Verdinglichung von Literatur zum ästhetischen ›Gebilde‹ ist die Erkenntnis, daß literarische Wertung immer eine Wertung ›zweiten Grades‹ darstellt,[97] lange Zeit verdrängt worden, ungewollt sogar noch vom Rezeptionstheoretiker, der erklärt, literarische Werte würden vom Leser nicht ›abgerufen‹, sondern ›zugeschrieben‹.[98] Aber ebensowenig wie die Werte dem literarisch ›wertvollen‹ Kunstwerk dinghaft anhangen, werden sie erst vom Leser ins ›wertneutrale‹ ästhetische Gebilde hineingetragen. Kritik hieße vielmehr Konfrontation der im Werk paratgehaltenen mit den eigenen Werten und Normen.[99] Diesen von der ›bürgerlichen‹ Wertungstheorie erst neuerdings wieder beobachteten Aspekt[100] hat materialistische Literaturtheorie seit je angemessener im Blick, weil sie gegenüber formalistischen Reduktionen der Literatur auf abstrakte ›Ästhetizität‹ deren gesellschafts- und ideologiegeschichtlichen Zusammenhang beachtet.

3. Literarische Wertung im engen Sinn der Text-Leser- bzw. Text-Kritiker-Relation bewegt sich jederzeit innerhalb eines geschichtlich-sozialen Rahmens, den es erklärend zu analysieren und reflexiv einzuholen gilt. Literatur als gesellschaftliches Subsystem ist von allgemeinen kulturellen Werten und sozialen Normen bestimmt. Manches spricht dafür, daß eine kritische Literaturwissenschaft sich nicht in Fragen der Art zu erschöpfen hätte, wie etwa dieses oder jenes Gedicht bewertet worden ist und zu bewerten sei, sondern darüber hinaus jene Rahmenbedingungen, den Wandel der Wertschätzungen von Literatur überhaupt aufgrund des Wandels gesellschaftlicher Bedürfnisse, Weltbilder, normativer Strukturen, zu untersuchen hätte. Insbesondere wären die Institutionalisierungen literarischer Wertung, sei es im literarischen ›Markt‹, sei es in ›ideologischen Staatsapparaten‹[101] wie Schule, Wissenschaft, Justiz, Me-

---

97 Vgl. die vorliegende Einleitung S. XXVIII.

98 Schulte-Sasse: Autonomie als Wert, S. 117, in diesem Band S. 175.

99 Grimm: Einführung in die Rezeptionsforschung, S. 69; 373f.

100 Vgl. Hart Nibbrig: Ja und Nein. – Hart Nibbrig hat diesen Aspekt entfaltet, indem er von einem kommunikationstheoretisch vermittelten, im übrigen freilich nicht weiter ausgewiesenen ›werttheoretischen‹ Ansatz aus in exemplarischen Einzelstudien der Besonderheit der Konstitution von Werten in ästhetischen Texten und den Folgen daraus für deren Rezeption nachgegangen ist.

101 Vgl. Gerhard Plumpe: Ästhetik oder Theorie literarischer Praxis? alternative 19 (1976), S. 2–9; hier S. 6f.

dien, zu analysieren, weil sie für die subjektiven Wertintentionen des einzelnen Autors und Werterwartungen des einzelnen Lesers immer schon horizontbestimmend sind. Wissenschaftliche Literaturkritik bleibt gleichsam naiv, solange sie nicht jene vor- und außerwisenschaftliche ›Literaturkritik‹ reflexiv einholt, um sich von ihr gegebenenfalls zu emanzipieren.

4. Eine kritische Erörterung des Wertungsproblems hätte sich nicht allein der unauflöslichen Verflochtenheit von literarischer Wertung mit gesellschaftlichen Interessen und Widersprüchen bewußt zu sein, sondern außerdem der prinzipiellen Zweideutigkeit des Wertbegriffs selbst wie der Sache, die er meint. Die Rede von ästhetischen Werten ist *auch* eine idealistische Reaktion und damit zugleich ein ideologischer Reflex auf die universale Ausbreitung der ökonomischen Sphäre in der bürgerlichen Gesellschaft, das kapitalistische ›Wertgesetz‹, wie die Bedeutung der Fähigkeit, Qualitäten zu unterscheiden, geradezu der Zwang dazu, durch die Herausbildung des Marktes und des Warencharakters von Literatur gewachsen ist.[102] Die literarischen Wertkategorien drücken nicht anders als die ökonomischen unter sachlicher Hülle gesellschaftliche Beziehungen aus. Hierher rührt die Vieldeutigkeit und Ideologieanfälligkeit eines allgemeinen und abstrakten Begriffes von Wert als Bedeutsamkeit von etwas für jemand. Im Gebrauch des Wertbegriffs straft die autonomistische Literaturtheorie ihre Behauptung, Literatur sei frei vom allgemeinen Verwertungssystem, selber Lügen. Materialistische dagegen versucht, ausgehend von einer ökonomischen Dialektik zwischen dem Verwertungsprozeß des Kapitals und dem Gebrauchswerte produzierenden Arbeitsprozeß und von der These, daß das Kapitalinteresse dazu tendiere, sich auch alle geistige Tätigkeit zur Verwertung unterzuordnen, die literarischen Qualitätsbegriffe ideologiekritisch zu analysieren[103] und die traditionelle literarische Wertlehre ›vom Kopf auf die Füße‹ zu stellen. Doch wo sie durch eine Konfrontation von ›Tauschwert‹ und ›Gebrauchswert‹ der Literatur diese an die Ökonomie zurückbinden möchte, bleiben ihre Bestimmungen metaphorisch und sind bisher nur schwer in

---

102 Bernd Jürgen Warneken: Autonomie und Indienstnahme. Zu ihrer Beziehung in der Literatur der bürgerlichen Gesellschaft, in: Rhetorik, Ästhetik, Ideologie. Aspekte einer kritischen Kulturwissenschaft, Stuttgart 1973, S. 79–115.

103 Vgl. Dieter Hoffmann-Axthelm: Theorie der künstlerischen Arbeit, Frankfurt am Main 1974, S. 71ff.

praktische Kritik umzusetzen.[104] Vielleicht auch aus diesem Grund begnügt sich ›orthodoxe‹ marxistische Literaturwissenschaft damit, die ›bürgerliche‹ Wertungstheorie, anstatt sie radikaler Kritik zu unterziehen, mit bloß ausgetauschten ideologischen Vorzeichen zu reproduzieren. Eine fortschreitende Literaturwissenschaft dagegen hätte die Frage offenzuhalten, ob nicht eine separate ›Wertungstheorie‹ grundsätzlich zu negieren ist zugunsten des die Wissenschaft durchgängig organisierenden Prinzips der Kritik. Kritik hieße ein Verfahren, das an Literatur zugleich falsches Bewußtsein reflektiert und vernünftige Gehalte rekonstruiert.

Literaturhinweise

Zum Problem der literarischen Wertung sind heute mehrere einschlägige Arbeiten greifbar. Einige Hinweise auf nützliche Hilfsmittel seien hier gegeben. Eine knappe kritische Einführung, die das Problem Kunst-Kitsch ins Zentrum stellt, hat J. Schulte-Sasse verfaßt.[105] Ein Büchlein von M. Maren-Grisebach besteht aus drei raschen Kapiteln über Grundbegriffe der Wertungstheorie, marxistische und nationalsozialistische Wertung.[106] Müller-Seidels Buch ›Probleme der literarischen Wertung‹,[107] dessen theoretische Positionen mit kritischem Vorbehalt aufgenommen werden müssen, empfiehlt sich wegen der Anschaulichkeit seiner vielen Beispiele aus der deutschen Literatur: es lehrt widersprechen. Die Arbeit ›Kriti-

---

104 Vgl. Bern Jürgen Warneken: Abriß einer Analyse literarischer Produktion, Das Argument 14 (1972), S. 207–232; Helmut Reinicke: Revolt im bürgerlichen Erbe. Gebrauchswert und Mikrologie, Gießen 1975; Peter F. Schütze: Zur Kritik des literarischen Gebrauchswerts, Darmstadt 1975.

105 Jochen Schulte-Sasse: Literarische Wertung, Stuttgart 1971 (2. Aufl. 1976). – Die zweite Auflage, die mir leider erst nach Abschluß dieses Manuskripts vorlag, ist völlig neu bearbeitet und in Umfang und Thematik erheblich erweitert worden. Das Buch stellt damit die zur Zeit beste Einleitung in den gegenwärtigen Stand der literaturwissenschaftlichen Wertungsdiskussion dar.

106 Manon Maren-Grisebach: Theorie und Praxis literarischer Wertung, München 1974.

107 Walter Müller-Seidel: Probleme der literarischen Wertung, 2. Aufl. Stuttgart 1969.

sches Interpretieren‹[108] erörtert die Grenzen der traditionellen Theorie und Ansätze für eine neue Praxis literarischer Wertung. Die darin noch sehr abstrakt und vorläufig eingenommene Position einer kritischen Wertungstheorie bestimmt auch den vorzüglichen gedrängten Überblick über ›Probleme der literarischen Wertung‹ von B. Lindner.[109] Sammlungen von Einzelstudien liegen in Heften der Zeitschriften ›Der Deutschunterricht‹ und ›Orbis Litterarum‹ vor sowie in dem von J. Strelka edierten Band ›Problems of Literary Evaluation‹.[110] Eine umfangreiche Aufsatzsammlung zu Literaturkritik und literarischer Wertung gibt P. Gebhardt heraus.[111] Für weitere Spezialliteratur sei auf die Literaturverzeichnisse bei Schulte-Sasse, Mecklenburg und Lindner verwiesen. Eine Reihe dort noch nicht verzeichneter Titel berücksichtigt die Bibliographie des vorliegenden Bandes.

Zum vorliegenden Band

Die aus ökonomischen Gründen begrenzte Auswahl der hier abgedruckten Texte erfolgte unter Abwägung der Gesichtspunkte des repräsentativen Überblicks, der Schwerzugänglichkeit, des sachlichen Gewichts. Praktische Verwendbarkeit des Bandes im Hochschulunterricht wurde angestrebt. Zu umfangreiche Arbeiten konnten – wie etwa die von Hass – nur abschnittweise oder, wenn sich auch das als undurchführbar erwies wie bei Walzels die germanistische Wertungstheorie eröffnendem Kapitel über »Werturteil«, bei dem wichtigen und aspektreichen Aufsatz Müller-Seidels im ›Deutsch-

---

108 Norbert Mecklenburg: Kritisches Interpretieren, München 1972.

109 Burkhardt Lindner: Probleme der literarischen Wertung, in: Grundzüge der Literatur- und Sprachwissenschaft, hrsg. v. H. L. Arnold u. V. Sinemus, Bd. 1, München 1973, S. 444–458. – Erst nach Abschluß dieses Manuskripts erschien: Maximilian Nutz: Werte und Wertungen im George-Kreis. Zur Soziologie literarischer Kritik. Bonn 1976. – Das erste Kapitel dieses Buches enthält gleichfalls ein gutes kritisches Referat zur literarischen Wertung im allgemeinen.

110 Der Deutschunterricht 19 (1967), H. 5; Orbis Litterarum 21 (1966), S. 1–112 (= H. 1); Problems of Literary Evalution, hrsg. v. J. Strelka, University Park und London 1969.

111 Literaturkritik und literarische Wertung, hrsg. v. P. Gebhardt, Darmstadt 1977.

unterricht‹ oder auch bei der bahnbrechenden Studie Rita Schobers [112] aus den ›Weimarer Beiträgen‹, überhaupt nicht aufgenommen werden. Die Hinweise in der Einleitung können diese Lücken selbstverständlich nicht füllen.

Ermatinger repräsentiert die geisteswissenschaftlich-neuidealistische Anfangsstufe der germanistischen Wertungstheorie. Deren normativ vor allem an der klassischen Ästhetik orientierte ›werkimmanente‹ bzw. ›phänomenologische‹ Position ist mit Kayser und Staiger, ihre wieder mehr historisch, genauer: geistesgeschichtlich orientierte Wendung bzw. Rückwendung ist mit Hass, Wehrli und Emrich vertreten. Aus der kritisch insbesondere an Emrichs Thesen anknüpfenden Diskussion ist die Studie von Wunberg ausgewählt worden. Der wertphilosophisch-phänomenologische Standpunkt wird, obwohl er zahlreiche germanistische Epigonen hat, mit einem Text seines genuinen philosophischen Vertreters Ingarden vorgeführt. Die Wahl traf nicht einen seiner allgemein gehaltenen Aufsätze zum Problem des ästhetischen Wertes, sondern einen Abschnitt aus dem bisher wenig beachteten Werk ›Vom Erkennen des literarischen Kunstwerks‹, das sich auf weite Strecken hin erkenntniskritisch mit Problemen der literarischen Wertung auseinandersetzt. Schückings gleichfalls zu wenig bekannte und von der germanistischen Wertungstheorie bezeichnenderweise ignorierte Studie bietet einen frühen Ansatz literatursoziologisch-wirkungsgeschichtlicher Wertungsforschung. Die Essays von Weitz und Hirsch, zwei führenden amerikanischen Theoretikern der Literaturkritik, stehen exemplarisch und in einem überwiegend germanistischen Kontext gleichsam ›verfremdend‹ für die Art, wie Fragen der Wertung von einer im englischsprachigen Bereich verbreiteten sprachanalytisch geschulten Theorie der Literaturkritik behandelt werden. Der Vortrag von Max Wehrli macht noch einmal die Vorzüge wie Grenzen der geisteswissenschaftlichen Wertungstheorie am Beispiel des Fortschrittsproblems sichtbar. Die Auswahl wird abgeschlossen von einer Studie Schulte-Sasses, die mit ihrer zugleich ideologiegeschichtlich und rezeptionstheoretisch orientierten Kritik der traditionellen autonomieästhetischen Wertungstheorie auf den gegenwärtigen Stand der wissenschaftlichen Diskussion hinlenkt.

---

112 Das Bemühen, einen bisher noch nicht veröffentlichten Akademievortrag Rita Schobers zum Problem der literarischen Wertung in den vorliegenden Band aufzunehmen, hatte bedauerlicherweise keinen Erfolg.

Die Texte wurden unverändert abgedruckt, abgesehen von der Verbesserung gelegentlich begegnender offensichtlicher Fehler sowie drucktechnisch notwendigen Vereinheitlichungen. So wurden alle Werktitel innerhalb der Texte wie in der Einleitung durch ›...‹ gekennzeichnet, Hervorhebungen aller Art erscheinen einheitlich kursiv. Die Jahreszahlen hinter den Überschriften geben das Jahr der Erstveröffentlichung an. Die Anordnung der Texte ist im ganzen chronologisch. Abgewichen wurde davon, wo sich eine sachliche Zuordnung nahelegte: Die Arbeit Wunbergs bezieht sich unmittelbar auf die Emrichs, die Texte von Weitz und Hirsch haben eine verwandte sprachanalytische Argumentationsform, die von Hirsch und Staiger wiederum behandeln gleichermaßen das Problem der Kriterien. Die Überschriften der aus der Abhandlung von Hass und dem Buch Ingardens ausgewählten Abschnitte wurden vom Herausgeber hinzugefügt; sie stehen darum in eckigen Klammern. Zur besseren Einordnung beider Abschnitte wurden knappe Hinweise beigegeben. Die Anstrengung einer Lektüre der Arbeiten von Weitz und Hirsch im englischen Originaltext dem wissenschaftlichen Leser zuzumuten, schien dem Reihenherausgeber legitim, der damit freilich nicht nur ›Deutsche Texte‹ herausgibt. Die Korrekturbogen des Aufsatzes von Emil Staiger wurden von diesem selbst freundlicherweise mitgelesen. Allen beteiligten Autoren bzw. ihren Rechtsnachfolgern, Herausgebern und Verlagen ist für die freundliche Erteilung der Abdrucklizenz zu danken. Der vorliegende Text wurde am 4. März 1975 fertiggestellt. Einige Literaturhinweise konnten im Mai 1976 nachgetragen werden.

Emil Ermatinger

Vom Urteilen über Dichtwerke

[1928]

Die Masse dichterischer oder vielleicht sagt man vorsichtiger schriftstellerischer Hervorbringungen ist noch nie so groß gewesen wie heute, noch nie aber auch die Ratlosigkeit über den Wert des Hervorgebrachten. Wohl kam es auch früher vor, daß sich um einen Dichter Parteien gebildet hatten, die heftig über seine Geltung oder Nichtgeltung stritten; so hat sich Hebbel gegen die entwertenden Urteile, die die Vertreter der Münchner Dichterschule gegen sein Schaffen fällten, zu wehren gehabt, so Goethe den Feldzug hinnehmen müssen, den zur Zeit seines Alters freisinnige und nationalpolitische Journalisten und Geschichtsschreiber – Börne, Menzel, Gervinus – gegen seine Werke eröffnet hatten. Ja, die Geschichte des literarischen Urteils lehrt, daß oft genug einseitige oder gegenseitige Abstoßung das Gesetz ist, das die geistig-künstlerischen Wertbeziehungen von Großen zu einander bestimmt. Fast einzigartig und eine Ausnahme mit der neidlosen und gerechten Anerkennung der gegenseitigen Leistung, bei eigentlich gegensätzlicher Veranlagung und Begabung, ist die Beurteilung Goethes durch Schiller und die Schillers durch Goethe zu der Zeit ihrer Freundschaft. Aber Heinrich von Kleist ist von Goethe mehr und mehr und schließlich völlig abgelehnt worden; das herbe Urteil Otto Ludwigs über Schiller (seine Produktion ist »ein Christbaum ..., die Früchte wachsen nicht am Stiele ihrer realen Bedingungen, sondern hangen am Faden der Willkür«), von den Naturalisten am Ende des Jahrhunderts übertreibend nachgesprochen, hat den Nachruhm des Dichters erheblich eingeschränkt.

Solche Abweichungen von dem heute, wie es scheint, zur literarischen Norm erhobenen Werturteil der Geschichte, lassen sich irgendwie aus weltanschaulich-künstlerischen, politischen oder auch nur psychologisch-einzelmenschlichen Gesichtspunkten erklären. Das Leben der Dichtung ringt sich in inneren Kämpfen und Parteiungen durch, die derartige Beurteilungen als Blüten treiben. Neue – wirkliche oder eingebildete – Werte wollen die Zeit erobern und stoßen das »Überlebte« zur Seite, indem ihre Träger es als wertlos aus der Gunst der Masse verdrängen. Der Kampf zum Beispiel, den Otto Ludwig gegen Schiller geführt hat, ist ein Teil der großen weltanschaulichen und künstlerischen Auseinandersetzung zwischen Idealismus und Realismus, die sich von der Mitte des neunzehnten Jahrhunderts an abgespielt hat. Otto Ludwig ist der Realist, der den Idealisten Schiller bekämpft, weil er einsieht, daß der Idealismus nicht mehr »zeitgemäß«, das heißt, für das dichterische Schaffen nicht mehr innerlich fördernd ist. Daher haben die späteren Naturalisten, in deren Weltanschauung und Kunst der Realismus bis zu den letzten Möglichkeiten emporgetrieben erscheint, die Haßgebärde Ludwigs gegen Schiller (es ist freilich auch viel Bekenntnis eigener Schwäche dabei!) zur hohnvollen Verachtung gesteigert. Ähnlich ist der Kampf von Börne, Menzel, Gervinus gegen Goethe zeitbedingt: das nach 1830 mächtiger dahinflutende national-politische Leben brandet gegen Goethe an, weil ihm seine vornehm betrachtende, weltbürgerliche und ästhetische Gesinnung als Talriegel erscheint, der das tätige nationale Wollen zum stagnierenden See zu stauen droht.

So kann man in Wahrheit derartige Abweichungen früherer Beurteiler von der heute als Regel geltenden Ansicht der Literaturgeschichte nicht als »Unsicherheit« bezeichnen: zeugen sie doch im Gegenteil, da sie aus dem Bewußtsein und Bedürfnis einer Zeit oder einer lebendigen Partei herausgewachsen sind und deren Forderungen an der Stirne tragen, von höchster Sicherheit in der Erkenntnis und Leitung des wirklichen und tätigen Lebens; denn dieses, als ein Weg zu einem bestimmten Ziele, ist immer einseitig und ungerecht.

Was sich aber heute, als Verschiedenheit der Bewertung, mit Wehrlosigkeit gegen das Effektvolle und Unterschätzung des Bedeutenden, kundgibt, ist in Wahrheit Unsicherheit: man hat einfach den Maßstab verloren. Auf Schritt und Tritt stößt man auf diese Ratlosigkeit. Der literarische Laie verrät sie, wenn er sich hütet, über ein Buch, einen Roman, ein Gedicht, die er gelesen, ein Drama, dessen Aufführung er mitangesehen, ein eigenes Urteil abzugeben und es vorzieht, auf die »berufene« Kritik seines Leibblattes zu warten, um sie dann sich zu eigen zu machen oder wenigstens nachzusprechen. Der Kritiker legt sie an den Tag, wenn er sich aus ästhetischen oder literarhistorischen Handbüchern Rat holt oder, falls das Werk dort noch nicht »behandelt« ist, trotzig oder resigniert die Schulweisheit in den Wind schlägt und aus seinem »Gefühl« heraus urteilt. Der Ästhetiker und der Literarhistoriker bekunden sie, wenn sie sich damit begnügen, entweder, wo es sich um alte Werke handelt, Urteile von zur Autorität verjährten Fachvertretern nachzuschreiben oder, bei Tagesneuigkeiten und Werken der letzten Zeit, für die die Geschichte noch keinen offiziellen Wertmaßstab geschaffen hat, die Erzeugnisse statistisch aufzuzählen oder psychologisch zu beschreiben, also einfach dem Werturteil auszuweichen, indem man es für »unwissenschaftlich« erklärt. Gottfried Keller dürfte weithin recht haben, wenn er dem wissenschaftlichen Geschichtschreiber der Literatur die Befähigung zur Beurteilung der lebendigen Dichtung schlechthin abspricht.

So verläßt sich stufenweise einer auf den andern. Aber, statt daß eine Stufe die andere zu stützen vermag, erweist es sich, daß die tieferen wie die oberen vom Schwamme zerfressen sind und das ganze Gebäude in der Luft schwebt, weil die Grundsteine sich der erdverbundenen Schwere entschlagen.

Aber die Ratlosigkeit ist in Wahrheit noch viel größer. Sie ist nicht nur durch einzelmenschliche und zeitliche Unzulänglichkeit bedingt, also eine relative, sie ist eine absolute: auch der, der seines Urteils völlig sicher ist, der – nehmen wir die Möglichkeit an – als Diktator des Geschmackes höchstes Ansehen genießt, auch er muß in Augenblicken der Selbstbesinnung sich eingestehen, daß seinem Urteil nicht unbedingte Wahrheit innewohnt und unbeschränkte Geltung zukommt. Die Geschichte gerade des literarischen Urteils lehrt, daß es auch hier keine »Ewigkeitswerte« gibt, daß auch das Urteil, wie alles Menschliche, dem Wandel unterworfen ist. Wenn sogar Goethe den eigentümlichen Wert von Kleists Dichtung nicht erkannte (daß er den Jüngeren aus selbstischen Gründen habe am Boden halten wollen, verbietet die Achtung vor ihm anzunehmen), woher soll da dem geringeren Geiste Sicherheit des Urteils kommen?

So ist es in der Tat. Wir müssen uns bei dieser Erkenntnis bescheiden. Es ist am besten, wenn wir uns der wissenschaftlichen Relativität und also der Subjektivität und Befangenheit des literarischen Urteils bewußt sind. Wenn wir uns keiner Selbsttäuschung hingeben. Denn alle Flunkerei und Lüge rächt sich früher oder später.

Aber, wenn diese Tatsache unumstößlich ist, was sollen wir nun tun? Überhaupt nicht urteilen, wie die einen meinen, und uns mit der statistischen Aufnahme und der psychologischen Beschreibung der Gegenstände begnügen? Denn nur dann sind wir gerecht und vorurteilslos und objektiv – und wie die schönen Wörter alle heißen!

Wirklich? Können wir überhaupt gerecht sein? Wenn man sich mit der statistischen Aufnahme des Besitzstandes begnügt – gibt es nicht verschiedene Methoden der Statistik? Zeigt einer nicht nur schon durch die Wahl der Gegenstände, die er statistisch aufnimmt, ein verhülltes persönliches Urteil – ganz abgesehen von der Deutung des gefundenen Materials? Oder wenn er sich mit der psychologischen Beschreibung begnügt und sich also auf die Feststellung des Beobachteten beschränkt – die Art und Richtung der Beobachtung hängt von seiner sinnlichen Veranlagung, seiner Verstandesschärfe und Gemütsstärke ab; der eine achtet mehr auf das Innere, der andere mehr auf das Äußere, und also spielt auch hier wieder ein subjektives Moment mit! Man mache sich doch nur klar: Auch die objektivste Literaturgeschichte wird Goethe auf zehnmal mehr Seiten besprechen als etwa Geibel, und der gerechteste Tageskritiker hütet sich davor, seine Leser zu langweilen, indem er den Tagesschund mit der gleichen Liebe und Ausführlichkeit beschreibt wie das literarisch wertvolle – längst anerkannt wertvolle! – Stück von Shakespeare oder Kleist. In Wahrheit ist die psychologische oder positivistische Betrachtungsweise der Wissenschaft genau so sehr ein geschichtlich bestimmter und also subjektiver Weg wie alle andern Methoden. Es ist der Weg, auf dem der Materialismus des neunzehnten Jahrhunderts, von der Naturwissenschaft stark beeinflußt, zur reinen Erfassung des Gegenstandes zu gelangen meinte. Aber wo hat es je eine Methode gegeben, die sich dessen nicht anheischig machte? Heute aber leben wir nicht mehr im neunzehnten Jahrhundert und seine geschichtlichen Methoden sind nicht mehr die unsrigen!

Wenn so auch die statistische Aufnahme und die psychologische Beschreibung verhüllte und nicht zugegebene Wertungen in sich bergen, so ist es am ehrlichsten, man gesteht sich die menschliche Bedingtheit aller Beurteilung geschichtlicher Werte ein (in naturwissenschaftlichen Dingen ist es anders: hier ist die Methode gerade dadurch charakterisiert, daß sie nicht wertet). Das aber heißt nun nicht, daß man sich einem schrankenlos ausschweifenden Subjektivismus, einer wilden Anarchie des Urteils überlassen soll. Vielmehr handelt es sich im Gegenteil für denjenigen, der sich der Natur aller Wertung geschichtlicher Dinge bewußt ist, darum, ihre subjektivistische Willkür, so weit es geht, einzuschränken und das Urteil auf theoretisch-methodische Grundsätze zu gründen. Denn der Vorwurf des Irrens und Schwankens ist sofort aufgehoben, wenn wir unserm Wege aus Überlegung und Bewußtsein ein Ziel setzen. Daß jene Fehlerquelle subjektivistischer Willkür, die in einer nicht genügenden Kenntnis des Tatsachenbestandes, in Voreingenommenheit oder Unbesonnenheit des Urteils beruht, von vornherein verstopft werden muß, soll als etwas Selbstverständliches nur im Vorbeigehen angedeutet sein:

Auch wer mit Bewußtsein wertet, hat die sittliche Pflicht des Richters, den Fall, über den er Recht sprechen soll, nach allen möglichen, äußeren und inneren, psychologischen, sozialen, weltanschaulichen, stofflichen Gesichtspunkten zuerst gründlich zu erforschen, bevor er sein Urteil abgibt. Diese Forderung hat die neue Wertungsart mit der psychologischen und statistischen Methode des neunzehnten Jahrhunderts gemein. Und nicht mit dieser allein, in Wahrheit hat ihre Erfüllung in der Geschichtsschreibung und der ernsten Kritik stets als eine Pflicht des Anstandes gegolten.

Worum es sich bei der neuen Wertung handelt, ist etwas anderes. Um es kurz zu sagen: es gilt, die Subjektivität des einzelnen Beurteilers zur Subjektivität seiner Generation bewußt auszuweiten und diese seine Generation zu fassen als ein notwendiges und organisches Glied in der Kette des lebendigen Wachstums des Geistes, als eine notwendige und innerlich mit dem Ganzen verbundene Welle im unaufhörlichen Strome alles Werdens. Es handelt sich um etwas Ähnliches, wie es die kritische Philosophie Kants geleistet hat in einer Zeit der Erschütterung des menschlichen Wissenbestandes. Es gilt, dem *Einzelurteil* den Makel der Willkür und Ratlosigkeit dadurch zu nehmen, daß man es als geschichtlich notwendige Äußerung des *Zeitbewußtseins* zu erkennen gibt. Wobei Zeitbewußtsein eine allgemeine Sammelbezeichnung für alles Überindividuelle und Gattungsmäßige bedeutet, also das eine Mal politische und wirtschaftliche, das andere Mal religiöse Strömungen umfaßt.

Dazu freilich muß in dem Urteilenden auch das Zeitbewußtsein lebendig sein. Er hat sich als Genosse einer bestimmten geschichtlichen Welle zu fühlen. Er hat sich klar zu sein, welches ihr Rhythmus ist und wohin ihre Stromrichtung geht, ob hinauf oder hinab, ob nach rechts oder nach links. Wenn es ihm gelingt, diese Forderung in sich zu erfüllen, so steht er nicht nur nicht mehr allein mit seinem Urteil, es ist dann auch, was wichtiger ist, geschichtlich *notwendig*, und seine Wertung ist nicht mehr nur ein blindes und leichtfertiges Urteilen aus der Leidenschaft des erregten Temperaments und dem Zufall des Augenblicks heraus, sondern sie trägt das Gewicht der Verantwortlichkeit in sich. Hinter dem Einzelnen steht ein Vieles, dem er verpflichtet ist. Ein in der Geschichte sich auswirkendes Schicksal selber scheint diesen Wertmaßstab geprägt zu haben, und er wird so, wie alles, was wahrhaft und natürlich in einer lebendigen Zeit einmal gewachsen, nicht mit kaltem Gehirne in der Studierstube erklügelt ist, zu einem überzeitigen Begriff. Dieser Art sind die Urteile Otto Ludwigs über Schiller, Goethes über Kleist, Menzels über Goethe: es stellen sich in ihnen nicht nur zeitliche Menschen und Parteiungen, sondern ebensosehr überzeitliche, allgemeine Richtungen des menschlichen Gemüts und seines Kunstschaffens dar, Realismus und Idealismus, Klassik und Romantik, politisches und ästhetisches Lebensideal. Das einzelne Geschichtlich-Bedingte erscheint in ihnen zum Typischen und Symbolischen eines Lebensgesetzes erhoben. Was jemals, geschichtlich und naturgemäß, ein wesentliches Leben geführt, hat es nur getan, indem es als Vergängliches ein Gleichnis des Ewigen ward. Nur der Gleichnischarakter gibt ihm ewiges Leben in der Geschichte. Wo eine geschichtliche Person oder Tat des Symbolhaften entbehrt, versinkt sie unrettbar in den Abgrund des Vergessens.

Wer sich der Tragweite dieser Erkenntnis bewußt ist, wird sich nun auch klar sein über den Grund der jetzigen Ratlosigkeit und Unsicherheit des Urteils. Wir wissen heute alle, was der Weltkrieg bedeutet: nicht nur den Zusammenbruch politischer Fügungen früherer Zeiten und die Zerstörung wirtschaftlicher Werte, sondern vielmehr den Einsturz eines ganzen Kultursystems. Vielleicht bedeutet er erst den endgültigen Untergang des Mittelalters, und die Zeit, in die wir jetzt eingetreten sind, wäre dann, geschichtlich betrachtet, der Völkerwanderung zu vergleichen. Sollen wir uns da, in einer tatsächlichen »Umwertung aller Werte«, wundern, daß niemand sich mehr auskennt in dem, was wertvoll ist? Früher waren die urteilenden Köpfe, wenn auch urteilssicherer, so doch gewiß nicht gescheiter als heute. Aber sie hatten es leichter. Jede der früheren Perioden lebte in irgendeinem »Ismus«: Rationalismus, Klassizismus, romantischer Idealismus, Realismus, Naturalismus, Impressionismus, Expressionismus ... Heute aber wirbeln in den literarischen Erzeugungen alle diese Ismen durcheinander. Jeder bestreitet den anderen. Die Folge ist, daß jeder sein Gewicht und seine Bedeutung eingebüßt hat: wo so viele durcheinandersprechen, hört man keinen, glaubt man keinem mehr. Der Einzelne aber, wenn er nun urteilen soll, fühlt keinen Ismus mehr hinter sich und um sich, der ihn umfängt und stützt und seinem Urteil den (zeitlich bedingten) Halt gibt, wie dem molluskenhaften Körper der Schnecke das Gehäuse.

Die Frage ist, ob wir uns damit zufrieden geben und, je nachdem, uns entweder auf das Ruhepolster der Urteilsenthaltung legen oder uns von den Wirbelstürmen des Zeitgeistes (der heute meist ein Ungeist ist) bald hierhin bald dorthin verwehen lassen sollen.

Das eine wie das andere wäre Bequemlichkeit aus Mangel an geistigem Eigengehalt, und die Folge wäre Stillstand. Vielmehr gilt es, in ernstlicher und gewissenhafter Selbstbesinnung mitten in dem Wirrwarr der Wirbelstürme eine Hauptströmung zu erkennen, in der Verflechtung aller Wege die Richtung zu finden, nach der, mutmaßlich, die innere Entwicklungslinie in die Zukunft geht.

Wer die Gabe eines gewissen geschichtlichen Fernblickes besitzt, vermag die Vielheit heutiger Lebensbewegung auf zwei Grundströme zurückzuführen. Auf der einen Seite strebt man nach immer größerer Mechanisierung und Rationalisierung durch die Mittel der Technik (das Überhandnehmen des Sportes als der Rationalisierung der körperlichen Spielleistung zum Zwecke der Ertüchtigung und der Entlastung von der Arbeitsanstrengung steht damit in unmittelbarem Zusammenhang). Auf der anderen Seite aber kämpft eine Welle rein geistiger Freiheit gegen diesen rationalistischen Drang, den Menschen zur Maschine zu machen. Ein Zeichen ihrer Macht ist die heute erneute Besinnung auf religiöse Werte und philosophische Forschung, die, im einzelnen vielleicht nicht mehr als Nachahmung und Mode, im ganzen aber als Zeitsymptom doch zu beachten ist.

Die Frage ist nun, welcher von beiden Mächten die Zukunft gehört. Sie ist, scheint mir, damit zu beantworten, daß der Streit zwischen beiden noch eine Zeitlang dauern, ja sich steigern wird, daß die Mechanik einerseits das freie Leben des Geistes immer mehr zur exakten Räderbewegung, den Menschen zum völligen Sklaven der Maschine und damit gänzlich zur Maschine machen wird, der Geist anderseits sich immer abseitiger und willkürlicher gegen die Rationalisierung und Mechanisierung zur Wehr setzen wird (die oft unglaublich bizarre Willkür des sogenannten Expressionismus ist bereits ein Zeichen dieser Reaktion). Der Kampf wird so lange fortgehen, bis die Spannung den höchsten Grad erreicht hat, das heißt, bis das vergewaltigte Naturleben, das immer mächtiger ist als alle Form der Kulturentwicklung, den Panzer der Mechanik gewaltsam sprengt, indem in immer mehr Gehirnen die Überzeugung durchbricht, daß die Fabrikate der Technik nur Mittel und Werkzeuge des Lebens, aber nicht sein Wesen und Inhalt sein dürfen, wenn das Leben nicht innerlich zugrunde gehen soll. Und da dies unmöglich ist, so wird der Streit damit enden, daß das Leben die Werke der Mechanik entwertet und damit ihren Verfall einleitet. Man darf nicht vergessen, so erstaunlich sie sind, sie sind aus irdischem Stoffe gebaut, dem Verderben ausgesetzt und gehören damit der Zeit an. Es hat schon öfters Zeiten der Geschichte gegeben, wo hochentwickelte Techniken von den Nachkommen völlig vergessen wurden, weil sie ihrer nicht mehr bedurften oder zu bedürfen meinten. Man vergegenwärtige sich, über welche Techniken die alten Ägypter verfügten, die später völlig in Vergessenheit gerieten, oder wie die neue Form der Heilsfrage, wie sie das Christentum stellte, die ganze Zivilisation des Römertums als im tiefsten Verstande sinnlos erklärte.

Auf unsere Zeit und ihr geistiges Leben angewendet, heißt das: Die Technik und Mechanik brauchen wir heute nicht durch unsere Bejahung zu stützen. Sie setzt sich schon selber durch, weil sie ganz einfach noch auf lange Zeit ein volkswirtschaftliches Bedürfnis ist. Was aber heute bedrängt ist, ist das geistige Leben, und zwar nicht in der Form des rechnenden und konstruierenden Verstandes, sondern als Echtheit des Seelischen, Wahrheit des Gemütes, Tiefe des religiös-weltanschaulichen Erlebnisses. Wo wir daher aus dem inneren Bedürfnis der Zeit und in der Ahnung ihres Entwicklungswesens urteilen, da werden wir in jenen Fällen von wahrhaften Werten sprechen, wo wir jene heute verschütteten Mächte an die Oberfläche drängen fühlen. Technik, auch im literarischen Sinne, also differenzierte Feinheit der Sprache, Beherrschung aller Formen, werden wir weniger hoch schätzen, weil sie in einem Zeitalter, das ohnehin auf den Begriff der Technik abgestempelt ist, selbstverständlich gekonnt wird.

So verstehen wir nun auch die leise, aber deutliche Wandlung, die sich im literarischen Urteil seit etwa zwanzig Jahren vollzogen hat. Sie zeigt sich in der Änderung unserer Stellung gegen gewisse Dichter der Vergangenheit. Otto Ludwig, der gescheite und ewig rechnende Techniker des Realismus, und die impressionistischen Kunsthandwerker des Naturalismus sind auf einen unteren Grad des geistigen Höhenzeigers heruntergefallen; Raabe, Stifter, Gotthelf, Jean Paul dagegen, lebensreich, gemütstief und geistvoll, werden aufs neue oder überhaupt erst wirklich von uns geliebt. Die Schriftsteller der Aufklärung, sogar Lessing, müssen den Dichtern des Barock weichen, und der wahrhaft große Simplizissimusroman Christoph von Grimmelshausens hat für uns Heutige eine Bedeutung bekommen, die ihn den größten Romanen der Weltliteratur einreiht, ja streckenweise als den eigentlichen Roman unserer Nachkriegszeit erscheinen läßt.

Wenn wir so die Geschichte, die ja (sofern sie nicht nur eine Chronik- und Archivangelegenheit ist) ewig nur als reinere Spiegelung der Gegenwart für uns Sinn hat, in den Kampf unserer Zeit hereinziehen und aus ihr echten Goldglanz von trügerischem Schein unterscheiden lernen, so läßt sich von dieser verhältnismäßig einfachen Stellung aus eine Festigung des schwierigeren Urteils über die literarischen Werte der verworrenen Gegenwart erzielen. Wir werden auch hier aus der inneren Not und dem Bedürfnis unseres Gemütslebens heraus urteilen und dazu kommen, manches als Schein und Literatenmache zu erkennen, was jetzt von allen möglichen Klüngeln in den Zeitungen als neueste Offenbarung angepriesen wird, wenn wir uns nur selber davor hüten, Zeitgefühl und Zeitbedürfnis mit den Zielen und den Geschäftsinteressen einer äußeren Partei, sei es eine weltliche oder geistliche, zu verwechseln. Es hat sich noch immer gezeigt, daß nur jenes Werk die Jahrhunderte überdauert hat, das zum Vater einen reinen Sinn und zur Mutter eine weise Kenntnis des Lebens hatte.

LEVIN L. SCHÜCKING

Literarische »Fehlurteile«

Ein Beitrag zur Lehre vom Geschmacksträgertyp
[1932]

Daß viele, nachmals berühmte Künstler bei ihrem ersten Auftreten in der Öffentlichkeit mit Verkennung und Gleichgültigkeit zu kämpfen hatten, ist eine bekannte Tatsache. Alle Kunstgattungen und Länder weisen die gleiche Erscheinung auf, die allmählich auch dem Laien ganz geläufig geworden ist. Besonders bemerkenswert aber ist an ihr, daß der der Kunst Fernerstehende nicht sonderlich hinter dem eigentlichen Sachverständigen zurück zu bleiben scheint, zumindest muß man feststellen, daß die »Fehlurteile« auch bei den großen Schaffenden, die über Originalität und Gestaltungskraft doch besonders gut unterricht sein müßten, gar nicht selten vorkommen. Samuel Richardson z. B. meinte von Sternes ›Tristram Shandy‹, es handle sich in diesem Buch um eine Modenarrheit, die bald verschwinden werde und Goethe glaubte zwar umgekehrt Wielands ›Oberon‹ prophezeien zu dürfen: »Er wird so lang Poesie Poesie, Gold Gold und Kristall Kristall bleiben wird, als ein Meisterstück poetischer Kunst geliebt und bewundert werden«, von Heinrich von Kleists

Kunst dagegen wollte er, wie jedermann weiß, nicht viel wissen. Es ist also nicht nur das Urteil der blöden Menge, wie Shelley meinte, das die Zeit umkehrt, sondern auch das sehr namhafter Beurteiler. Daß die berufsmäßigen Kritiker bei einer Überschau dessen, was geblieben ist von dem, was sie gelobt, geschwunden von dem, was sie getadelt, nicht besser wegkommen, bedarf kaum des Nachweises. Allein, wenn man diese Urteile, die selten ohne den lauten oder leisen Vorwurf eines beklagenswerten Unverständnisses angeführt werden, näher ins Auge faßt, so kommen dem Betrachter Bedenken darüber, ob nicht in vielen Fällen jemand, der sich da, wo die Nachwelt ein Votum nicht unterschrieb, schon berechtigt fühlt, von »Fehlurteilen« zu reden, die Dinge schief ansieht. Zwar ist es klar, daß Meinungsäußerungen wie die angeführte Richardsonsche über Sterne oder die Goethesche über Wieland, die sich ausdrücklich auf die Zukunft beziehen, von der Entwicklung als irrig erwiesen worden sind. Aber das Irrige ist vor allem, ist jedenfalls am unbestreitbarsten in der Formulierung beschlossen. Bezugnahmen auf die Zukunft sind eben eine unsichere Sache, und der durch Erfahrung Gewitzigte prophezeit deswegen nicht gern. Aber im Grunde haben ja ästhetische Urteile den Hinweis auf die Zukunft so wenig nötig wie juristische. Sie charakterisieren vielmehr zunächst einmal nur die Stellungnahme zu einem Tatbestand oder die Auffassung des Urteilenden von ihm. Nun sind für diese Auffassung verschiedene Bedingungen möglich. Es kann bei ihr einmal ein Mangel an Unterscheidungsvermögen für künstlerische Qualität vorliegen, sei es, daß der angeborene Sinn dafür fehlt, oder daß das Urteil ungeschult ist und dem Urteilenden irgendwie die Vergleichsmöglichkeit abgeht. Daß die Kategorie dieser Kunstrichter, der viele, auch gebildete Leute zugehören, hoffnungslos für selbständige Wertung von Kunst sein muß, versteht sich von selbst. Aber wenn Richardson sich gegen Sterne, Schiller sich gegen Bürger, Goethe sich gegen Kleist, Gutzkow sich gegen Mörike wendet, so liegt doch der Fall offenbar völlig anders. Hier kann von einem fehlenden Sinn für Qualität, einer Unvollkommenheit des kritischen Organs durchaus nicht, sondern höchstens – von einem gewissen Gesichtspunkt aus –, von Einseitigkeit des Geschmacks gesprochen werden, denn alle Genannten sind durch ihre literarische Leistung über den Vorwurf erhaben, keinen ausreichenden Ausweis, d. h. nicht genügend Sachverständnis zum Kritiker zu besitzen. Aber inwiefern verdienen nun Urteile wie die angedeuteten den Tadel der Einseitigkeit? Müssen sie nicht vielmehr als Äußerungen eines Geschmacks bewertet werden, der genau soviel Daseinsberechtigung als irgend ein anderer besitzt? Inwiefern handelt es sich also um »Fehlurteile«? Kann man auf die Meinung über Kunst die Begriffe »falsch« und »richtig« anwenden, wie auf das Schlußergebnis eines Rechenexempels? Soll ferner das Kriterium für die Richtigkeit einzig in dem Urteil der Nachwelt liegen? Indessen in allen eben angeführten Fällen würde es die genannten Urteiler in ihrer Meinung schwerlich beirrt haben, wenn man ihnen irgendwie den Schleier von der Zukunft hätte fortziehen und sagen können, die Nachwelt würde nicht ihrer Meinung sein. Sie würden vielleicht eher geneigt gewesen sein, darauf zur Antwort zu geben: um so schlimmer für die Nachwelt! Mit andern Worten: sie würden eine ästhetische Revisionsinstanz gar nicht anerkannt haben, denn vor dem wirklich ausgebildeten ästhetischen Urteil kann die Meinung der Zukunft ebensowenig eine höhere Autorität darstellen wie die der Vergangenheit, geht es doch aus der ganzen Persönlichkeit des Urteilenden hervor und ist zu eng mit ihr verknüpft und durch die Besonderheit seiner Lebenserfahrung bedingt, um sich dem Votum anderer zu beugen und einem von außen her kommenden Wandel zu unterliegen.

Vom Gesichtspunkte der Folgezeit aus angesehen, mögen nun freilich solche Urteile oft als bloße Zurückgebliebenheit erscheinen. Wenn die Kunstbetrachter – wird mancher versucht sein, einzuwenden – zwanzig Jahre später geboren wären, so würde ihr Urteil doch wahrscheinlich ein anderes gewesen sein und sie würden Zustimmung für das gehabt haben, was sie jetzt ablehnen. Aber solche Spekulationen sind völlig müßig, da jedes Individuum das Produkt der zu einer bestimmten Zeit vorhandenen Gegebenheiten ist, die in gerade dieser Zusammensetzung und also gerade dieser Wirkung doch niemals wiederkehren können. Im übrigen aber zeigt uns das Beispiel Tolstois, der Shakespeare bekanntlich für sich vollkommen und restlos ablehnte, daß eine besonders starke Persönlichkeit auch in der Hinsicht zeitloser als andere dasteht, daß sie von den vorherrschenden Geschmacksströmungen, ja von dem, was man als die *communis opinio* bezeichnen darf, tatsächlich ganz unberührt bleiben kann.

Die sogenannten »Fehlurteile« sind also – immer vorausgesetzt, daß sie nicht, wie oben dargetan, grundsätzlichen Unzulänglichkeiten entspringen – nichts als der Ausdruck eines persönlichen Geschmacks, der in der dominierenden Auffassung der Folgezeit keine

Stütze fand. Eine solche Auffassung wird sich nun freilich mit dem Vorwurf auseinander zu setzen haben, daß es sich hier doch nicht um *gleichberechtigte* »Geschmäcker« handele. Wenn die Entwicklung zu einer Umwertung geführt hat, wird man sagen, so ist das auf Grund einer besseren Erkenntnis des Wesens der Kunst, einer verständnisvolleren Würdigung ästhetischer Qualität geschehen, als man sie früher besaß. Gerade die angeführten Beispiele, wird mancher finden, erlauben ja einen guten Einblick in solchen Fortschritt. Denn ein heimlicher Puritaner wie der Verfasser der ›Clarissa Harlowe‹ z. B. konnte für die geistreichen Frivolitäten Sternes kein Verständnis aufbringen, richtiger gesagt, eine Kunst, die sie verwendete, nicht nach ihren Qualitäten würdigen, und liegt der Fall nicht im Grunde ähnlich in Schillers Verhältnis zu Bürger? Ist also nicht doch dasjenige ein »Fehlurteil«, was, wie es z. B. bei diesen Gelegenheiten geschieht, seine kritischen Maßstäbe ersichtlich einem Gebiet entnimmt, das außerhalb des Wesens der Kunst liegt, nämlich dem ethischen? Oder, wenn Gutzkow den Mörike einen Träumer im Schlafrock nennt, dem die Literatur als Kulturmoment nichts verdanke, verkennt er dann nicht die eigentlichen Aufgaben lyrischer Poesie? Allein darauf ist zu sagen, daß es kaum etwas Tragikomischeres geben kann, als die Unfähigkeit, die jede Generation von neuem zeigt, ihre eigene Auffassung von Kunst als zeitgebunden zu erkennen und die aus diesem Unvermögen herrührende Verabsolutierung von Anschauungen, deren Totengräber (da man »immer der Reaktionär von irgend jemand anderem ist«) in der Regel bereits vor der Tür warten. Ein besonders eindringliches Beispiel davon hat Cornelius Gurlitt in seiner ›Deutschen Kunst seit 1800‹ in jenem Abschnitt gegeben, der (vgl. S. 250ff.) beschreibt, wie jede neue Strömung der zweiten Hälfte des vorigen Jahrhunderts sich im Gegensatz zur vorhergehenden immer wieder als Vertreterin der Naturwahrheit empfand. Es zeigt übrigens zugleich, daß es sich bei diesem Problem nicht, wie aus den obigen literarischen Beispielen fälschlich erhellen könnte, mit Notwendigkeit um ein bestimmtes Verhältnis in der Bewertung des Ästhetischen und Ethischen handelt. Die Entscheidung über derartige Gegensätze wird nun in der Praxis dadurch gefällt, daß sozusagen die Entwicklung über einen bestimmten Geschmack hinweggeht, d. h. daß der für die betreffende Art von Kunst in Betracht kommende Geschmacksträger *das kritische Übergewicht im Publikum bekommt*.

An dieser Formulierung ist zweierlei von grundsätzlicher Bedeutung. Einmal, daß das entscheidende Moment nicht in einem objektiven Wert, sondern in einer subjektiven Einstellung gesehen wird. Das muß denjenigen verdrießen, in dem die Vorstellung absoluter Werte in der künstlerischen Leistung mächtig ist. Zweitens aber, daß es sich – das ist unter »Übergewicht« verstanden – um einen soziologischen Prozeß handelt, den man mit einem Kampf vergleichen kann, der häufig mit sehr materiellen Mitteln geführt wird. Die Erlebnisse dieses Kampfes aber, wie es bisher geschehen ist, kritiklos hinzunehmen, ohne sich darum zu scheren, wie, durch wen und für wen sie eigentlich erreicht wurden, also kurzerhand die Allgemeinheit für sie verantwortlich zu machen und den Zeitgenossen schlechthin als den Repräsentanten der jeweilig siegreich gebliebenen Geschmacksrichtung gelten zu lassen, geht nicht wohl an. Zum Verständnis der Kunst kommt es vielmehr darauf an festzustellen, auf der Mentalität welcher Art von Leuten sie besonders basiert. Welches sind, um ein bisher schon verschiedentlich gebrauchtes Wort nun in seiner richtigen Bedeutung klarzustellen, die *literarischen Geschmacksträger* zu einer bestimmten Zeit? Denn es ist klar, daß nur auf solche Art das Wesen und vor allem die Enstehung und Durchsetzung einer geschmacklich stark ausgeprägten Kunst verstanden werden kann. Historische Untersuchungen dieser Art beginnen aber erst allmählich einzusetzen. Wir lernten z. B. auf solche Weise erkennen, wie bedeutungsvoll die Geistlichen-Mentalität für die Geschmacksquellen der englischen Literatur des 18. Jahrhunderts ist, die auf die ganze Welt eingewirkt hat. Indes ähnliche sozialpsychologische Typen lassen sich vieler Orten feststellen. Ein vergessener, sehr kühner Versuch zu solcher Konstruktion liegt z. B. schon in der Verteidigungsschrift des von der Kritik sehr ungerecht behandelten *Gutzkow* ›Dionysius Longinus‹ (1878) vor. Sie sucht die Vertreter einer neu aufkommenden, sich kritisch gegen ihn richtenden Strömung sämtlich als ehemalige »Handlungsdiener« zu entlarven. Emil Kuh, Adolf Stern, der Hamburger Kreis um Hebbel u. a., ja sogar Gervinus werden in dieser vergessenen Abhandlung als alte »Jünger Merkurs« aufgewiesen, dessen Dienst seine Spuren in ihrem Denken deutlich zurückgelassen haben soll. Man wird diesen, aus einer gewissen – übrigens verständlichen – Verärgerung heraus geborenen Erklärungsversuch belächeln, die Voraussetzung, daß sich eine Kaufmanns-Mentalität überhaupt in der Gutzkowschen Art als ein »character indelebilis« konstruieren ließe, bezweifeln, die Wesensbestimmung dieses Charakters: Humorlosigkeit, Trockenheit und

Pedanterie ablehnen, und man wird doch der allgemeinen Richtung des Gutzkowschen Vorstoßes, d. h. der Beobachtung, daß die Teilnahme neuer Volkskreise am Literaturleben die frühere geschmackliche Gleichgewichtslage verschiebt, oder anders ausgedrückt, dem grundsätzlichen Gedanken, für eine neue Strömung eine bestimmte Mentalität der an ihrem Auftauchen als Geschmacksträger Beteiligten verantwortlich zu machen, keineswegs die Berechtigung abstreiten. (Wenn übrigens kluge Verleger sich vor der Annahme eines schöngeistigen Werkes – namentlich eines solchen, das neue Bahnen einschlägt – mit der Frage zu beschäftigen pflegen, welche Kreise im Publikum wohl dafür als Käufer in Frage kommen könnten, so treiben sie eine praktische »Literatursoziologie« ähnlicher Art, aus der der Historiker etwas lernen müßte.) Die Aufgabe ist nun, den Blick für solche typischen Geistesstrukturen zu schärfen. So möchte man sich z. B. fragen, ob nicht der Kultus der Ornamentlosigkeit in der neueren Architektur, der in der Zweckmäßigkeit schon höchste Schönheit erblickt, von einer im technischen Zeitalter nicht verwunderlichen Ingenieur-Mentalität weiter Kreise bedingt ist, die Grundsätze auf das Innen und Außen des Hausbaus überträgt, wie sie für die Form der Maschine allerdings selbstverständlich erscheinen. Allein für derartige Fragestellungen bietet die Gegenwart Material in Hülle und Fülle an.

Kritisch zu betrachten wäre z. B. als hierher gehöriges Problem der zwar nicht in der Wissenschaft, aber um so leidenschaftlicher in den kulturpolitischen Erörterungen der Parteien behandelte jüdische Einfluß auf das neuere Kunstleben in Deutschland. Wer die Dinge unvoreingenommen betrachtet, wird an ihm in der Tat nicht vorbeigehen können. Drei Faktoren sind es, die den Geschmack bestimmen: der Künstler, die Organe des Kunstlebens und der Geschmacksträger im weiteren Sinne. Die jüdische Gruppe nun ist einmal in Hinsicht auf den letztgenannten durch Pflege der Kulturgüter von Bedeutung, aber durch ihre geringe Zahl allerdings nicht entscheidend, dagegen gehören so große Teile von den Organen des Kunstlebens in ihren besonderen Bereich, und namentlich ihr Einfluß auf die soziologisch so wichtige Presse, aber auch auf den sonstigen Mechanismus des Kunstlebens ist so beträchtlich, daß man sich dabei in gewisser Hinsicht oft geradezu an die soziologische Funktion der Aristokratie in früheren Kulturperioden erinnert fühlen könnte.

Nun kommt freilich in diesem Zusammenhang alles darauf an, ob die besagte Gruppe etwas wie eine einheitliche Mentalität aufweist, und hat sich schon die These vom Einfluß der Geistlichen-Mentalität auf die Kunst des 18. Jahrhunderts den Einwurf zugezogen, daß es doch sehr verschiedenartige Geistliche gegeben habe, so könnte man hier, wo es sich um einen noch viel variableren Gegenstand handelt, auf besonders heftigen Widerspruch gefaßt sein. Bei einer so reich und so verschiedenartig begabten soziologischen Gruppe liegt in der Tat das Argument nahe, daß sie doch sowohl intellektuelle wie gefühlsgebundene, sowohl nüchterne wie phantasievolle, sowohl gemütvolle wie vorherrschend sinnlich eingestellte Individuen enthalte. Allein so töricht es wäre, hier mit zu einfachen Formeln arbeiten zu wollen – in einen ähnlichen Fehler verfallen etwa diejenigen Literarhistoriker, die die Eigenart der Kunst des englischen Dichters Rossetti kurzerhand auf seine italienische Abstammung zurückführen – so wird doch derjenige dem gedachten Einspruch nicht ohne weiteres stattgeben, der allen individuellen Verschiedenheiten zum Trotz glaubt, einen für die Gruppe repräsentativen Typ herausschälen zu können. Die Eigenschaften dieses Typs aber – seien sie nun welche sie wollen – müssen sich irgendwie in der von ihm unterstützten und getragenen Kunst spiegeln. – Allein es gibt auch Geschmacksträgertypen, die weder beruflich, noch konfessionell, noch »rassisch«, noch – was die einfachste Scheidung ist – nach Geschlechtern abgegrenzt werden können, sondern bei denen sich nur eine besonders markante, ständig wiederkehrende Vereinigung von Eigenschaften feststellen läßt. Dahin gehört z. B. der Typ der *Ästheten*. Er taucht, nachdem er zu verschiedenen Zeiten in der Geschichte vorhanden gewesen, im 19. Jahrhundert und später besonders auffällig in allen Ländern Europas auf, offenbar das Produkt einer Entwicklung gewisser Kulturbedingungen, die überall die gleichen sind. Diese Leute – sehr viel mehr Männer als Frauen – stammen meist aus sozial gehobenen Schichten, stehen intellektuell auf einer hohen Stufe, sind ohne religiöse Bedürfnisse, asozial, mit einer ausgesprochenen Verachtung des Natürlichen als des Trivialen, die Männer ohne tiefere Beziehung zur Frau, vor dem latent vorhandenen Zynismus des Epikuräers oft durch ihre Schönheitsschwärmerei behütet, in der indes nicht die reine Flamme menschlicher Begeisterung, sondern ein künstliches Licht loht, das sich aus Quellen speist, zu denen der gewöhnliche Mensch keinen Zutritt hat. Dieser Typ hat naturgemäß sehr verschiedene Spielarten, immer aber ist ihm derselbe *gemütliche Defekt* eigen, der sich bei aller Überfeinerung des Sinnenlebens bis zur Roheit steigern kann. Für welche Art von Kunst er der Geschmacksträger sein muß, liegt auf der Hand. Mehren sich die Individuen dieses Schlages aus Gründen, die, wie gesagt, in den allgemeinen Kulturverhältnissen liegen, und findet einer schöpferischen Ausdruck für seine Eigenart in der Kunst, so schart er naturgemäß die Wahlverwandten um sich und nun, nachdem eine Gemeinde gebildet ist, wird Anspruch auf Gemeingültigkeit der künstlerischen Leistung erhoben. Dabei sind aber anderswo die Voraussetzungen für die seelische Aufnahme dieser Kunst ursprünglich vielleicht fast so gering, wie wenn »Sender« und »Empfänger« in der drahtlosen Telefonie auf verschiedene Wellenlängen eingestellt sind. Ein Beispiel aus der jüngsten Zeit möge das noch verdeutlichen. Eine der letzten Arbeiten Friedrich Gundolfs beschäftigte sich mit der Droste. Aber wie unbegreiflich erschien den Verehrern der Drosteschen Kunst das Urteil des so geistreichen Mannes, der von dem ganzen Werk der genialen Frau nur die ›Judenbuche‹ gelten lassen wollte, dagegen über ihre gesamte Lyrik und Balladik mehr oder weniger den Stab brach! Allein welchen Zweck hätte es gehabt, mit ihm im einzelnen darüber zu rechten? Dieser, der Ästhetenbewegung und dem Stefan George-Kreis nahestehende Kritiker gehörte einfach zu einem anderen Geschmacksträgertyp als die Drosteverehrer. Er maß die Dinge mit seinen Maßstäben. Für die grandiose Erfassung der niederdeutschen Landschaft bei der westfälischen Dichterin, für ihre Meisterschaft in der Darstellung des Schaurigen, vor allem aber für ihre ergreifende Verherrlichung menschlichen Alltagsheldentums und der natürlichsten Herzensbeziehungen fehlte ihm das Organ. Das schließt jedoch beileibe nicht aus, daß etwa in zwei Jahrzehnten von heute das in Deutschland vorherrschende Urteil über die Droste das Gundolfsche ist und die hier vertretene Meinung als »Fehlurteil« bezeichnet wird. Voraussetzung dafür wäre nicht nur, daß der Mut zum eigenen Geschmack noch geringer als ohnehin schon würde, sondern auch, daß die allgemeinen kulturellen Bedingungen die Organe für den Genuß gerade dieser Art von Kunst verkümmern ließen. Wer keine Heide mehr kennt, wem die Schauer des Spukhaften fremd wurden, wer sich von der Historie abkehrt, wer das Verhältnis der Geschlechter oder von Eltern und Kindern in völlig anderem Licht zu sehen gewohnt ist, der muß naturgemäß auch für die Spiegelung dieser Dinge in der Poesie weniger übrig haben.

Nun wird man dem freilich entgegenhalten, daß es gerade das Wesen der wirklich künstlerischen Leistung ist, uns durch die Behandlung auch den Gegenstand nahezubringen. Ferner, daß ihr eigentlicher Wert in ihrer menschlichen Größe beruht. Allein der Fähigkeit uns für eine Sache zu erwärmen sind durch die Sache selbst Grenzen gesteckt, und was den Begriff des menschlich Großen angeht, so würde aller Streit über ästhetische Dinge aufhören, wenn es greifbar und definierbar wäre. Wer sich erinnert, daß sogar Shakespeare und Rembrandt noch gegen Ende ihres Lebens ziemlich unmodern wurden, wird auf diesem Gebiet nichts mehr für unmöglich halten. Freilich darf diese Erkenntnis nicht zum Fatalismus führen. Im Gegenteil kann nichts förderlicher sein und so sehr von praktischer Bedeutung für das Kunstleben in Gegenwart und Zukunft werden, als die Einsicht, daß es eine Zwangsläufigkeit des geistigen Geschehens auch hier nicht gibt, sondern daß eben der Handelnde den Lauf der Dinge bestimmt, der Passive ihn ermöglicht. Das Kunstleben ist, wie die Politik, am Ende ein Ringen um die Mitläufer. Die Aufgabe ist deshalb auf dem Gebiete des Geschmacks für denjenigen, der klar sehen will, zunächst einmal seine Quellstätten festzustellen. Wer ist der Handelnde? d. h. woher kommt ein bestimmter Geschmack? Wer sind seine Träger? Auf welche Weise ist seine Durchsetzung erfolgt?

Es sei erlaubt, an ein Beispiel aus der bildenden Kunst zu erinnern. Als vor einiger Zeit eine rechtsradikale Regierung ein kurzes Gastspiel in Mitteldeutschland dazu benutzte, im modernsten Geschmack gehaltene Werke der bildenden Kunst als »undeutsch« aus der Galerie des Landes zu entfernen, da wehrten sich namhafte Berliner Kritiker gegen dies Verfahren mit der wörtlichen Feststellung, daß die expressionistische Kunst nichts Fremdes sei, sondern ganz im Gegenteil »aus der Tiefe der deutschen Volksseele« stamme. Das Beispiel zeigt deutlich, welch mystische Vorstellungen über die Entstehung eines neuen Geschmacks bei uns noch obwalten, so daß sogar die methodisch niemals ganz einwandfreie »Volksseele« aufgeboten werden mußte. Dabei arbeiten *beide* Parteien mit ganz falschen Argumenten. Der einen scheint das bloße Dasein einer neuen Kunstströmung, mag sie auch von den wildesten Überspanntheiten leben, schon die Verpflichtung für den Laien einzuschließen, sich ihr anzupassen, was sie mit der Forderung des »Zeitgeistes« begründet, einer gedanklichen Konstruktion, die der der »Volksseele« an Verschwommenheit nicht viel nachgibt, die andere glaubt ein Patent auf die Definition der nationalen Wesenheit zu besitzen, mit dessen Hilfe sie eine geschmackliche Abneigung zu rechtfertigen sucht, die dieser falschen Begründung gar nicht bedarf. Wird man doch gerade angesichts der Vorgänge, die der Prozeß der Geschmacksbildung bei näherer Betrachtung enthüllt (vgl. meinen Versuch über die ›Soziologie der literarischen Geschmacksbildung‹, Leipzig, 2. Aufl. 1931) eine größere Aktivität gebildeter Laien im Kunstleben – schon als Gegengewicht gegen die »interessierten« Mächte – grundsätzlich nicht verdammen.

Dieser Prozeß läßt sich in all seinen Phasen ganz genau nachprüfen. Er hat eine sozusagen automatische Seite, nämlich den natürlichen Zusammenschluß der Wahlverwandten, die ästhetische Gemeindenbildung, die ständige Erweiterung kleinerer Kreise durch persönliche Einwirkung. Einzelne Individuen können hier am Ausgangspunkte wichtiger literarischer Entwicklungen, nicht nur als schaffende Künstler, von bestimmendem Einfluß sein. Es gibt – um ein charakteristisches Beispiel herauszugreifen – im 19. Jahrhundert und später Verlagsleser, deren Namen gänzlich unbekannt blieben und die doch durch die Annahme oder Ablehnung von bestimmten Werken ein gut Teil Entscheidung über das Aufkommen ganzer Richtungen in der Hand gehabt haben. Über die Bedeutung von Theaterdirektoren und Kritikern ferner braucht kaum gesprochen zu werden, so liegt sie am Tage. Aber neben diesen Triebkräften gibt es andere, die recht eigentlich jene *communis opinio* schaffen, vor der dann der einzelne die Waffen streckt. Sie sind aber oft solche wenig sachlicher Art, nämlich an der Durchsetzung von gewissen Kunstwerken oder sogar Richtungen wirtschaftlich interessiert. Ihr Einfluß ist um so bedenklicher, je verfeinerter die dabei angewandten Methoden sind und je überlegter die Mittel und Wege ausgenutzt werden, das Publikum zu bearbeiten. Ob auf diesem Gebiet die neuere Entwicklung für das Kunstleben durchweg einen Fortschritt bedeutet, ist deshalb sicher recht fraglich. Wenn z. B. der große Aristokrat des 18. Jahrhunderts einen jungen Dichter durch Geldzuwendungen förderte, so mochte dabei eine gewisse Eitelkeit im Spiele sein, aber im Großen und Ganzen waren seine Motive idealistisch, wenn dagegen der moderne Verleger einem vielversprechenden Anfänger, wie das heute nicht selten geschieht, eine Pension auswirft, die ihm das Schaffen in ungestörter Muße ermöglicht, so ist das eine Geldinvestierung, die nicht jenseits des kapitalistischen Gesichtspunkts der Rentabilität liegt, und der ganze nicht unbeträchtliche Propagandaapparat des großen Verlages steht deshalb aus egoistischen Gründen schon den noch ungeborenen Werken des Stipendiaten von diesem Augenblick ab zur Verfügung. Das Publikum aber merkt nicht, wie seine Bedeutung als wählendes Subjekt dabei sinkt.

*

Die hier vorgetragene These ist also, daß die Kunst in ihren bestimmten Erscheinungsformen von gewissen Geschmacksträgertypen und das Sichdurchsetzen dieser Gruppen wiederum davon abhängig sei, welche Potenz im sozialen Gefüge sie darstellen, genauer gesagt, wie weit sie den Mechanismus des Kunstlebens beherrschen, wobei der Begriff der Potenz nicht ausschließlich im materiellen Sinne, aber freilich auch keineswegs rein immateriell aufzufassen ist. Eine solche Erklärung der Dinge wird nun aber notwendig heftigen Widerspruch finden. Einsetzen wird dieser bereits bei der Konstruktion des Geschmacksträgertyps als etwas in sich Konstantem. Ein Geschmacksträger, wird man sagen, der sozusagen als Substrat neuer Richtungen sich mit ihnen ablöst, mag für die Vergangenheit gelegentlich bewiesen werden können und findet dort eine gewisse Beglaubigung durch die seitens der Wissenschaft schon längst erfolgte Verknüpfung gewisser Stilformen mit sozialen Lebensformen, wie sie z. B. in dem Ausdruck »bürgerliche Kunst« vorliegen, aber sehen wir nicht in der Gegenwart, wie genau dasselbe Milieu grundverschiedene Stile gebären kann und dieselben Menschen von einem Geschmack zum anderen restlos überzugehen vermögen? Gesetzt den Fall, daß ferner tatsächlich ein bestimmter scharf umrissener Geschmacksträgertyp als der ermittelt würde, auf den das Auftauchen einer gewissen Kunstrichtung zurückzuführen wäre, würde damit für ihre Bewertung etwas gewonnen sein? Ist es nicht gerade das Wesen der Kunst, allgemein menschliche Gültigkeit zu besitzen? Gibt es nicht literarische Werke, die unter ganz anderen Lebensbedingungen als den unserigen, von Menschen ganz anderer seelischer Struktur als sie uns eignet, geschaffen wurden und die uns trotzdem entzücken? Ist nicht eben das das Größte an der Kunst, daß sie *nicht* auf bestehende Geschmacksgruppen zugeschnitten und beschränkt zu sein braucht, sondern daß sie selbst gemeindenbildend wirkt, und das sogar in einem so weiten Sinne, daß der große Künstler von sich geradezu mit John Wesley sagen kann: *my parish is the world* »mein Kirchspiel ist die Welt«?

Indes auf solche anscheinend so triftigen Einwände ließe sich doch allerlei erwidern. Zunächst einmal ist ein Geschmack in dem hier verstandenen Sinne ein Verhältnis zur Kunst, in dem sich entweder eine ganze Weltanschauung spiegelt – so ist es, wie nicht näher ausgeführt zu werden braucht, in den oben angeführten Fällen des angeblichen »Fehlurteils« Goethes über Kleist, Schillers über Bürger, Gutzkows über Mörike, wo eine tiefgehende Verschiedenheit des Urteils hinsichtlich der Aufgaben der Kunst vorliegt – oder wo doch der Mensch in seinem innersten Wesen beteiligt ist. Daß, wo dies nicht der Fall ist, d. h. wo durchaus keine weltanschaulichen Fragen ins Spiel kommen, oder wo die Kunstrichtung das seelische Leben des Menschen in seinen tiefsten Gründen weniger berührt, sehr verschiedenartige Formen nacheinander bei demselben Individuum Wohlgefallen erregen können, braucht nicht zu verwundern. Der Fall liegt vielleicht heute besonders nahe, wo im Kunstleben überraschend viel Leute angetroffen werden können, die weniger an Kunst seelisch beteiligt sind, als ein rein intellektuelles Interesse am Experimentieren mit neuen Kunstmitteln zu haben scheinen. Im Verhältnis zur Kunst gibt es eben sehr viel mehr Möglichkeiten als es unsere Literatur- und Kunstgeschichten ahnen lassen. Ein Klopstock z. B., dessen Werke von unseren Urgroßeltern mit ihrer Bibel zusammen aufbewahrt wurden, gehört von diesem Gesichtspunkte der seelischen Funktion der Kunst aus in eine ganz andere Kategorie als viele der Dichter, die ihm auf den offiziellen Parnaß gefolgt sind. Mit andern Worten: je weiter weg vom Mittelpunkt des seelischen Lebens, desto rascher natürlich der Wandel. Die Formen des Begräbnisses pflegen konservativ festgehalten zu werden, die Hutformen dagegen wechseln. Wenn sich also entgegengesetzte, sich scharf widersprechende Kunstrichtungen im Geschmack desselben Individuums auffällig ablösen – was natürlich wohl zu unterscheiden von jener selbstverständlichen Veränderung in Menschen und Dingen ist, die das lateinische Wort *tempora mutantur et nos mutamur in illis* im Auge hat – so ist das nur ein unerfreuliches Zeichen für die eingetretene Armut der Kunst an Gemütsbeziehungen. Im übrigen ist es notwendig – was heute betont werden muß, wo ein Kunstwerk nicht sobald geboren ist, als sich schon zahlreiche Sachverständige darauf stürzen, um es zu deuten, zu gruppieren und zu schematisieren – solche Dinge aus einiger zeitlicher Entfernung zu betrachten. Wer sich z. B. ganz dicht auf eine Tischdecke beugt, der sieht wohl ihre einzelnen Fäden, aber nicht mehr ihr Muster. In derselben Lage sind wir bei vielen zeitgenössischen Kulturerscheinungen. Zahlreiche Dinge wirken heute auf uns als grundverschieden ein, die sich später wahrscheinlich als einander ungemein ähnlich ausnehmen werden, wenn die zur richtigen Erkenntnis nötige Weite gewonnen ist. – Was indes die Frage der Allgemeingültigkeit der großen Kunst angeht, so handelt es sich hier um ein schwieriges, nicht durch eine einzige Formel lösbares Problem. Daß es gelegentlich einem bedeutenden Dichter gelingt, tiefe und gleichzeitig einfache menschliche Erlebnisse in hochwertigen Formen derart festzuhalten, daß er auf Individuen in sehr verschiedenen Zeiten zu wirken vermag, lehrt allerdings die Geschichte des Menschengeschlechtes. Freilich darf das nicht zu der schönen Illusion verführen, die ihren klassischen Ausdruck in dem Keatsschen Worte gefunden hat:

»A thing of beauty is a joy for ever:
Its loveliness increases; it will never
Pass into nothingness.«

Denn daß viele *things of beauty* im Laufe der Zeit ihre Wirkung völlig eingebüßt haben, zeigt schon das eingangs erwähnte Beispiel von Wielands ›Oberon‹. Auch muß man von der Wirkung überlieferter Kunst in vielen Fällen in Abzug bringen, was auf das Konto von Aberglauben und Suggestion gehört. Der Einfluß der Autorität der großen historischen Berühmtheit zumal ist ungeheuer. Die geschichtliche Bedeutung läßt dann lebendig und wirkungskräftig erscheinen, was vielleicht längst tot ist, was jedenfalls gerade derjenigen soziologischen Gruppe, die zu einer bestimmten Zeit den Geschmack regiert, ohne den »historischen Wert« wenig oder nichts mehr zu sagen hätte. Denn nicht immer findet sie den Freimut, ihr negatives Bekenntnis zu der überkommenen Größe so offen zu bekennen wie Voltaire, als er von Dante spottend sagte: »Wie soll er nicht immer berühmter werden, da ihn niemand liest«? Die Regel ist das Umgekehrte, nämlich daß Kunst, die im Königsmantel jahrhundertelanger Verehrung einherschreitet, überall gebeugte Knie antrifft. Es ist ungemein reizvoll zu sehen, daß selbst die größten Kunstschöpfer und Revolutionäre der Geschichte hier keine Ausnahme machen, sondern häufig in der Hochachtung vor Leistungen, in deren Bewunderung sie aufgewachsen und zu der sie erzogen waren, befangen blieben und sie spät oder überhaupt nicht losgeworden sind. Überraschend häufig blickten Dichter zu Vorausgegangenen verehrungsvoll auf, die die Nachwelt nicht nur tief unter sie stellt, sondern auch als ihre künstlerischen Antipoden ansieht. So kam es Rousseau als ein Akt außerordentlicher Kühnheit vor, als er seine ›Neue Heloise‹ neben die ›Prinzessin von Cleve‹, den heroisch-galanten Roman der Madame de Lafayette zu stellen wagte, so blieb Lord Byron zeitlebens voll Anbetung für die neoklassizistischen Werke des im Jahrhundert seiner Geburt vergötterten Alexander Pope. Wie stark aber die Nachwirkung von Schuleindrücken auf diesem Gebiete selbst bei den selbständigsten und bedeutendsten Geistern ist, wird vielleicht durch kein Beispiel deutlicher gezeigt, als dasjenige Martin Luthers, der »eine Seite des Terenz«, den er nämlich in seiner Jugend auf der Schule traktiert hatte, für wertvoller als sämtliche Dialoge des Erasmus erklärte. Man versteht übrigens unter diesen Umständen die ständige Klage der Künstler besonders gut, wie sauer es ihnen werde, gegen das Überlieferte anzukommen. Stärker noch als in der Literatur scheint sich, nebenbei bemerkt, eine solche traditionelle Bewertung der Leistung in der bildenden Kunst geltend zu machen, wo die Verhimmelung der »Namen« stets von neuem das Kopfschütteln kritischer gesonnener Laien hervorrufen muß.

Allerdings wäre es töricht, nicht einzusehen, daß vielfach nicht die Autorität der Überlieferung, sondern auch die Vielseitigkeit der großen Kunst dadurch das Feuer auf dem Altar ihrer Verehrung lebendig erhält, daß sie die Möglichkeit gibt, zu verschiedenen Zeiten auf ganz verschiedene ihr eigene Vorzüge Licht fallen zu lassen. Was z. B. die Romantiker an Shakespeare bewunderten, deckt sich durchaus nicht mit dem, was die Naturalisten Ende des 19. Jahrhunderts an ihm rühmten. Oder ein anderes Beispiel: Goldsmiths ›Pfarrer von Wakefield‹ entzückte Goethe durch die wundervolle Menschlichkeit und den weitherzigen Liberalismus, die seine Schilderungen eines Landpredigerhaushaltes durchwehen, während zu uns Heutigen eher der graziös-drollige Rokokohumor des Buches spricht. Aber kann man in solchen Fällen noch im strengen Sinne von der *Konstanz der ästhetischen Werte* sprechen?

Besondere Nahrung aber wird der Zweifel an der Allgemeingültigkeit ästhetischer Werte aus dem so grell voneinander abweichenden Verhältnis der einzelnen Nationen zur künstlerischen Leistung ziehen. Woran liegt es denn, daß so vieles von dem, was einer Nation oft jahrhundertelang als ihr wertvollster Literaturbesitz erscheint, bei einer benachbarten, ihr in der Kultur vielleicht verhältnismäßig nahestehenden, niemals Aufnahme zu finden vermag? Denn daß große Kunst international sei, ist doch nur mit sehr starken Einschränkungen zutreffend. Wie wenig an lebenspendenden Werten kann vielmehr unter Umständen die größte Berühmtheit des einen Landes für das andere bedeuten! So ist, um aus der Fülle der Beispiele nur einige besonders auffallende herauszugreifen, das Verhältnis zu Vergil in den lateinischen Ländern gewiß ein durchaus anderes als in den germanischen, denen das menschliche Erlebnis in ihm viel zu gering ist. So hat umgekehrt etwa Shakespeares Kunst es in Frankreich – verglichen mit Deutschland – niemals zu mehr als einem Achtungserfolg bringen können. Ein Schriftsteller wie E. Th. A. Hoffmann andererseits ist zeitweilig in Frankreich beliebter als in Deutschland gewesen. Die Erklärung kann nur in der Erscheinung gefunden werden, die das mittelalterliche Wort charakterisiert: *Omnia recipiuntur secundum recipientem.* Die nationale Mentalität oder richtiger: die Mentalität der das Kunstleben beherrschenden Gruppen steht der Aufnahme in einem Falle entgegen, ist ihr im anderen günstig. Das aber führt uns wieder mit Notwendigkeit auf die Bedeutung des *Geschmacksträgertyps.* Gerade dasjenige an der Kunst, was ihren besonderen Wert für die eine große soziologische Gruppe begründet, verfehlt bei einer anderen völlig seine Wirkung. Was aber für die Nation gilt und als selbstverständlich hingenommen wird, das kann für die Geschmacksträgergruppen *innerhalb* der Nation nicht ganz ohne Bedeutung sein.

Damit soll selbstverständlich nicht die Behauptung aufgestellt werden, daß das Kunstverständnis national begrenzt sei. Gewiß gibt es Kunst – und die Musik ist ihr Prototyp – die weit über die Grenzen des Landes, in dem sie entstanden ist, zu wirken vermag. Aber wo diese Wirkung nicht eintritt, da braucht der Grund durchaus nicht in einer minderen Qualität der Leistung zu beruhen, sondern er kann in einer abweichenden seelischen Einstellung des Aufnehmenden seinen Grund haben, wie sie vielleicht durch eine andersartige nationale Kultur hervorgerufen ist. Am Kunstgenuß – zumal am literarischen Genuß – ist eben das seelische Leben in weitestem Umfang beteiligt, und dieses seelische Leben kennt die größten Verschiedenheiten.

Es fragt sich nun, wie weit es möglich ist, die typischen Formen dieser Verschiedenheiten, wenigstens in gewissen, sich gleichbleibenden Grundmerkmalen festzulegen. Nichts wäre notwendiger, als ein Versuch dazu. Er müßte von den sich im Kern gleichbleibenden wie Kind und Erwachsener, Mann und Frau zu den komplizierteren und zeitgebundenen fortschreiten. Diese Aufgabe ist freilich nicht leicht. Die an sich bewunderungswürdige Unterscheidung Sprangers, die unter den sechs Grundtypen der Individualität auch das Bild des

»ästhetischen Menschen« zeichnet, hilft uns hier ja verhältnismäßig wenig. Auch das in vieler Hinsicht dankenswerte Unternehmen der neueren »Leserkunde«, bestimmte Typen von Lesern zu unterscheiden, wirkt nicht immer überzeugend, weil z. B. relativ geringe Altersverschiedenheiten keine geeigneten Kriterien für eine Konstruktion herleihen, zu der es vielmehr einer ganzen Reihe fundamentaler psychologischer Momente bedarf. Wenn z. B. oben einem Manne wie Gundolf die Legitimation zur Kritik gerade der Droste bestritten wurde, so geschieht das, weil hier eine psychologische Struktur vorliegt, die ganz besonderer Art ist, und sich gerade deshalb dem großen Gesetz beugen muß, daß das Gleiche nur vom Gleichen erkannt werden kann.

Allein wenn hier auch keine neue Typenlehre gegeben werden kann, so ist es doch nicht voreilig, schon die Schlußfolgerung aus ihr vorwegzunehmen, daß nichts verwirrender und in seinen Folgen verhängnisvoller wirken kann als der immer wieder erhobene Anspruch auf Allgemeingültigkeit künstlerischer Werte. So selbstverständlich es ist, daß jede Leistung mit dem Wunsche auftritt, sich an alle zu wenden, so notwendig es erscheint, nichts ungeprüft zu verwerfen und sich aufnahmefähig auch für dasjenige zu erhalten, was von der bisherigen Norm abweicht, so muß es doch dem Einzelnen freistehen, sich von dem abzuwenden, was seiner eigenen Natur nicht wahlverwandt ist, ohne daß man ihm deswegen ein *»Fehlurteil«* bescheinigen darf.

WOLFGANG KAYSER

Literarische Wertung und Interpretation

[1952]

Wir beginnen mit zwei Bemerkungen zur gegenwärtigen Literatur; in beiden Fällen stellt sich die Frage nach der literarischen Wertung. Ernst Wiechert gehört zu den gelesensten und gefeiertsten Autoren der Gegenwart. Und doch ist die Behauptung kein großes Wagnis, daß er in 30 Jahren nur so weit bekannt sein wird, daß man ihn mit seinem Namensvetter verwechselt. Nicht der so klare Fall einer Hochschätzung beim großen Publikum ist das Auffällige, sondern daß in all dieser Zeit kaum eine Stimme laut geworden ist, die seine Werke nach ihrer künstlerischen Qualität wertete. Der andere Fall ist

Thomas Manns ›Erwählter‹. In einer der maßgebenden Zeitschriften, dem literarischen Deutschland, hat man Stellung genommen, und zwar wurden in derselben Nummer eine positive und eine negative Wertung veröffentlicht. Die positive schaut geistesgeschichtlich: sie stellt den Gehalt in die Leben-Geist-Spannung des ganzen œuvre und den Helden in die Reihe der Mannschen Helden. Die negative argumentiert mit Takt und Geschmack. Die Ellen des ersten Besprechers sind für eine Zeitungskritik etwas unhandlich und werten nur insofern, als mit dem Erwählten ein neuer Aspekt der alten Thematik gegeben sei; die Ellen des zweiten sind offensichtlich sehr kurz. Wieder ist man überrascht, warum nicht gesagt und gezeigt wird, daß ›Der Erwählte‹ ein schwaches, weil in sich brüchiges Buch ist. Die Geschmacksfrage wird erst so dringlich, weil das Buch seine eigene Intentionalität verletzt.

Über die Dichtung der Vergangenheit sprechen und werten die Literaturhistoriker. Vor der Gegenwartsdichtung verstummen sie gewöhnlich. Wollen sie nicht oder können sie nicht? Im zweiten Fall würden Zweifel an ihrem Verhalten gegenüber früheren Dichtungen wach. Tatsache ist jedenfalls, daß an den Brennpunkten der heutigen literarischen Kritik die Reflexe von der Literaturwissenschaft her spärlich sind. Die Zurückhaltung gehört nicht einmal zu ihrer Tradition. Es darf daran erinnert werden, daß in den Zeiten des sogenannten Positivismus die Deutsche Literaturzeitung eine Sektion ›Moderne Literatur‹ besaß, in der E. Schmidt, H. Maync und die anderen führenden Literarhistoriker die Neuerscheinungen besprachen. Als Kuriosum sei angemerkt, daß E. Schmidt 1903 die Erzählungen des jungen, begabten Autors Th. Mann nachdrücklich der Aufmerksamkeit empfahl. 1907 verschwand die Sparte in der DLZ, ungefähr zu der Zeit, als die geistesgeschichtliche Phase begann. Darüber schrieb K. Viëtor 1945 eine Art Nekrolog in den Publications of the Modern Language Association unter dem Titel: ›Deutsche Literaturgeschichte als Geistesgeschichte. Ein Rückblick‹. Viëtor stellt fest: »Für die Literaturwissenschaft hatte diese äußerste Historisierung die bedenkliche Folge, daß das Gefühl für künstlerische Qualität verfiel und mit ihm das kritische Urteil.« Wir sind wieder beim Thema, wie wir es fassen möchten: nicht als Frage nach den Wertungen, die gegenüber der Literatur überhaupt möglich sind, sondern als Frage nach der Wertung der (schönen) Literatur als (schöner) Literatur.

Sie stellte sich nicht erst in Viëtors Aufsatz. Sie wurde dringlich, seitdem Walzel die Formensprache der Dichtung abzuhorchen begann. Für die Studenten um 1929 ist wohl ein anderer Name noch zu nennen. Man hatte gelernt, Strukturen zu sehen, Stilvergleiche und -analysen anzustellen, Probleme, Ideen und Gehalt zu erfassen und zu verfolgen. Alles in wissenschaftlicher Strenge und Objektivität, von der das künstlerische Werten als offenbar zu subjektives Verfahren stillschweigend ausgeschlossen war. In jenem Jahre nun erschien G. Müllers Neuausgabe von Abschatz' ›Anemon und Adonis‹; in der Einleitung sprach der Herausgeber schlicht und einfach aus, daß manche Gedichte vollendete Kunstwerke seien, und zeigte es und begründete sein Urteil mit Aufbau-, Rhythmus- und Formuntersuchungen. Bald darauf wurde in J. Beer ein anderer Dichter als Dichter entdeckt. Es hatte sich etwas geändert, und schon mit Abschatz und Beer ist die etwas böswillige Frage beantwortet, die manchmal an uns gerichtet wird: ob schon je ein deutscher Dichter von einem deutschen Literarhistoriker entdeckt worden sei.

Von den 30er Jahren an wurden dann Kapitel und Bücher über die *Wertungslehre* häufig, während das Kapitel ›Werturteil‹ aus Walzels ›Gehalt und Gestalt‹ (1923) noch nicht gezündet hatte. Es seien nur einige genannt: 1936 erschien J. Pfeiffers ›Umgang mit Dichtung‹, in dem das zweite der drei Kapitel der Wertung gewidmet war; 1938 veröffentlichte Beriger sein Buch über ›Die literarische Wertung‹; Petersens ›Wissenschaft von der Dichtung‹ vom nächsten Jahr brachte ein großes Kapitel ›Deutung und Wertung‹, das, wie der Verfasser in einer Anmerkung nachtrug, mit Beriger harmonisierte. Oppels ›Morphologische Literaturwissenschaft‹ von 1947 enthielt ein Kapitel ›Zur Wertlehre der Dichtung‹, und von seiner Hand lasen wir kürzlich eine ›Wertlehre der Dichtung‹ in dem Beitrag zu dem Werk, mit dem Stammler die deutsche Philologie aufreißt.

Es lohnt, die aufgestellten *Wertmaßstäbe* – denn die Frage nach der Wertung enthält immer die nach dem Maßstab – zu kurzer Prüfung in die Hand zu nehmen. Fast einhellig ist die Ablehnung des Maßstabes der *Zeit*, etwa in dem Sinne: was 50 Jahre überdauert, hat seinen Wert bewiesen. Aber die Zeit – das sind hier die Leserkreise, an welche sollen wir uns halten? Und ist mit Wert hier der künstlerische Wert gemeint? ›Schloß Hubertus‹ von Ganghofer – 1895 erschienen – hat die Frist unzerbombt überdauert, die Volksbücher Jahrhunderte, es halten sich merkwürdige Gedichte oder erleben gar einen historischen Aufstieg – ist nun ihr künstlerischer Wert erwiesen? Und gilt auch die Umkehrung: daß Nichtüberdauern der 50 Jahre ein Werturteil darstellt? Gegenbeispiele nachträglicher Entdeckung bieten sich in Fülle an. Und wie verhalten wir uns vor der Gegenwart? Sollen wir auf Wertung verzichten und warten, bis sich der Strom der außerkünstlerischen Wertungen verlaufen hat? Unser eigenes Empfinden widersetzt sich: wir brauchen nicht das Urteil der Zeit abzuwarten, um über Wiechert urteilen zu können.

Ebensowenig kann die *Wirkungsgeschichte*, auch wenn wir sie auf die Literatur selber einengen, Maßstab für die künstlerische Wertung sein. Opitz' Gedichte sind gewiß die wirksamsten Gedichte des deutschen 17. Jahrhunderts – aber wer wagte zu behaupten, daß sie seine besten seien? Von dem dichtungsgeschichtlich wirksamsten Gedicht des 19. Jahrhunderts, von E. A. Poes ›The Raven‹, hat uns Eliot eben gezeigt, daß es nicht einmal das beste von Poe selber ist und offensichtlich voller Mängel steckt.

Die literarische Wirkung gibt gewiß einen Wertmaßstab ab, wo immer wir Literaturgeschichte treiben. Unter dem historischen Gesichtspunkt gebrauchen wir noch andere Maßstäbe: da werden uns Werke wichtig, in denen neue Darstellungsmittel ausgebildet werden, mögen die Werke selber nun große oder kleine Wirkung gehabt haben. Die Erzählweise August Bohses und anderer galanter Schriftsteller verlangt unsere Aufmerksamkeit, sobald wir auf die Entwicklung der deutschen Erzählprosa zwischen Anton Ulrich und Wieland achten, und einige Gedichte der Droste gewinnen einen besonderen Wert, wenn wir sie im Zusammenhang mit dem europäischen Symbolismus lesen. Wir begnügen uns damit, diesen weiteren Problemkreis der literarhistorischen Wertung wenigstens sichtbar zu machen, der durch M. Wehrli ausgezeichnet erhellt worden ist (Trivium 1949), während er in den genannten Wertungslehren unzureichend behandelt wird.

Wir lenken zu unserer Frage nach der künstlerischen Wertung zurück. Die bisher geprüften Maßstäbe erwiesen sich als unbrauchbar. Die früher genannten Autoren schlagen andere Normen vor. Fast überraschend wirkt Walzels Meinung, die Kunstwerke als »Ausdruck der künstlerischen oder gedanklichen Absichten ihres Zeitalters« zu deuten und entsprechend zu werten. Von der Schwierigkeit abgesehen, uns Klarheit über die Absichten der Zeiten zu verschaffen: zur künstlerischen Wertung kommen wir so nicht.

Beriger trennt scharf die ästhetische von der außerästhetischen Wertung. Bei der ästhetischen nennt er 5 Gesichtspunkte: *Erfindung*, *Sprache*, *Symbolik*, *Atmosphäre*, *Form* bzw. *Gattung*. Aber Beriger verbaut sich vieles, indem er, der Ermatinger-Schüler, das Wesen (und damit Ziel) der Dichtung im Symbol- und Ideengehalt sieht. So will er bei der »Erfindung« nur die Motive untersuchen und auch sie nur auf ihren Symbolgehalt. Die Motive der Wahlverwandtschaften werden als zu klein und unbedeutend getadelt; aus Stöckleins Deutung der Wahlverwandtschaften erkennt man, wie stilrein die getadelte Art der Motivik zu der Erzählhaltung paßt. Die Isolierung der Maßstäbe bei Beriger erweist sich an diesem einen Beispiel schon als bedenklich.

Über die außerästhetischen Gesichtspunkte brauchen wir nicht zu sprechen; er nennt Weltanschauung, das heißt vom Dichter persönlich erlebte und persönlich gebildete, Ethos bzw. Persönlichkeit, das Religiöse und das Nationale. Wir kennen sie, wir gebrauchen sie, sie wirken ständig in uns. Jeder lebt mit bestimmten Dichtern, an die ihn nicht nur der künstlerische Rang ihrer Werke fesselt. Und jeder hat wohl erfahren – wir rühren damit an ein Problem der Hermeneutik –, wie sich ihm die Werke eines solchen Dichters leichter und wohl auch tiefer aufschlossen, als es bei anderen der Fall war. Wir beobachten freilich auch das Umgekehrte, daß die persönliche Bindung blind und taub machen kann. Wer es unternimmt, etwa bei Hölderlin an bestimmten Stellen rhythmische Schwächen aufzuzeigen, die nicht aus Unvermögen, sondern einfach aus ungemäßer Poetik stammen, wie ja auch Goethe eigene Hexameter mutwillig verdorben hat, der muß auf seltsam erregte Erwiderungen gefaßt sein. Gingen wir dem nach, so müßten wir die Seinsweise des Dichters bestimmen, mit dem wir da leben; diese Gestalt deckt sich offensichtlich nicht mit der historischen, biographisch bestimmbaren Gestalt.

Wir gehen noch einen Augenblick auf Oppels eben erschienene Wertlehre der Dichtung ein. Sie ist skeptischer als die seiner Vorgänger und seine frühere. Wir haben uns »des Anspruchs zu begeben, mit absoluten Wertmaßstäben für die literarische Beurteilung ausgerüstet zu sein«. Beim Prüfen der Vorgänger und Richtungen wird jedes Lob schnell von Tadel und Bedenken überdeckt. Als eigene Position wird angegeben: »Der Rang der Dichtung ist wesentlich davon bestimmt, ob sie das Sein des Menschen trifft oder verfehlt – ob sie wahrhaft Welt erschließt.« Und gleich danach: es komme darauf an, »der Dichtung ihren vollen Daseinsernst, ihre menschliche Notwendigkeit wiederzugeben«. Wir können nicht fragen, was solche Wendungen, die heute ja in der Luft schweben, eigentlich besagen. Zur Wertung brauchen wir nun nicht, wie bei Walzel, Wissen von den Zeiten, sondern Wissen vom Sein des Menschen. Wohin weist uns Oppel dafür? Viele sind den Weg zu Heidegger gegangen. Es gibt eine Reihe von Arbeiten, die die Droste, Stifter, Rilke mit den Begriffen der Heideggerschen Ontologie befragen und werten (sie fangen an, monoton zu werden): ob der Gegensatz zum Man, die Einsamkeit, die Angst, Sorge und Zeitlichkeit im Werk zur Sprache kommen bzw. vom Dichter erfahren sind. Der Zusatz scheint notwendig zu sein: Lunding führt den existentialistischen Beweis bei Stifter mit Briefen und Lebenszeugnissen. Damit kommen wir auf eine neue Art alter Biographik, das Eigensein der Dichtung aber bleibt unberücksichtigt. Das trifft auch bei der heute so häufigen Art des Wertens zu, wenn alles auf den Gehalt an Nihilismus befragt wird. Wir kennen sie von unseren Studenten. Das gibt klare Maßstäbe und Erleichterungen. Denn nun fallen weite Komplexe der Literaturgeschichte, wie Minnesang, Petrarkismus usf. aus, so wie bei Ermatinger der ideenlose Symbolismus als Kunsthandwerk aus der Dichtungsgeschichte ausgeschlossen wird. Gewiß kann man so lesen und werten. Freud hat aus Dostojewskis Werken sehr sinnvolle Diagnosen über die Krankheit des Verfassers herauslesen können. Uns beeindruckt der Ernst alles Lesens, das in der Dichtung den vollen Daseinsernst sucht und in ihr das Sein des Menschen treffen will: das Sein der Dichtung aber wird dabei verfehlt. Zu dem Problem der künstlerischen Qualität und ihrer Wertung kann von daher kein Beitrag kommen.

Wir zögern schließlich auch, jene Norm in die Hand zu nehmen, die uns so oft angeboten wird: die der *Echtheit*. Pfeiffer nennt sie als erste neben den beiden anderen des *»Ursprünglich – Nichtursprünglich«* und *»Gestaltet – Geredet«*. Nun meint Echtheit ein Doppeltes. Echt sind ein Stoff, Porzellan, ein Parfüm, wenn sie nicht nachgemacht, sondern in ihrer Herkunft beglaubigt sind. Wenn wir dagegen fragen, ob eine Schale echt silbern sei, so fragen wir, ob sie als Ganzes den Anspruch erfüllt, den ihr Anschein erweckt. Benutzen wir Echtheit im ersten Sinne, also als Übereinstimmung von Gestimmtheit, Weltanschauung usf. mit der des Dichters, so bewegen wir uns auf Bahnen, die vom Kunstwerk fortführen und zudem meist ungangbar sind. Soll ich Homers Ilias, Gottfrieds Tristan, Shakespeares Dramen nicht werten dürfen, und was büßen die Werke in ihrem Sein ein, daß ich sie nicht auf Echtheit prüfen kann? Sind die Hexen im Macbeth echt? Frage ich, ob Shakespeare wirklich an Hexen geglaubt habe, so frage ich nach Shakespeare und seiner Zeit. Das ist schön und interessant. Aber das Werk wird davon nicht berührt. Denn mein Glaube an die Hexen im Macbeth hängt nicht davon ab, ob sie für Shakespeare echt, sondern ob sie überzeugend gestaltet sind und richtig im Werk stehen, ob sie im Werk und für das Werk echt sind. Nur in diesem Sinne kann Echtheit als Wertung dienen. Es gibt bei Pfeiffer Wendungen, die den Blick auf die Herkunft lenken. Es sind das Folgen jener mißverständlichen Theorie von der Dichtung: sie »bekundet die Weise, wie der dichtende Mensch das Leben besteht und die Welt anschaut«. Pfeiffers Beispiele freilich zeigen, daß er in der Praxis ganz bei der Seinsechtheit bleibt. Er mißt nicht mit Hilfe der Biographie, sondern mit dem Verhältnis zwischen Thema und Ton, Motiv und Gebärde. Echtheit ist volle Lebendigkeit, durchgängige und plastische Gestaltung, und so gehen die Wertungen, wie die Sprache ausweist, in die mit Hilfe der anderen Kategorien gewonnenen über. Ja, deutlich genug sind diese verschwimmenden Kategorien keine Maßstäbe, die herangetragen werden, sondern Versuche, nachträglich festzuhalten, was auf anderem Wege ermittelt wurde. Wie bei Oppels früherem Kapitel und bei Stöcklein befinden wir uns bereits auf dem Felde einer anderen Arbeitsweise. *Die Versuche, feste Maßstäbe aufzustellen, die nun einzeln an das Werk angelegt werden könnten, müssen uns nach der bisherigen Diskussion der Wertungslehren bedenklich erscheinen.*

Und noch ein Ergebnis halten wir fest: *jede Wertungslehre ruht auf einer Theorie der Dichtkunst, ja auf einer Ästhetik, ob sie nun ausgesprochen wird oder nicht.*

Die andere Arbeitsweise, von der nun zu sprechen ist, strebt zunächst gar nicht nach Wertung. Sie sieht das Werk als Ganzheit – das ist ein Teil ihrer Auffassung von der Dichtung – und will das Gefüge dieser Ganzheit begreifen und durchsichtig machen. Sie heißt dieses ihr Verfahren *Interpretation* schlechthin. Interpretation wird überall betrieben, wo es Texte gibt, mehr: wo es sinnhaltige Formen gibt. Interpretation ist die auf Verstehen beruhende Erfassung und Vermittlung des eine Sinn- bzw. Funktionseinheit bildenden Formkomplexes. Interpretation bezieht die Formelemente in einen Funktionszusammenhang. Wer in einem mittelalterlichen Text ein Wort nicht versteht, schlägt im Wörterbuch nach. Das ist kein Interpretieren. Wenn dagegen Staiger und Heidegger in eine Kontroverse geraten, ob das »scheint« in Mörikes Zeile: »Was aber schön ist, selig scheint es in ihm selbst« – videtur oder lucet bedeutet, so interpretieren sie: aus dem Zusammenhang und wieder in den Zusammenhang, der in diesem Fall zunächst das Bedeutungsgefüge des Satzes, der Periode, schließlich des Gedichtes ist. Interpretation erfolgt immer woraufhin. Im Fall der Werkinterpretation handelt es sich also darum, alle an der Gestaltung zur einheitlichen Gestalt beteiligten Formelemente in ihrer Wirksamkeit und in ihrem Zusammenwirken zu begreifen: von der äußeren Form, Klang, Rhythmus, Wort, Wortschatz, sprachlichen Figuren, Syntax, Geschehnissen, Motiven, Symbolen, Gestalten zu Ideen und Gehalt, Aufbau, Perspektive, Erzählweise, Atmosphäre (einem Begriff, den wir bei Beriger trafen und der besonders von dem Engländer Wilson Knight gut bestimmt worden ist) und was sich sonst an Gestaltungsmitteln erfassen läßt. Daß die einzelnen Formen wie Nomen, Parataxe, Oxymoron usf. nicht von Haus aus ihre Leistung mitbringen, so daß sie als Wegmarken ins Zentrum zu benutzen wären, ist Gemeingut solcher Arbeitsweise. Die Interpretation steigt überhaupt nicht vom Kleinen, Einfachen zum Größeren, Komplexen auf, sondern bewegt sich in dem steten Schwingen vom Teil zum Ganzen und Ganzen zum Teil.

Bei dem nachvollziehenden Aufweis des Zusammenstimmens geschieht es nun, daß wir Unstimmigkeiten, Brüche feststellen, daß ein Formelement oder Komplex nicht passen will zu den anderen und zum Ganzen. Bei solchen Beobachtungen wird dann die Erkenntnis vom Sein zugleich zur Wertung, wie umgekehrt der Nachweis des vollen Zusammenstimmens auch Wertung enthält. Wir werden im einzelnen nicht übertreiben: kleine Fehler an einer Schönheit haben noch nie gestört. Und es bleibt zu untersuchen, ob Brüchigkeiten nicht als Elemente in einem größeren Funktionszusammenhang besonderen Sinn haben. Erst wenn funktionslose Unstimmigkeiten und Brüche tief gehen, werden sie für die Wertung des Werkes relevant.

Wir müssen das Wort *Einstimmigkeit* noch gegen Mißverständnisse abschirmen. Es ist damit nicht Glätte, Spannungslosigkeit gemeint. Manche Interpretationen haben in der begreiflichen Freude des Zusammensehen-Könnens uns das Werk zu glatt, zu harmonisch wiederhergestellt. Gerade bei den Großformen Epos, Roman, Drama sind Blick und Handwerkszeug wohl noch nicht genug geschärft, um Spannungen recht zu erfassen, die dann doch zur einheitlichen Gestalt zusammengefugt worden sind. Riezler hat in seinem ›Traktat vom Schönen‹ (einem Buch, das noch nicht bekannt genug ist) das *Gefugtsein aus Spannungen* fast in das Zentrum seiner Besinnung auf das Schöne gerückt; W. B. Yeats hatte schon 1900 in seinem Essay ›Symbolism in Poetry‹ das Kunstwerk um so »vollkommener« genannt, »je verschiedener und zahlreicher die Elemente sind, die in seiner Vollkommenheit zusammenströmten«.

Vielleicht wird, wenn wir zu einer Verfeinerung kommen, damit das Werten umfassender und sicherer: so daß sich zeigen läßt, daß unter den einstimmigen Werken die ranghöher sind, deren Einheit aus mächtigeren Spannungen zusammengefugt ist. Als Beispiel für eine spannungsarme Einheit – trotz oder vielmehr wegen des durchgängigen Spannens – ließe sich der Schauerroman der Walpole, Lewis usf. nennen. Gute Bücher ohne Frage, in denen alles ausgezeichnet zusammenwirkt. Und doch eben flach. Und trifft nicht das gleiche auf Kafka zu? Ein Violinkonzert, meisterhaft gespielt, aber nur auf der tiefen G-Saite. Die Überschätzung, die er zur Zeit erfährt, erklärt sich aus Zeiterfahrungen, die dieser einen Saite Resonanz verschaffen, und erklärt sich aus manchen anderen Gründen. Und wenn der Schauerroman, um beide weiterhin nebeneinanderzustellen, dann erst in der kleineren Form der Hoffmannschen Nachtgeschichte in die Weltliteratur eingegangen ist, so läßt sich wohl fragen, ob nicht auch bei Kafka die Erzählung die gemäße Form für seine Einheitlichkeit und Einseitigkeit ist.

Mit solchen Beobachtungen der Spannungsweite und -fülle ist denn auch der berühmten Frage eine Antwort gegeben, ob der gut gemalte Kohlkopf nicht ebensoviel wert sei wie die gutgemalte Madonna. Eine Antwort ist gegeben, die die Frage eigentlich nicht verdient, weil sie falsch gestellt ist. Denn der Künstler malt nicht einen Kohlkopf bzw. eine Madonna – es sei denn zu Studienzwecken –, sondern er malt ein Bild, und in dem Bild erst erscheint die Ganzheit.

Was von der wertenden Interpretation gesagt wurde, soll an einem praktischen Beispiel gezeigt und auf die Probe gestellt werden. Gewählt wird ein Text aus dem Anfang des 19. Jahrhunderts, dessen Titel und Autor noch ungenannt bleiben, damit nicht das Wissen dem Werten in die Quere kommt. Es handelt sich um die erste Begegnung des Romanhelden mit der Heldin oben auf einer Schweizer Alm.

Ich bog daher um die Hütte, um die Herrin meiner Alpe zu begrüßen.

Wer in der Schweiz war, wird die theatralische Tracht der Alpenmädchen kennen. (Nach einer kurzen Erklärung geht es weiter.)

Das Brüstli wie das Miederchen war von schwarzem Sammet, geschnürt mit goldenen Kettchen und reich und geschmackvoll gestickt, mit Gold und buntfarbiger Seide. Die weiten Ärmel, vom allerfeinsten Battist, reichten vor bis zur kleinen Hand; und gleichfalls vom nämlichen Battist war das Hemdchen, das den blendend weißen Hals und den Busen züchtiglich verhüllte. Das schwarzseidene hundertfaltige Röckchen reichte kaum bis über das Knie, so daß die Zipfel der buntgestickten Strumpfbänder die feingeformte Wade sichtbar umspielten; die Blumen der Matten aber küßten das Blütenweiß ihres feinen, baumwollenen Strümpfchens, das den zartesten kleinsten Fuß verriet. Vom Hinterkopf hingen dem Mädchen zwei geflochtene, brandschwarze handbreite Zöpfe bis in die Kniekehle hinab, und am Arm schaukelte ein Körbchen, gar zierlich gearbeitet und künstlich durchflochten mit Rosen und samtenen Fäden. Im ganzen Wesen der himmlischen Erscheinung die frische Kräftigkeit der unverdorbenen Alpenbewohnerin, und doch der Anstand, die Haltung der gebildeten Städterin!

Das Mädchen wollte hier übernachten!

»Du lieber Gott, warum tust du mir das!« rief ich fragend heimlich in die Wolken, und warf einen Blick auf die unter mir liegende arme Welt, daß es mir vorkam, als schmelze das Eis der Jungfrau und ihrer Nachbarn von seinem verzehrenden Feuer in brühende Lava über.

Der Text stammt aus Claurens Mimili. Was man zunächst mit erfrischender Deutlichkeit erlebt, ist die Tatsache, daß man wertet und noch werten kann. Es ließe sich nun in einer Interpretation eine Fülle von Mängeln zeigen: clichéhafte Wendungen, unstimmige Bilder, innere Unmöglichkeiten: daß etwa der Betrachter sogar die Rückseite des Mädchens sehen kann, usf. Wir heben nur eines hervor, weil es uns noch etwas Neues zeigt.

Es handelt sich um die erste Begegnung der beiden Romanfiguren. Diese Situation stellt besondere Anforderungen. Sie muß etwas von dem Gefüge des Ganzen sichtbar werden lassen. Wir entsinnen uns der ersten Begegnung von Theagenis und Chariklea in Heliodors ›Äthiopischen Reisen‹, die mit ihrer vorzüglichen Gestaltung der Liebe auf den ersten Blick so wirksam für die Romangeschichte (und das Leben) geworden sind. Oder an die Sorgfalt, mit der Grillparzer in den ›Argonauten‹ und ›Des Meeres und der Liebe Wellen‹ die erste Begegnung der Hauptfigur ausgearbeitet hat, jene Begegnungen, in denen »alles schon steckt«, in den ›Argonauten‹ fast etwas zu viel. Und hier? Der Autor gibt uns zunächst statt der Darstellung eine Erklärung an den Leser und dann eine Beschreibung. Die Beschreibung bricht aus. Denn sie erfolgt nicht vom Standpunkt in der Situation; die Zeit steht still, und so wird die Tracht einer Salontirolerin bis in die letzten Kleinigkeiten beschrieben, die der Beobachter gar nicht wahrnehmen kann. Diese Beschreibung unterbricht das Gefüge des Werks. Sie funktioniert nicht in ihm, sondern in dem Gefüge des zeitlosen Interesses weiblicher Leserinnen an Kleiderfragen. Aber auch für männliche Leser ist gesorgt; die schon in der Beschreibung spürbare Lüsternheit feiert noch eigene Triumphe. Hier treffen wir in der Tat eine durchgehende Linie, die aber zu der Hauptlinie keineswegs paßt. Lüsternheit und Interesse am Aufputz sind die Prinzipien, mit denen hier die erste Begegnung dargestellt wird. Durch die Interpretation ist Wertung genug gegeben und unser erstes Empfinden gerechtfertigt.

Überprüfen wir unser Verfahren, so zeigt sich das Neue: wir werteten nicht nur, indem wir Brüche feststellten. Sondern wir werteten auch mit Forderungen, die hier eine Situation stellte. Indem wir sie erkennen und mit ihnen fragen, enthüllt sich der nachschaffende Charakter des Interpretierens. Zugleich fällt der Blick auf ein neues Feld, an das wir uns noch zu wenig heranwagen: das der *Forderungen, die sich aus dem Werk heraus stellen.* Goethe achtete beim Werten sehr stark auf die Stellen, an denen sich die »höhere Weisheit« des Künstlers darin verriet, was er bei der Darstellung vorgegebener Situationen und Verläufe »erfand«; Beriger lehnt eine solche Beobachtung und Wertung als dilettantisch und unkünstlerisch ab: nach ihm dürfen nur die symbolhaltigen Motive interessieren. Croce ist, seiner Theorie folgend, von ähnlicher Enge. Er zitiert Verse von Dante und sagt, daß sie nur Übergangsstellen seien, Gelenkstellen, die einen Übergang ermöglichen sollen, also technisch bedingt, also undichterisch. Gelenkstellen sind indes notwendige Teile der Struktur, an denen sich sehr wohl die höhere Weisheit des Dichters zeigen kann. Musiker versichern, daß Bachs geniale Erfindungsgabe sich gerade an den Gelenkstellen der Fuge offenbare: bei den Zwischenspielen im Übergang von der Exposition zu den nächsten Durchführungen. In der Dichtung gibt es selten Gefügenormen wie bei der Fuge; wir werden, besonders beim Roman, die Struktur vor allem aus dem Werk selbst ermitteln. Aber wir müssen uns zugleich empfänglich machen für die Anforderungen, die von dem Werk ausgehen. Die Kunstrichter des 18. Jahrhunderts fragten, was ein Werk sein *soll* und maßen es an den Maßstäben ihrer normativen Poetik; wir fragen, was das Werk sein *will* und messen es an ihm selber. Gerade durch die Bestimmung der Struktur und des gattungshaften Charakters, so will uns scheinen, werden die immanenten Anforderungen eines Werkes vernehmlich.

Grundsätzlich, so fassen wir das Bisherige zusammen, *enthält das Verfahren der Interpretation Wertung* – ohne daß sie deshalb ihren wissenschaftlichen Charakter verlöre. Wir haben damit die im 19. Jahrhundert so häufige Praxis überholt, bei der nach der »wissenschaftlichen«, sich auf Entstehungsgeschichte, Quellen usf. richtenden Behandlung eines Werkes ein Kapitel folgte, das – nun schon im Freihafen des Gefühls nach Passieren der Gepäckkontrolle – die Wertung gab. Wir können deshalb dem ausgezeichneten Shakespeare-Forscher Wilson Knight nicht folgen, wenn er in der Einleitung zu ›The Wheel of Fire‹ grundsätzlich Interpretation und Wertung trennen will. Seine Haltung wird vielleicht aus seinem Arbeitsgebiet, eben Shakespeares Dramatik, verständlich, bei der so manche Kritik von der verfeinerten Interpretation als Mangel des Beurteilers aufgedeckt worden ist. Aber eine Trennung ist darum noch nicht möglich; eher gilt wohl das Gegenteil: daß wissenschaftliche Wertung der künstlerischen Qualität nur in der Interpretation möglich ist.

Die Wertung liegt in der Interpretation beschlossen. Damit müssen wir einer Frage Antwort stehen: wo bleibt die *Rücksicht auf die historischen Bindungen,* in denen das Kunstwerk wie jedes menschliche Erzeugnis steht? Die beiden extremen Positionen wären: das Kunstwerk ist völlig Ausdruck seiner Zeit, so daß es mit ihr veraltet. (Herder deutet sie am Schluß des Shakespeare-Aufsatzes an.) Die andere: das Kunstwerk ist in seiner Geschlossenheit gegen die Zeit abgekapselt, es ist dem geschichtlichen Verlauf enthoben. Das Nachleben Shakespeares, bei dem Herder die Frage des Veraltens erwog, beweist zur Genüge, das Kunstwerke nicht einfach veralten wie ein Verkehrsmittel. Daß andererseits Dichtungen nicht der Zeit enthoben und damit immer ohne weiteres zugänglich sind (wie es Werke der bildenden Kunst und der Musik zunächst zu sein scheinen), das zeigt an den Dichtungen ihre Sprachlichkeit, mit der sie allein schon in den unaufhaltsamen Fluß der Sprachwandlung gestellt sind.

Die Interpretation hat sehr genau auf die zeitgebundene Sprache des Dichtwerks zu achten. Für alle Werke früherer Zeit gilt, was

Croce einmal an der ersten Zeile des Rasenden Roland zeigt: daß ein moderner Leser gründlich daneben liest, der den Worten »cavalier« und »arme« die heutigen Bedeutungen unterschiebt. Aber es handelt sich um mehr als die Wortbedeutungen, die syntaktischen Formen u. ä.

Legt man eine Reihe von Barockgedichten einem literarisch gebildeten Kreise vor, dann erkennt man, wie lang die Korridore bis zum Werk sich hinziehen. Man erkennt es an den positiven Wertungen (wenn Gedichte gelobt werden, weil die sprachlichen Wendungen »so reizend« sind), erkennt es häufiger noch an der Indifferenz oder der Unsicherheit der Hörer, die sich fremd vor dem Werk fühlen.

Es ist ein langer Prozeß historischer Bildung nötig, bis sich ein Barockgedicht wirklich erschließt und man mit Sicherheit ein gutes von einem schlechten petrarkistischen Sonett unterscheiden kann. Es ist heilsam für die Studenten, daß sie durch das Barock hindurch müssen, daß sie den Zwang erleben, sich von vielen Vorstellungen frei zu machen, die ihnen zum Wesen des Dichterischen zu gehören scheinen, daß sie dafür anderes lernen müssen, was ihnen zunächst völlig fremd ist: den Lebensraum späthumanistischer und höfischer Dichtung, Erscheinungen wie Repräsentanz und Rhetorik, das Wesen und die Kraft literarischer Seinsordnungen mit ihren übergreifenden Motiven, Techniken, Bildern, und neuerdings auch, was Topoi sind. Aber nun: all dieses unentbehrliche historische Wissen ist nicht die Interpretation, sondern gehört zur Vorbereitung. Die Interpretation des Werkes beginnt erst danach. *Sie richtet sich auf das Kunstwerk und braucht eine besondere Einstellung auf das Dichterische, die von der historischen wesensmäßig verschieden ist.*

Es ist gut und nötig, die Topoi zu kennen und zu erkennen. Aber der Streit, der sich in Spanien um die Toposforschung erhoben hat, trifft nicht immer den Kern des Problems. Wenn Curtius im Anfang des Cid fast eine Kette von Topoi aufdeckte, so geht die aus nationalem und künstlerischem Erleben stammende Empörung fehl, wenn sie das Dasein der Topoi leugnen will. Die eigentliche Frage ist doch hier wie bei Walther und überall, wie sie gestaltet sind und in dem Werk stehen. Die Rilkefreunde tun unrecht, sich über Wodtkes Nachweise zu entrüsten, daß Rilkes Vorstellungen vom Engel und der künftigen Geliebten von Klopstock angeregt seien. Was Originalität im Denken heißen soll und kann, braucht uns hier nicht zu beschäftigen. Die Frage nach dem Kunstwerk wird jedenfalls durch den Aufweis von Beziehungen und Anregungen nicht beantwortet, sondern erst gestellt; die Antworten werden eher leichter gemacht, und das ganze Problem des literarischen Einflusses verliert seine Beängstigung.

Das Bemühen um die geschichtlichen Voraussetzungen ist Vorarbeit, die wir dauernd leisten und lernen. Die Interpretation des Kunstwerks aber, so sagten wir, braucht eine besondere Einstellung auf die Dichtung als Dichtung. Damit ist das Mißverständnis abgewehrt, als sollten wir etwa versuchen, uns voll und ganz in einen Zeitgenossen der Barockzeit oder welcher Epoche auch immer zu verwandeln, um verstehen und werten zu können. Eine solche Forderung wäre praktisch undurchführbar und theoretisch falsch. Wir sollen uns nicht zu Zeitgenossen des Entstehungsjahres machen, sondern zu Zeitgenossen der Dichtung, und das können wir auch heute. Nicht auf die Zeit, sondern auf das Kunstwerk hat sich die Interpretation einzustellen. Das Historische wird in ihm, durch das Wesen der künstlerischen Gestaltung um- und in das Ganze eingeformt, das nun Kraft hat, über die Zeit zu dauern. »Die Kunst drückt nicht die Zeit, sondern sich selber aus«, hat O. Wilde in etwas zugespitzter Formulierung gesagt. Denn gewiß können die Spannungen, aus denen das Werk gefugt ist, solche der eigenen Zeit sein. Aber ihre Zeitechtheit ist kein Maßstab der künstlerischen Wertung. Ifflands ›Verbrechen aus Ehrsucht‹ enthält zeitnähere Spannungen als Goethes gleichzeitige ›Iphigenie‹, und in den Festspielen um die Mitte des 17. Jahrhunderts steckt mehr von den tieferen Kräften und Erlebnissen des Dreißigjährigen Krieges als in Grimmelshausens Simplizissimus. Nicht auf die Herkunft der Spannungen kommt es an, sondern auf ihre Größe, Gestaltung und vor allem ihre Fügung.

Wir haben unter den historischen Voraussetzungen der Barockdichtung die literarischen besonders hervorgehoben, d. h. Erscheinungen wie Repräsentation, Rhetorik, Seinsordnungen, Topoi. Wir fügen zwei hinzu: das Elegantiaideal, das heißt die Macht einer bestimmten Poetik, und das rhetorische Pathos. Sie sind in der »Formgeschichte der deutschen Dichtung« von P. Böckmann aufgehellt worden. Aber sind es denn, und die Frage richtet sich auch auf die anderen Erscheinungen, wirklich an eine Epoche gebundene Formen? ›Das rhetorische Pathos des Barock‹, so lautet der komplexe Titel eines Kapitels der ›Formgeschichte‹ und weist auf das Komplexe des Phänomens. Ob ein späteres Kapitel ›Das Pathos Schillers‹ heißen wird, so wie ein anderes ›Das reformatorische

Pathos‹ hieß? Damit ist doch aber gesagt, daß es eine übergeschichtliche Form Pathos gibt, die zeitlich verschieden ausgeprägt wird. Es scheint mir das eines der wichtigen Ergebnisse der ›Formgeschichte‹ zu sein, dem in der Einleitung nicht genug Würdigung zuteil wird: daß in diesem Buche überzeitliche Formen in ihrer besonderen Ausprägung erfaßt worden sind. Man mag zweifeln, ob alles den Namen »Form« verdient, was bei Böckmann so genannt wird. Aber der Durchstoß in den Bereich des Überzeitlichen ist erfolgt. Zwei methodische Richtungen, von verschiedenen Seiten kommend, haben sich in der Mitte des Tunnels getroffen. Daß im übrigen, wer Verständnis für die Barockdichtung erworben hat, nun auch leicht das Verständnis für Dichtungen anderer Zeiten erwirbt, wird jeder Student erleben; der Barockforschung selber ist ihre Aufgabe durch die vorherige Erforschung des Minnesangs erleichtert worden. *Der künstlerische Erlebnisbereich des Kenners ist unendlich weiter als der des nur von seinem Standpunkt aus lesenden und wertenden Laien.*

Auch der Interpret bleibt an seine Zeit gebunden. Die Entdekkung des Barocks geschah offensichtlich aus einer Art empfundener Wahlverwandtschaft heraus. Jeder ist für bestimmte Dichtungen, Dichter und Epochen aufgeschlossener als für andere. Es war doch eine unbewußte Nötigung aus der Zeit, die eine ältere Generation den Simplizissimus so gern als Entwicklungsroman lesen ließ. Unser sehr anderes Raumgefühl drängt uns nicht in die Richtung einer so klaren Struktur. (Wir fühlen uns dagegen von einem Film wie ›Unter dem Himmel von Paris‹ wegen seines Raumgefühls angesprochen und werten ihn deshalb allein höher, als er es vielleicht verdient. Hier liegt wohl auch ein Grund für die Hochschätzung Kafkas.) Und doch bedeutet die Anerkennung einer gewissen Bindung des Interpreten an seine Zeit keinen Absturz in völligen Subjektivismus und in Relativität. Die Interpretation und Wertung werden vom Werk bestimmt, nicht von der Subjektivität des Interpreten. Die echte Interpretation entspringt dem seltsamen Vorgang, da nicht wir uns das Werk, sondern das Werk sich uns aneignet. Daß dabei Hemmungen und Förderungen von der eigenen Zeit ausgehen, bedeutet ein Problem für die Hermeneutik, relativiert aber nicht das Werten.

Wir fassen wieder zusammen. *Geschichtliche Betrachtung und Interpretation sind keine Gegensätze.* Die Interpretation braucht die geschichtliche Betrachtung. Sie verlangt dann freilich eine eigene Einstellung zum Kunstwerk, bei der die historische Einstellung nicht mehr helfen, eher schaden kann, wenn sie zu lange beibehalten wird. Auch eßbare Pilze können Vergiftungen hervorrufen.

Ein Ergebnis scheint weiterhin zu sein: *der entsprechend vorbereitete und empfängliche Interpret liest, deutet und wertet richtiger als der nur empfängliche Laie.* (Fontane sagte zwar, in einem Brief vom 10. IV. 1880: »Das Urteil eines feinfühligen Laien ist immer wertvoll, das Urteil eines geschulten Ästhetikers meist absolut wertlos. Sie schießen immer vorbei; sie wissen nicht, haben oft gar keine Ahnung davon, worauf es eigentlich ankommt ... Überall da, wo es auf das ›gestalten‹ ankommt, reden die Philosophen Unsinn. Es fehlt ihnen ganz das Organ für das, was die Hauptsache ist.« Aber wir brauchen uns wohl nicht mehr in den Ästheten Fontanes oder Grillparzers, bei dem sich ähnliche Wendungen finden, getroffen zu fühlen.) Auch der weitere Satz scheint nun ein Ergebnis zu sein: daß durch die wissenschaftliche Tradition eine Vervollkommnung des Interpretierens eintreten wird und damit einmal ein Zustand, da die großen Werke richtig interpretiert worden sind. So wie in der Textkritik und -gestaltung eine stete Annäherung an das Ziel erfolgt ist; auch die Probleme der Shakespeare-Edition gelten heute als grundsätzlich gelöst.

Wenn die beiden letzten Thesen durch ein »scheint« eingeklammert wurden, so nicht, weil jede Zeit andere Dispositionen mitbringt und man heute auf Nihilismus interpretiert, was man gestern auf philosophische Weltanschauung und vorgestern auf Religiosität hin las. Solche Interpretationen wird es weiter geben und mit vollem Recht. Aber sie sind nicht auf das Sein des Kunstwerks gerichtet. Hier bleibt die eine Frage unwandelbar durch die Zeiten bestehen, dort wandeln sich die Fragen mit der Zeit.

Die Klammer wurde auch nicht gesetzt, weil das Kunstwerk unausschöpflich ist und also ein Nachfolger noch immer etwas zu sagen finden wird.

»Inkommensurabel« nannte Goethe das Kunstwerk und lenkt damit das Problem auf eine andere Ebene als die der Qualität. Wir könnten auch schlichter formulieren, mit dem Worte, vor dem wir in der Wissenschaft so sehr scheuen: das Kunstwerk ist schön. Und damit stellt sich die Frage: wie verhält sich unsere wissenschaftliche Interpretation des Kunstwerkes zu seinem eigentlichen Sein, dem Schön-Sein?

Es war mehrfach davon zu sprechen, daß im Zentrum der Bemühungen Begriffe wie Gestalt, Gefüge, Form, Stil, Einheit stehen.

Wir wollen hier nicht fragen, ob diese Wörter alle dasselbe meinen; und schon in sich weicht G. Müllers Gestaltbegriff von dem anderer Forscher ab. Trotzdem werden wir sagen können: sie konvergieren alle. Aber es gehört doch nur ein wenig Freiheit des Geistes zu dem Eingeständnis: Gestalt erscheint uns heute als das Wesentliche am Sein des Kunstwerks. Wer könnte den Beweis führen, daß dieser Begriff zu Recht im Zentrum der wissenschaftlichen Bemühungen steht? Es ist ein heuristischer Begriff. Und noch ein wenig Freiheit des Geistes zu einem anderen Eingeständnis. Es gibt Unterschiede in der Fassung des Begriffs, vielleicht von Forscher zu Forscher. Aber nicht auf diese Unterschiede kommt es im Augenblick an, sondern auf die Diskrepanz zwischen all solchen sprachgefaßten Begriffen und dem Schön-Sein des Kunstwerks. Im Schönen des Kunstwerks erscheint das Ganze des Seins, sagt Riezler in seinem Traktat – aber auch das ist schon Übersetzung in Sprache, und alles, was wir in der Interpretation von dem Erscheinen sagen, ist Übersetzung in Sprache, in Denken, in Wissenschaft. Wissenschaft ist [streng (?), N. M.], und die wissenschaftliche Interpretation kann nur mit äußerster Strenge ihr Anliegen betreiben. Daß sie es kann, ist ihre Beglückung, daß sie nur dieses kann, ihre Begrenzung. Die Interpretation entstammt dem Ergriffensein von der Erscheinung; aber mit dem ersten Wort, dem ersten Gedanken, den sie faßt, entfaltet sie sich in ihr eigenes Gebiet. Sie hat das Schöne nicht, sie hat nur den Abglanz. Indem aber alle Interpretation und Wertung ausgeht und dauernd erstrahlt bleibt von der Erscheinung, die dem Interpreten erschienen ist, bleibt im Grunde aller Interpretation ein Nicht-Lehrbares, Nicht-Erklärbares, Nicht-zu-Rechtfertigendes. Staiger nennt schon die Interpretation, die vermittelnde Auslegung, eine Kunst (›Die Kunst der Interpretation‹, Neophilol. 1951). Das Nicht-Lehrbare liegt zutiefst in dem Ergriffenwerden, das die Interpretation auslöst und bestimmt. Dazu sind nicht alle berufen, und so gewinnen wir hier noch einen Aspekt auf das Problem der Wertung, den wir bisher übersahen. *Die echten Wertungen stammen doch nur von den Berufenen;* die echten Wertungen und, wie in diesem Fall die Geschichte belehrt, die wirksamen Wertungen. Das 19. und 20. Jahrhundert sind in einem erstaunlichen Maße dem Kanon gefolgt, den vor allem die Romantiker aufgestellt haben. Einzelne Fehlurteile besagen gar nichts, wie überhaupt das ganze Problem der literarischen Fehlurteile, dem Henry Peyre sein Buch ›Writers and their Critics‹ gewidmet hat, so durchsichtig oder, wie wir auch sagen können, so unergiebig ist, daß wir nicht darauf einzugehen brauchten. Daß die großen, schaffenden Künstler so oft irren, scheint verständlich, und daß es in den Brüdern Schlegel gerade die künstlerisch schwächsten Romantiker waren, die den Kanon aufstellten, fast notwendig. Von der Tatsache der Fehlurteile braucht sich unsere Arbeit nicht stören zu lassen. Zu ihr gehört – gewiß nicht allein, um noch einmal an die um unsere Ausführungen gezogenen Grenzen zu erinnern – die Interpretation und Wertung der Dichtungen aus der Vergangenheit; es gehört aber wohl auch dazu, und damit kehren wir an den Ausgang zurück, daß wir uns nicht scheuen, unsere Art des Deutens und Wertens auch an der Gegenwartsdichtung zu bewähren.

HANS-EGON HASS

[Literarische Wertung und Kulturgemeinschaft]

[1959]

Der Inbegriff der literarischen Wertung jedoch* betrifft ja nicht nur das Urteil des einsamen Lesers, der sich des Wertes eines Werks vergewissern will, der nur für sich selbst Rechenschaft über Wert oder Unwert einer Dichtung sucht. Wie sich in dem einzelnen Subjekt die Vorstellung vom Ganzen der Literatur und auch der lebendige Wertbesitz, den es an der Gesamtheit der von ihm als Wert erfahrenen Werke hat, im Zusammenhang mit der Bildungs- und Lebenswirkung einer Kulturtradition aufbaut, so entspringt auch das subjektive Urteil nicht nur der Intention des Einzelnen, sich für sich selbst Wert oder Unwert einer Dichtung zu bestimmen. Mit seinem literarischen Urteil verbindet der Einzelne vielmehr einen Anspruch auf intersubjektive Geltung, der nicht ein Anspruch auf abstrakte »Richtigkeit« ist, die der Zustimmung anderer entbehren könnte, sondern der seinem Wesen nach auf Wertgemeinschaft mit anderen zielt. Literarische Wertung ist auch im wertenden Akt des Einzelnen immer schon im Zusammenhang eines Kulturganzen zu verstehen, d. h. der Einzelne wertet nicht als isoliertes Subjekt, sondern aus dem Wert- und Bildungsbewußtsein seiner Kulturgemeinschaft. Zwar nicht notwendigerweise ausdrücklich, aber der inneren Rich-

* Im vorausgegangenen Abschnitt hat Hass die Subjektivität der Wertung betont (Anm. d. Hrsg.).

tung nach, wertet der Einzelne, wenn er bei der Feststellung seines Urteils auf die ihm zugeordnete kulturelle Wertgemeinschaft reflektiert, als Organ der Wertsetzung dieser Kultur. Für die öffentliche literarische Kritik trifft das gewiß in höherem Grade zu, als für das Urteil des Einzelnen, der keine Publizität anstrebt. Da aber von literarischer Wertung eigentlich nur die Rede sein kann, wenn auch das einzelne Werturteil das literarische Wertbewußtsein einer ganzen Kultur zur Grundlage hat, so gehört zum Wesen des wertenden Aktes immer schon die Relation zu dem übersubjektiven Ganzen einer kulturellen Wertgemeinschaft, so sehr dieser auch in der jeweiligen historischen Wirklichkeit ein lebendig-öffentlicher Zusammenhalt und die Einheit eines verbindlichen, stilbildenden Kulturentwurfs fehlen mögen.

In solchem Verstande ist der literarischen Wertung weder die Grenze eines »rein« ästhetischen Urteils, noch die Grenze eines historisch relativierenden Urteils gezogen. Weder die »Zeitlosigkeit« noch die »Geschichtlichkeit« bestimmen allein die Wertung, sondern beide Momente der Dichtung, sich wechselseitig durchdringend, werden von der Wertung hineingenommen in den überwerklichen Bezug, der sich aus der Aktualisierung des Werkes in dem geschichtlichen Lebenszusammenhang einer Kulturgegenwart herstellt. Wenn Rothacker von den Sachgebieten und Stoffkreisen auch der exakten Wissenschaften sagt, daß sie von dem »Scheinwerfer des lebendigen Interesses ... überhaupt erst ins Licht gerückt werden«, so gilt das entsprechend von der Dichtung als Gegenstand der literarischen Wertung in einem noch wesentlicheren Sinne. Erkennt man der Dichtung Lebensbedeutsamkeit für den Menschen zu, dann ist damit auch festgestellt, daß sich ihre Wertung nach den Bedeutsamkeitsaspekten einer jeweils historisch bestimmten Gegenwart menschlichen Lebens vollziehen muß. Goethe hat in ›Dichtung und Wahrheit‹ einmal aller »zerstückelnden«, das Äußere, den »Körper« eines Werkes analysierenden Kritik seine eigene Grundüberzeugung entgegengesetzt: »Das Innere, Eigentliche einer Schrift, die uns besonders zusagt, zu erforschen, sei daher eines jeden Sache, und dabei vor allen Dingen zu erwägen, wie sie sich zu unserm eignen Innern verhalte, und in wie fern durch jene Lebenskraft die unsrige erregt und befruchtet werde.« Damit ist eine Maxime der literarischen Wertung ausgesprochen, nach der zwar die eigengesetzliche Individualität des Werkes Gegenstand der Betrachtung ist – was die Grenze der subjektiven Willkür bezeichnet – die aber die Frage nach der gegenwärtigen Lebensbedeutsamkeit des Werkes, nach seiner Kraft lebendig-fruchtbarer Wirkung auf das Subjekt, als obersten Wertungsaspekt hinstellt. Im Munde gerade Goethes versteht sich eine solche Maxime nicht so, als sei damit die Lebensbedeusamkeit eines literarischen Werkes nur auf die isolierte Subjektivität bezogen. Der gebrauchte Plural ist hier kein pluralis maiestaticus, sondern darf als Hinweis auf die kulturelle Wertgemeinschaft verstanden werden, in deren Zusammenhang sich die subjektive Wertung vollzieht. Während alle »zerstückelnde« Kritik ihr Ziel im Auffinden von Kunstfehlern sehen wird, Ausdruck eines Geistes, der sich nicht von dem Werk überwältigen lassen will und sich aller Sympathie für das Werk von vorneherein erwehrt, wird umgekehrt eine Kritik, die nach der befruchtenden Lebenskraft des Werkes fragt, danach trachten, mit ihm in die Beziehung der Sympathie zu treten, in eine Gemeinschaft, in der sich überhaupt erst eine Entscheidung fällen ließe über den lebensbedeutsamen Wert einer Dichtung. Wäre in dem einen Falle die positive Aufgabe, das Unzulängliche auszuscheiden, gleichsam die Arbeit des Unkrautjätens im Garten der Literatur, so im anderen Falle die Bestellung des Gartens durch Wartung der edlen, lebenswichtigen Pflanzen. Solche Kritik sähe ihr Ziel vor allem darin, den Werken der Dichtung zur Lebensentfaltung innerhalb der menschlichen Gemeinschaft zu verhelfen, zu ihrem Genusse einzuladen. August Wilhelm Schlegel, der ein Kritiker solcher Art war, erkannte den beiden entgegengesetzten Möglichkeiten der Kritik in diesem Sinne unterschiedlichen Rang zu, durchaus in der Nähe zu der von Goethe getroffenen Unterscheidung: »Es ist viel leichter, mit Verstand zu tadeln, als geistvoll zu loben. Jenes kann man tun, und doch bei der Außenseite, gleichsam bei dem technischen Gerüste eines Geisteswerkes, stehn bleiben; dieses setzt voraus, daß man wirklich in das Innere gedrungen und zugleich Meister im Ausdruck sei, um die dem bloßen Begriffe entfliehende Eigentümlichkeit des geistigen Gepräges zu fassen.« Diese Auffassung steht im Zusammenhang mit jener Entwicklung der Literaturkritik im 18. Jahrhundert, in der nach Friedrich Schlegels Forderung – »Ein Kunsturteil, welches nicht selbst ein Kunstwerk ist ... hat gar kein Bürgerrecht im Reiche der Kunst.« – die Kritik selbst zur »Kunst«, zu einer eigenen literarischen Gattung wurde. Der Begriff eines solchen »Bürgerrechts« der Kritik gründet in der Vorstellung vornehmlich der Literatur als eines lebendigen Ganzen. So nannte Friedrich Schlegel die Literatur »ein großes durchaus zusammenhängendes und gleich organisiertes, in ihrer Einheit viele Kunstwelten umfassendes Ganzes und einiges Kunstwerk«. Dieses Ganze der Literatur aber ist nie geschlossen, jede Zeit wird es durch Wertentscheidungen aus ihrem geschichtlichen Lebens- und Kulturzusammenhang heraus sich neu zum Bewußtsein bringen müssen. Aus der dialektischen Spannung zwischen den durchgehaltenen Wertgeltungen der großen, zeitüberdauernden Werke und den Veränderungen, denen die Wertung durch die Relation auf ein jeweiliges historisches Gegenwartsbewußtsein unterliegt, erzeugt sich immer neu in einem unendlichen Prozeß die Synthese des Ganzen der Literatur.

Literarische Wertung wird zugleich, wenn auch zweifellos nicht als ein vollständiges System, das alle einzelnen Werke umfaßte, dieses Ganze als eine Rangordnung der Werke in ihrer Beziehung zueinander zu erfassen suchen. Dazu dient ein Komplex sehr verschiedener Kriterien. Die geschichtliche Entwicklung der Literatur selbst bringt neben dem Kriterium der bloß historisch-genetischen Bedeutsamkeit eine Urteilsbestimmung hervor, welche die Rangordnung dadurch verändert, daß neue Werke eine neue Ranghöhe bezeichnen, die bisherige Rangvorstellungen relativiert. So ist in der deutschen Literatur mit Goethe eine Ranghöhe sichtbar geworden, an der gemessen die bisherigen literarischen Wertgeltungen entscheidend verändert werden mußten. Eben dieses Kriterium meinte Goethe selbst, als er von einem Apollotorso sagte: »Wenn man so ein Werk ansieht . . ., so wäscht man sich recht eigentlich die Augen aus, man erhält einen Maßstab, um alles, was drunter ist, messen zu können.«

Trotz des methodentheoretischen Gegensatzes von Werkinterpretation und historischem Relativismus stimmen diese beiden Betrachtungsweisen doch in Ansehung des Problems einer literarischen Rangordnung insofern überein, als es in ihrer Konsequenz liegt, das einzelne Werk als abgeschlossene Individualität zu betrachten, die zwar in dem einen Falle in Abhängigkeit von Gattungs-, Vers-, Sprachgesetzen usw., in dem anderen Falle in Abhängigkeit von historischen Bedingtheiten gesehen wird, die aber doch von beiden als in die Zukunft hinein unveränderlich aufgefaßt wird. Räumt man demgegenüber jedoch ein, daß die Werke der Dichtung im Prozeß ihrer Lebensentfaltung, der sich in seinen Konkretisationen und Wertungen vollzieht, gleichsam in die Zukunft hinein offen sind – gibt man also beispielsweise Tieck recht, wenn er sagt: »Auf gewisse Weise empfängt das Werk selbst von dem Genießenden«, oder dem Wort Adam Müllers: »Der Dichter oder das Leben überhaupt ist nie geschlossen, jede neue Beziehung, die die Zukunft bringt, erläutert, und die Betrachtung ist unendlich, wie die Welt.« –, dann wird man dem einzelnen Werk wie einer vorgestellten Ganzheit der Literatur jene Lebenskräfte als Teil ihrer »Wirklichkeit« zurechnen, die sie im geschichtlichen Prozeß ihrer Wertung »erregt und befruchtet.« Ein solches Wertsystem der Literatur ist nicht etwas Statisches, sondern etwas Dynamisches, das sich immer neu herstellen muß nach der Forderung Adam Müllers: »das Urteil mit der Geschichte dialektisch zu vermählen«. Die Aufgabe wäre also, weder allein nach »zeitlosen« Normen noch allein nach der historischen Bedingtheit und damit absoluten Relativität zu werten, sondern, eine Synthese zu finden, in der das Geschichtliche und das Übergeschichtliche der dichterischen Werke zugleich erhalten und aufgehoben wäre. Das wertende Subjekt wird die Wertgeltungen aus seinem Lebens- und Kulturzusammenhang heraus bestimmen und zugleich im Umgang mit den Werken an diesen Werten seine Bildung erfahren, insofern nicht nur das Werk in der Wertung durch das Subjekt gewissen Veränderungen unterliegt, sondern auch das Subjekt sich verwandelt durch die lebendige Werterfahrung des Werkes.

Literarische Wertung wird sich einerseits immer am Gegenstande selbst objektivieren müssen, wozu es der treuen Sacheinstellung und der unerläßlichen Hilfen der philologisch-historischen Methode bedarf. Andererseits aber wird sie die neutralistische »Anarchie der Werte« des Historismus ebenso zu überwinden haben wie die Isolierung der dichterischen Werke durch die Beschränkung auf die wertende Einzelinterpretation. Da die Vorstellung aufgegeben werden mußte, daß es absolute, immergültige Normen der Wertung gebe, und da der Gegenwart die Kultureinheit fehlt, die ein Wertsystem von aktueller Verbindlichkeit schon bereit hielte, ist die literarische Wertung selbst, aus einer Freiheit heraus, die sie zugleich gefährdeter und in der Ungebundenheit geistig verantwortlicher erscheinen läßt, zu kulturbildenden Entscheidungen aufgerufen. Angesichts des Fehlens aller einheitlichen Kulturerinnerung und Kulturgesinnung in unserer Zeit mag man in die Verwirklichung solcher konstruktiven Aufgabe nicht allzuviel Vertrauen haben, ganz zu schweigen von der kommerzialisierten und ihre Energien in zufallpreisgegebener Diskontinuität verschleißenden Praxis der literarischen Kritik. Nur verhängnisvoll auswirken kann sich auch das Auseinanderfallen von Kritik und Literaturwissenschaft und die mißtrauische Geringschätzung, die zwischen diesen beiden Sphären waltet. Aber eine Aufgabe erweist sich nicht als falsch gestellt, wenn ihr die Ungunst der geschichtlichen Stunde entgegensteht.

Die Begründung einer Rangordnung der Literatur als eines lebendigen Ganzen von menschlicher Bedeutsamkeit hat immer neu aus dem Wertbewußtsein einer jeweiligen Gegenwart zu erfolgen. Der von Ernst Troeltsch entwickelte Begriff der »Kultursynthese der Gegenwart« wäre analog auch auf die Aufgabe der literarischen Wertung nach ihrer höchsten Bestimmung anzuwenden. Eine im Sinne von Troeltsch verstandene Kultursynthese würde statt des ideal-allgemeinen Geltungscharakters in dem Werte der Literaturwerke die einmalig-unwiederholbare historische Originalität fassen, diesen Wert aber zugleich hineinstellen in das Wertbewußtsein der Gegenwart. Analog zu dem Wechselverhältnis, in dem die subjektive Wertaktualisierung des Werkes im Werterlebnis und die Bildung des Subjekts durch das Werk zueinander stehen, würde sich in solcher »Kultursynthese der Gegenwart« das Ganze der Literatur als ein Wertsystem darstellen, dessen Rangordnung der Wertorganisation des gegenwärtigen Kulturgeistes und seiner aktuellen »Interessen« entstammte, und das zugleich durch die Gegenwirkung seiner überzeitlichen Werthaftigkeit die Bildung der Gegenwart an die Kette der lebendigen Tradition des menschlichen Geistes anschlösse, die so ihrerseits schöpferisch mitwirkte an der Ausbildung des Wertbewußtseins der Gegenwartskultur. Da das einzelne dichterische Werk nicht nur Ausdruck seines subjektiven Schöpfers, sondern auch der übersubjektiven Gemeinschaft der Kultur ist, ist es seinem Wesen gemäß, wenn es durch die literarische Wertung in dem werktranszendenten Zusammenhang humaner Kultur überhaupt verstanden wird. Die literarische Wertung einstellen auf eine Kultursynthese der Gegenwart heißt nicht etwa, aus Vorzugsrichtungen des Gegenwartsgeschmackes, aus der Perspektive aktueller Probleme usw., sondern aus einer Kulturgesinnung urteilen, die sowohl das Bewußtsein der ganzen Tradition in sich aufgenommen hat und damit das Vergangene im Gegenwärtigen lebendig hält, als auch die Gegenwart an die Zukunft bindet, indem sie die Wertintentionen der Gegenwart als Grundlagen eines Kulturentwurfes in die Zukunft hinein versteht. Auch die zeitgenössische Literatur, der gegenüber es noch keinen historischen Standpunkt gibt, wäre nach solchen Wertungsaspekten zu beurteilen; sie wäre wie die Werke der Vergangenheit »einzubürgern« in das Kulturbewußtsein, das Vergangenheit, Gegenwart und Zukunft umfaßt.

Der literarischen Wertung ist letztlich ein geistig-schöpferisches Ziel gesetzt, das weit über die Beantwortung der Frage hinausreicht, ob dieses oder jenes Werk gut oder schlecht ist. Sie wird sich nach dem lebendigen Wertgefühl jeweils aktuell entscheiden müssen; eine bocca della verità ist ihr nicht gegeben, in deren Rachen man ein Werk nur hineinzuhalten brauchte, um beim Zuschnappen zu wissen, daß es ein unwahres bzw. ein schlechtes Werk ist. Dennoch ist das Urteil nicht auswegloser Subjektivität preisgegeben. Grenzen, welche die Objektivität des Wertens in gewissem Maße sichern können, sind uns in der Belehrung durch das Werk, in der Bildung zum Werk hin durch Philologie und Geschichte und im Anschluß an die Tradition der literarischen Kultur sichtbar geworden. Der tiefste Grund, dem die Möglichkeit eines adaequaten und in der Sphäre der humanen Kultur schließlich doch jenseits aller standpunktgebundenen Subjektivität gültigen Urteils entstammt, liegt im Wesen der Dichtung selbst als eines Mediums, durch das der Mensch zum Menschen spricht. Im Schöpfer und im Aufnehmenden, in der Dichtung und im Menschen, der sie verstehend wertet, walten die gleichen Grundgesetze des Geistes. Auch für diese Entsprechung gilt das Wort Goethes: »Es ist etwas unbekanntes Gesetzliches im Objekt, welches dem unbekannten Gesetzlichen im Subjekt entspricht.« Und auch die intersubjektive Divergenz des Verstehens und Wertens bedeutet nicht, daß nicht Übereinstimmung sei im Wesentlichen, in der Erfahrung des den Menschen überhaupt dargebotenen Geheimnisvoll-Offenbaren der Dichtung: alle Divergenz wird sich, trotz der trennenden Ferne von Zeit und Raum geschichtlicher Wirklichkeiten, trotz der individuellen Mannigfaltigkeit der Geister, in dem einheitlichen Grund aller Menschheit aufheben, denn

> »Des gemeinsamen Geistes Gedanken sind,
> Still endend, in der Seele des Dichters . . .«

WILHELM EMRICH

Das Problem der Wertung und Rangordnung literarischer Werke

[1961]

Wertung und Rangordnung literarischer Werke scheinen seit dem Erwachen des modernen historischen Bewußtseins unmöglich geworden zu sein. Denn da dieses Erwachen untrennbar verknüpft war mit dem Bewußtsein des »Individuellen«, der unvergleichlichen Eigenart oder gar Eigengesetzlichkeit nicht nur jeder Epoche, sondern auch jedes einzelnen literarischen Werkes, so mußten alle überindividuell verbindlichen Maßstäbe, nach denen die einzelnen individuellen Gebilde aneinander gemessen, gewertet und nach ihrem Rang bestimmt werden können, sich auflösen. Das »Verstehen« literarischer Gebilde aus ihren eigenen entstehungsgeschichtlichen Voraussetzungen und den spezifischen Intentionen ihrer Autoren konnte zu Wertungen nur insoweit führen, als etwa der Abstand oder die Deckung zwischen Intention und Realisierung festgestellt wurde. Ein Werk erschien als brüchig oder geringwertig, in dem die Intention des Autors sich nur unvollkommen realisierte oder in dem der objektive »Gehalt« einer Zeit, einer sog. Lebenswirklichkeit oder Idee nicht die sprachkünstlerisch adäquate »Gestalt« annahm. Und die Ranghöhe eines Werkes konnte demgemäß gemessen werden an der Fülle oder Armut des Zeitgehalts, der Lebenswirklichkeit oder des Ideenguts, die in einem Werk künstlerisch adäquat geformt oder nicht geformt waren. Selbst die Frage nach dem Maßstab solcher künstlerischen Formung richtete sich auf die sog. Eigengesetzlichkeit literarischer Gattungen, Stilmittel und Kompositionstechniken, die entweder als eine historisch bedingte Eigengesetzlichkeit erkannt wurde oder – wie in der vorhistoristischen Zeit der normativen Poetiken – als eine zeitlos gültige, der jeweiligen Gattung, Stilfigur a priori innewohnende Eigengesetzlichkeit oder – wie in den heutigen nachhistoristischen Poetiken – als eine ontologische Eigengesetzlichkeit bestimmter Grundbefindlichkeiten der menschlichen Existenz definiert wurden.

Damit mußten jedoch diese Wertungen zwangsläufig das bis heute zu beobachtende Stigma chaotischer oder tyrannischer Willkürakte annehmen. Denn erstens mußten im Bestreben, die individuelle Eigengesetzlichkeit aller einzelnen Werke zu »verstehen«, alle Werke gleichwertig und gleichrangig werden. Denn wer wagte noch legitim im Bannkreis unseres historischen Bewußtseins zu behaupten, daß eine Individualität über einer anderen stehe? Wer darf erklären, daß ein Fliegenpilz weniger »wert« sei als eine Eiche? Zweitens kann die in einem Werk erscheinende Fülle oder Armut von Zeit-, Lebens- und Ideengehalten nicht verbindlicher Maßstab einer Wertung sein, da jedes individuelle Bewußtsein eine andere Vorstellung vom Wesen und der Fülle einer Zeit, eines Lebens oder vom Rang und Wahrheitsgehalt einer Idee in sich enthält. Und endlich gerät drittens die entscheidende Frage nach dem Maßstab künstlerischer Formung in einen durch das historische Bewußtsein nicht mehr aufzulösenden Widerspruch:

Wenn die jeweilige historische Individualität ihre eigengesetzliche Intention künstlerisch zu realisieren sucht in einer Gattung, Stilform, Kompositionstechnik, die selber wieder ihre historischen, normativ apriorischen oder ontologischen »Eigengesetzlichkeiten« besitzen, und wenn dementsprechend die Kritik das Maß der Vollkommenheit oder Unvollkommenheit des entstandenen Werkes an der Deckung oder dem Abstand zwischen *beiden* »Eigengesetzlichkeiten« findet, so wird die Bestimmung eines konkreten Werkes nach der ihm innewohnenden individuellen Eigengesetzlichkeit zu einer unrealisierbaren Fiktion. Die postulierte individuelle Eigengesetzlichkeit des Werkes kann sich nur in ihrem sprachlichen Ausdruck innerhalb bestimmter Gattungen, Stilformen und Kompositionstechniken nachweisen und explizieren lassen. Da für diese Gattungen, Stilformen und Kompositionstechniken jedoch selber wieder eine bestimmte historische, normativ ästhetische oder ontologische Eigengesetzlichkeit postuliert wird, die zudem ihre Maßstäbe und definitorischen Bestimmungen in concreto anderen, historisch vorgegebenen Werken entnimmt, die – unausgesprochen oder ausdrücklich – als »Modelle« dienen, so muß eine chaotische Vielfalt divergierender »Meinungen« sowohl über die »originäre« Eigengesetzlichkeit des Werkes wie über seine künstlerische Vollkommenheit oder Unvollkommenheit entstehen.

In der Tat liegt hier das Dilemma aller historisch – aber auch normativ ästhetisch – orientierten Wertungen. Von welcher Perspektive aus auch gewertet werden mag, jede Wertung hebt sich selbst auf. Die historisch individuelle kann nie »rein« durchgeführt werden; denn mag sie auch das einzigartige, unwiederholbare »Gesetz«, nach dem ein Werk oder ein Dichter »angetreten« ist und sich ausgeformt hat, stringent verstehen, explizieren und definieren, nie kann sie die künstlerische Qualität des Werkes, das sich nach diesem »Gesetz« ausgeformt hat, bestimmen, ohne ihren eigenen Ansatz, ihr historisches Denken, preiszugeben, ohne eine überindividuelle, »allgemein« verbindlich postulierte ästhetische Wertvorstellung als Maß der Qualitätsbestimmung zu setzen. Denn andernfalls müßte *jede* Schöpfung, bis hinunter zum extremsten Kitsch, als wertvoll, weil einer »eigenen« Gesetzlichkeit folgend – auch der Kitsch hat seine eigenen Gesetze –, akzeptiert werden.

Die normativ ästhetische Wertung wiederum kann ihre Urteile nur fällen durch Aufhebung der »allgemeinen« Verbindlichkeit ihrer eigenen Kategorien. Sie muß ihre Wertungen exemplifizieren an historisch individuellen Werken, die zu kanonischem Rang hinaufstilisiert werden, ohne jedoch ihre Geschichtlichkeit verleugnen zu können, so daß auch hier ein widerspruchsvoll chaotisches Messen und Werten entsteht, in dem der Schein einer Ordnung und Legitimität nur durch ein illegitim tyrannisches Diktat, durch die Absolutsetzung individueller Werke und ihrer Gesetze und deren Herrschaft über andere individuelle Werke und deren Gesetzlichkeit erzwungen werden kann: das Dilemma aller normativen Poetiken, die, selbst wenn sich ihre Normen im Laufe der Geschichte wandeln, in einem dauernden Selbstwiderspruch zwischen historischen und – postulierten – überhistorischen Wertmaßstäben verbleiben.

Von hier aus gesehen sind »normativ« nicht nur die Poetiken der vorhistoristischen Epochen (also bis etwa Lessing), sondern auch alle programmatischen Dichtungstheorien innerhalb unseres modernen historischen Bewußtseins selbst, von der Romantik über den poetischen Realismus, Symbolismus, Naturalismus, Expressionismus usw. bis zum Surrealismus und den jüngsten »Ismen«. Sie verharren in einer ungeklärten Zirkelbewegung zwischen historisch individuellem »Verstehen« und ahistorisch normativen Postulaten, die sich in ihren Programmen ausdrücken, und können daher niemals »verbindliche« Wertungen und Rangordnungen entwickeln.

Demgegenüber scheinen die ontologisch orientierten Ästhetiken und Poetiken – sofern sie überhaupt ihren eigenen Ansatz konsequent ausformen und zu Ende denken, was bis jetzt noch nicht sichtbar wurde – eine Möglichkeit in sich zu enthalten, verbindliche Wertungen und Rangordnungen zu entwickeln, ohne in den geschilderten oder einen analogen Selbstwiderspruch zu geraten. Wenn man etwa versucht, was Emil Staiger in seinem Buch ›Grundbegriffe der Poetik‹

gelungen ist, die drei »Ekstasen« der Zeit, in denen alle menschliche Existenz sich bewegt, als die fundamental-ontologisch bestimmenden Voraussetzungen für die Formung und damit auch Wesenserschließung des »lyrischen, epischen und dramatischen Stils« zu erweisen, so ergibt sich die Möglichkeit, die Identität zwischen bestimmten Daseins- und Bewußtseinsstufen der menschlichen Existenz und bestimmten literarischen Formen stringent zu erhellen. Mögen auch, wie Emil Staiger mit Grund betont, in jedem konkreten literarischen Werk stets alle zeitlichen Ekstasen und damit auch alle drei »Stile« anwesend sein, da menschliche Existenz unlösbar an diese drei Ekstasen gebunden bleibt, so könnte doch eine genaue Bestimmung des jeweiligen Verhältnisses, in dem die einzelnen »Stile« bzw. »Ekstasen« der Zeit in einem Werk sich zueinander befinden, den Maßstab dafür abgeben, welche Stufe menschlichen Daseins und Bewußtseins in einem Werk ausgeformt oder nicht ausgeformt ist, wie weit das »Selbstverständnis« des Menschen im Werk vorgedrungen ist bzw. wie weit – im ontologischen Sinne – der Mensch in ihm seine »Existenz« bewältigt hat oder nicht. Diese Bestimmungen würden, da es sich um die Erschließung »menschlicher Existenz überhaupt« handelt, allgemeine Verbindlichkeit besitzen, vorausgesetzt, daß die ihnen zugrunde liegende Ontologie diesen ihren Anspruch durchgehend zu verifizieren vermag. Da eine solche ontologische Analyse sich ausschließlich an den künstlerischen Qualitäten des »Stils« orientiert, wäre jeder amusischen Inhaltsbestimmung, die den im Werk ausgesagten Gedanken oder Gefühlsgehalt mit der künstlerischen Gestaltung verwechselt, der Boden entzogen. Die künstlerische Form besäße selber ontologische Dignität. Der Sreit zwischen »äußerer« Form und »innerem« Sinn wäre beendet, desgleichen das Messen an vorgegebenen Modellen. Denn die »Gattungen« besäßen keine autonome »Eigengesetzlichkeit« mehr, da sich »Lyrisches« auch vollkommen in einem »Drama«, »Dramatisches« in einer epischen oder lyrischen Dichtung, »Episches« im Drama und der Lyrik realisieren könnte und kann, ohne dem Rang des Werkes Abbruch zu tun.

Aber auch die individuelle bzw. historische »Eigengesetzlichkeit« eines Werkes oder Autors verlöre ihren Sinn bzw. erwiese sich nun eindeutig als unwahre Fiktion: Konnte schon der Historismus, im Widerspruch zur eigenen Rede vom unvergleichlichen Wert jeder Individualität, nicht umhin, von sog. »mächtigen« oder weniger bedeutenden oder gar geringwertigen »Individualitäten« zu sprechen, so vermöchte eine ontologische Poetik den präzisen Nachweis zu erbringen, daß und warum Tausende von Trivialromanen einander wie ein Ei dem anderen gleichen *müssen*, verfallen einer bestimmten Existenzstufe des »man«, die wiederum differenziert werden kann und muß, wie es trotz aller monotonen Gleichförmigkeit auch Differenzierungen innerhalb der Trivialromane gibt. Sie könnte erweisen, auf welcher existenziellen und damit auch künstlerischen Stufe sich Wielands ›Agathon‹ im Unterschied zu Goethes ›Wilhelm Meister‹, und Goethes ›Wilhelm Meister‹ im Unterschied zu Hölderlins ›Hyperion‹, oder Novalis' ›Heinrich von Ofterdingen‹ wiederum im Unterschied zu Hölderlins ›Hyperion‹ befindet.

Eine solche Poetik wurde bis heute nicht geschrieben. Emil Staigers ›Grundbegriffe der Poetik‹ schließt mit den Sätzen:

»Und noch ein Letztes füge ich bei. Soeben fiel der Ausdruck ›Wert‹. Vom Wert einer Dichtung aber war bis jetzt ausdrücklich nie die Rede. Eine Poetik, wie sie hier vorliegt, kann keine ästhetische Wertung begründen. Man mag dies, je nachdem, als empfindlichen Nachteil oder als Vorzug buchen. Ein Vorzug ist es, wenn jede Wertung nur von einer bestimmten historischen Situation aus möglich ist, ein Nachteil, wenn es, wie wir zu glauben gezwungen sind, eine absolute Rangordnung von Werten gibt. Was wir glauben und was die wissenschaftliche Forschung verantworten kann, vermöchte ich heute noch nicht zu vereinen. So bleibe diese Frage offen.«[1]

Staigers Glauben, daß es eine absolute Rangordnung von Werten gibt, teilen auch wir. Wir ehren auch seinen Zweifel, daß dieser Glaube sich vereinen lasse mit dem, was die wissenschaftliche Forschung verantworten kann, aber wir teilen ihn nicht, da wir Zweifel an der Wissenschaftlichkeit einer Forschung hegen, die sich scheut, ihre eigenen Kategorien wissenschaftlich zu überprüfen. Denn wenn diese Forschung behauptet, aus Wahrheitsliebe und »Verantwortlichkeit« vor der individuellen Eigenart und historischen Mannigfaltigkeit literarischer Phänomene am Dogma von der »Relativität« aller Werte und Wertungen festhalten zu müssen, so stellt sie das Verhältnis zwischen Glaube und Wissenschaft, Dogma und kritischer Sacherschließung buchstäblich auf den Kopf. Nicht nur hat wissenschaftliche Kritik längst den Nachweis erbracht, daß von individueller Eigengesetzlichkeit literarischer Werke nur in sehr eingeschränktem Sinn die Rede sein kann (Toposforschung, soziologisch

[1] Grundbegriffe der Poetik. Zürich, Freiburg: Atlantis [4]1959, S. 228. Die 1. Auflage schloß mit den zitierten Sätzen.

bestimmte Stilschichtungen, regulative Rhetorik usw.), sondern die literarhistorische Forschung selbst hat ständig – und mit Recht – die literarischen Schöpfungen gerade der mächtigsten Dichter-Individuen zu verstehen und zu werten versucht auf Grund »genereller« Kategorien, die, wie sie im einzelnen auch beschaffen sein mögen, die Frage der menschlichen »Existenz« in der »Zeit« zum Gegenstand haben in untrennbarer Verbindung mit den stilistisch-künstlerischen Formen, die diesen »Gehalt« verbindlich repräsentieren, genauer: er selbst sind. Eine »absolute Rangordnung der Werte« im Sinne Staigers muß sich zwangsläufig aus einer verantwortlichen wissenschaftlichen Forschung *dann* ergeben, wenn diese »generellen« Bestimmungen, die aus der induktiven, sach-adäquaten Literaturforschung selber hervorgegangen sind, systematisch – in induktiver, nicht deduktiver Systematik – begriffen und ausgewertet werden. Nichts Geringeres würde damit postuliert, als daß sich sämtliche stil- und sprachkritischen, historischen, soziologischen, psychologischen, ideengeschichtlichen u. a. Forschungsergebnisse zu subsumieren hätten einer ontologischen Definition dessen, was der »Mensch« als »Sein und Zeit« »ist« oder »sein« *sollte*. Das wäre absurd. Und in der Tat ist das Problem einer absoluten Rangordnung der Werte im literarischen Bereich nicht zu lösen ohne Bewältigung des Phänomens der »Geschichtlichkeit«, vor dem Staigers philosophischer Ahnherr Martin Heidegger bereits in seiner Frühzeit auswich, als er den zweiten Band von ›Sein und Zeit‹, der dieses Phänomen ausdrücklich thematisierte, zu schreiben unterließ und statt dessen in eine von Schelling entliehene mythisierende »Erd«-Philosophie desertierte, in der die gesamte abendländische Geschichte bzw. die Geschichte des abendländischen Denkens als die Geschichte einer »seinsvergessenen Metaphysik« ausgeklammert und der Rückzug in die mythisch ahistorische »Seinsentborgenheit« der Vorsokratiker vollzogen wird.

Eine ontologische Interpretation der »Geschichtlichkeit« könnte im Gegensatz dazu auf Grund einer Analyse bestimmter literarischer Phänomene einer bestimmten historischen Epoche »Grundbefindlichkeiten« bzw. Daseins- und Bewußtseinsstufen des Menschen entdecken, die der Existenzanalyse Heideggers bis jetzt verschlossen blieben, da diese Existenzanalyse selbst eine bestimmte Daseins- und Bewußtseinsstufe repräsentiert, in der die vorausliegenden Stufen nicht bewältigt und »aufgehoben«, sondern nur gewaltsam eliminiert sind. Das Phänomen der »Geschichtlichkeit« als ein ontologisches Phänomen zu begreifen, würde also die Möglichkeit öffnen, die jeweiligen »Grundbefindlichkeiten« bzw. Daseins- und Bewußtseinsstufen der einzelnen historischen Epochen und Erscheinungen aufzudecken, ihre je anderen Strukturen systematisch zu erfassen, wodurch sowohl Rangordnungen innerhalb der einzelnen Epochen wie auch der Epochen untereinander erkannt und definiert werden könnten. Dabei kann es sich weder um eine historisch fortschreitende Evolution von unteren zu höheren Stufen handeln noch um eine vertikale Pyramidenordnung innerhalb einer einzelnen Epoche, so als ob wie mit dem Lineal gemessen die jeweiligen Dichtungen unter- oder übereinander stünden. Es wäre vielmehr zu zeigen, daß z. B. das Vorwalten des »dramatischen Stils« in den Novellen und Dramen Kleists einer bestimmten Daseinsbefindlichkeit und Bewußtseinslage entspricht, die diesen Novellen und Dramen als »dramatischen« Gebilden einen künstlerisch höheren Rang verleiht als z. B. den Novellen und Dramen Goethes, während andererseits das Vorwalten des »lyrischen Stils« in Goethes Novellen und Dramen diesen Werken als »lyrischen« Gebilden einen künstlerisch höheren Rang verleiht als den Kleistschen Werken. Der Sinn einer solchen Untersuchung kann nicht darin liegen, beckmesserisch ein Werk gegen das andere auszuspielen, sondern darin, Erkenntnis zu stiften, Einsicht zu vermitteln in die Daseins- und Bewußtseinsstufe des menschlichen Geistes, die im Werk des einen im Unterschied zum Werk des anderen Dichters erreicht worden ist. Die Verbindlichkeit solcher Einsichten beruht darin, daß es sich hier um Daseins- und Bewußtseinsstufen des menschlichen *Geistes*, nicht um »private«, willkürliche, zufällige oder, wie man heute zu sagen pflegt, um »zeit- und persönlichkeitsbedingte« Verhaltensweisen, Weltanschauungen, Erlebnisse usw. der jeweiligen Dichter und ihrer Erzeugnisse handelt. Die Genesis einer Dichtung ist zwar durch zeit- und persönlichkeitsbedingte Voraussetzungen bestimmt, ihr Resultat aber ist ein »Bleibendes«, das verbindlich eine bestimmte Stufe des menschlichen Geistes manifestiert.

Wir drücken angesichts dieser Sachlage unsere Verwunderung darüber aus, daß diese legitime und verantwortbare Möglichkeit, im genauen Sinne des Wortes »geisteswissenschaftlich« zu arbeiten, den »Geist« einer Dichtung sichtbar zu machen und zu »werten«, nicht erkannt und realisiert worden ist, obgleich kein geringerer als Hegel diesen Weg vor über 150 Jahren mit seiner ›Phänomenologie des Geistes‹ beschritt und philosophisch präzise artikulierte. Denn selbst die angeblich gewaltsamen »Konstruktionen« etwa seiner späteren geschichtsontologisch unterbauten ›Ästhetik‹ haben mehr vom Geist der Kunst, ihren Formen und ihren historisch-ontologischen Stufen aufzudecken vermocht, als die vorgeblich strengeren »empirischen« Forschungen unserer »rein historisch-kritisch« orientierten Literaturwissenschaft, die sich selber den Weg zu verbindlichen Rangordnungen der Dichtung verbaute, da sie längst nicht mehr das Wesen des Geistes selbst reflektierte, vielmehr die gestalteten Formen des menschlichen Geistes zurücknahm ins »geistige Tierreich«, wo, wie es Hegel in seiner ›Phänomenologie des Geistes‹ formulierte, alle Phänomene gleichwertig und damit gleich »leer« zu unverbindlichen, bloß »zufälligen« individuellen Erscheinungen werden, und zwar gerade darum, *weil* es diesem geistigen Tierreich nur um »die Sache selbst« zu tun ist, um ein »unmittelbares« Bewußtsein von »an sich seienden«, »ursprünglichen« Individuen, die »wie Natur« sich selber gleichen und nicht »gerichtet« werden können und dürfen im Unterschied zu der höheren Stufe der »gesetzprüfenden Vernunft« oder zur höchsten Stufe »des seiner selbst gewissen Geistes«, der »Stufe des Gewissens«.[2]

Das schwere Geschäft, die von Staiger und uns postulierte »absolute Rangordnung von Werten« aus der Sphäre eines unverifizierten »Glaubens« in die einer »verantwortbaren« wissenschaftlichen Forschung und zwingenden Beweisführung zu erheben, kann daher nur durchgeführt werden auf Grund einer philosophischen Explikation des Wesens und der Stufungen menschlichen Geistes mit den Mitteln einer induktiv arbeitenden Philologie. Jedoch: die Philologie als Instrument philosophischer Kunsterkenntnis und die Philosophie als Mittel philologischer Kunstwertung, wer wagte solches noch auszusprechen nach dem Zusammenbruch aller systematischen Philosophie und nach den problematischen Symbiosen, die von Dilthey bis Heideggers Hölderlin-Interpretationen, von Haym und Unger bis zur gegenwärtigen Rilke-Scholastik Philosophie und Philologie miteinander eingegangen sind?

Der nüchterne Philologe wird sich vorerst aller derart universellen Philosopheme entschlagen und versuchen, ob nicht von seinem Gegenstand selbst aus sich ein Weg zur Lösung des Wertungsproblems anbietet. Wir versuchen es und beginnen mit einigen aktuell »empirischen« Fragen, die nicht nur die Literaturkritik und die Au-

---

2 Phänomenologie des Geistes. Nach d. Texte d. Orig.-Ausg. hrsg. von J. Hoffmeister. Hamburg: Meiner [6]1952 (Philos. Bibl., Bd. 114), S. 285ff.

toren, sondern auch die Öffentlichkeit bewegen und seit eh und je bewegt haben:

1. Wodurch kann bewiesen werden, daß ein literarisches Erzeugnis ein Kunstwerk ist oder nicht? Gibt es Rangordnungen innerhalb der literarischen »Kunst« selbst, d. h. gibt es höherwertige und minderwertige literarische Kunstwerke? Und wie lassen sich diese Rangordnungen begründen?

2. Kann ein literarisches Werk, das »künstlerisch wertvoll« ist, ethisch »schlecht« sein, im sittlichen Bereich einen »Unwert« darstellen? Ist es möglich – was in der Rechtsprechung immer wieder geschah und geschieht –, einem literarischen Werk künstlerischen Rang zuzubilligen, aber es wegen seiner sittengefährdenden Wirkung zu verbieten, oder auch umgekehrt, ein sittengefährdendes Werk mit Rücksicht auf seinen künstlerischen Wert, obwohl es, ethisch gesehen, verderblich ist, freizugeben?

Schon die Formulierung der letzten Frage, die sich z. B. in den heutigen Gesetzesbestimmungen niedergeschlagen hat, zeigt den Grad der Verwirrung an, in der sich der sensus communis – und nicht erst heute – befindet. Diese Formulierung ist ungeheuerlich z. B. für die klassischen Dichter und Denker, für die das Schöne auch immer zugleich das Gute repräsentierte, weil das Schöne, Gute und – in einem noch zu präzisierenden Sinne – das Wahre für sie eine untrennbare Einheit darstellten, obgleich sie die Sphäre des Ästhetischen, Ethischen und des Wahren sehr wohl zu unterscheiden wußten. Für sie war das Ethische, das an sich durchaus unabhängig vom Ästhetischen zu erscheinen vermag, im Ästhetischen mitenthalten, ohne noch ausdrücklich als Ethisches sich zu manifestieren. Demgegenüber stehen bekanntlich Äußerungen bedeutender Dichter, Kritiker und Philosophen, nach denen die ästhetische Sphäre eine schlechthin außer- oder immoralistische Sphäre repräsentiert, die nach ethischen Kategorien oder Gehalten überhaupt nicht gefragt oder gemessen werden dürfe, ja solche Gehalte geradezu negiere.

Angesichts dieser chaotischen Situation spitzt sich das Problem auf die Frage zu, ob die ständige historische Relativierung aller ästhetischen und ethischen Wertvorstellungen sowie aller Definitionen des Wesens und der Gesetze der Kunst nicht selber erklärt und damit überwunden werden kann durch die analytische Aufhellung des Phänomenes, um das es geht, nämlich der »Kunst« bzw. des literarischen Kunstwerks und seiner »Struktur«. Ein vorläufiger, wenn auch noch nicht beweisender Hinweis mag dies verdeutlichen:

Trotz aller historischen Relativierung vollzieht sich im Lauf der Geschichte ein ständiger Ausleseprozeß, in dem sich bestimmte literarische Gebilde Jahrhunderte oder Jahrtausende als Kunstwerke behaupten, auch wenn ihre Epoche sie ablehnte oder gering schätzte, andere dagegen, obwohl sie von ihrer Zeit als Kunstwerke gefeiert wurden, als nichtkünstlerische Gebilde ausgeschieden werden und nur noch historisches Interesse als Ausdruck ihrer »Zeit« zu bewahren vermögen. Die jeweiligen, historisch bestimmten und abgrenzbaren Vorstellungen, nach denen ein Werk als Kunstwerk galt oder nicht galt, werden also bedeutungslos bei diesem Ausleseprozeß, bei dem es allerdings immer noch fraglich bleibt, ob er »sachlich« gerechtfertigt ist oder ob nicht auch bei ihm historisch begrenzbare und relativierbare Vorurteile oder Vorlieben mitspielen und die Auswahl bestimmen. Dennoch bleibt es bedenkenswert, daß es literarische Gebilde gibt, die von allen späteren Zeiten – selbst bei völlig entgegengesetzten oder andersartigen Weltanschauungen oder Kunstvorstellungen – als Kunstwerke verbindlich anerkannt bleiben, andere aber sehr rasch – und für immer – ausscheiden.

Die Bestimmungen dessen, was Kunst ist oder nicht, können also nicht abhängig sein von den jeweilig sich wandelnden Weltanschauungen und historisch relativierbaren, differierenden oder gegensätzlichen Vorstellungen über das Wesen der Kunst, sondern sie müssen aus den Werken selber hervorgehen, die sich als Kunstwerke behaupten, wie auch in den Nicht-Kunstwerken bestimmte Merkmale vorhanden sein müssen, die zu ihrer Ausscheidung und negativen Bewertung führen. Das heißt, es muß ein Gemeinsames geben, das Kunst als Kunst bzw. Nicht-Kunst als Nicht-Kunst konstituiert trotz aller inhaltlichen oder formal stilistischen Wandlungen und Divergenzen im historischen Prozeß.

Der in einem Werk enthaltene Ausdruckswert bzw. sein geistiger und seelischer »Gehalt« oder »Sinn« kann als solcher – an und für sich betrachtet – offenbar nicht einen Maßstab für die Bewertung abgeben, denn die Gehalte wechseln, widerstreiten einander, ja können sich gegenseitig ausschließen, ohne daß dadurch der Kunstcharakter eines Werkes aufgehoben oder in Frage gestellt wird. Bestimmte heidnische Werke, wie die Homers, Vergils, Terenz', Senecas u. a., wurden und werden von christlichen Zeitaltern als Kunstwerke von höchstem, ja z. T. sogar kanonisch verbindlichem Rang anerkannt, während Werke, die den eigenen christlichen Gehalt aufwiesen, als unkünstlerische Machwerke abgelehnt werden konnten. Maßgebend scheint dabei gewesen zu sein, und immer zu sein, die Art und Weise, *wie* ein Gehalt gestaltet ist, also die Form. Aber auch die formalen Qualitäten eines Werkes können – an und für sich betrachtet – nicht den Maßstab der Beurteilung abgeben. Denn auch die Formqualitäten und Formideale wandeln sich, widerstreiten einander und können sich gegenseitig ausschließen, sind – wie die Stilgeschichte zeigt –derartig extremen historischen Wandlungen ausgesetzt, daß sie nicht in ihren jeweiligen Bestimmungen als konstitutiv für Kunst oder Nicht-Kunst überhaupt gelten können. Ein Werk kann alle formalen Qualitäten eines klassischen Dramas aufweisen und dennoch sich als Machwerk erweisen (z. B. die epigonalen Jambendramen humanistischer Schulmänner), wie auch umgekehrt die radikalen Formexperimente »avantgardistischer« Autoren ihre Werke noch nicht zu »originalen« Kunstwerken stempeln müssen.

Wenn aber weder die einzelnen geschichtlich bestimmten Gehalte an sich noch die einzelnen geschichtlich bestimmten Formen an sich ein Kunstwerk als Kunstwerk konstituieren – und alle in einem literarischen Werk erscheinenden Gehalte und Formen sind ja nachweisbar immer geschichtlich geprägt –, und wenn andererseits bestimmte literarische Werke sich als bleibende Kunstwerke in der Geschichte durchhalten und also für die ihnen folgenden Zeiten trotz deren andersartigen oder gegensätzlichen Anschauungen stets neue positive »Bedeutung«, und das heißt neue positive Aussagewerte oder neue formale Vorbildlichkeit und bewundernde Zustimmung erhalten, so müssen diese literarischen Werke derart strukturiert sein, daß sie ihre eigenen, in ihrem Inneren erscheinenden einzelnen geschichtlichen Gehalte und Formen in einer eigentümlich überlegenen Weise überschreiten und deren Bedeutungen und Formqualitäten derart erweitern und bereichern, daß sie Bedeutung und Wert auch für alle späteren Zeiten zu erhalten vermögen, ja daß diese späteren Zeiten jeweils immer neue und andere Bedeutungen, Sinnbezüge und formale Qualitäten in diesen Werken »entdecken«. Diese Werke sind gleichsam »unausschöpfbar«. Sie geben jeder Generation neue Rätsel auf, neue Deutungsmöglichkeiten und Sinnbezüge; sie sind nie zu Ende zu interpretieren.

Das gilt für alle literarischen Kunstwerke von Homer bis zur Gegenwart. Sie enthalten, wie es Friedrich Schlegel formuliert hat, ein Kontinuum der Reflexion,[3] d. h. eine ununterbrochene wechsel-

---

[3] Vgl. W. Benjamin, Der Begriff der Kunstkritik in der deutschen Ro-

seitige Spiegelung und Rückspiegelung aller Teile, wodurch eine unendliche Mannigfaltigkeit von Bezügen, Sinngehalten, wie auch von immer neu überraschenden und neu zu entdeckenden Formqualitäten und damit auch Formbedeutungen entsteht. Dieses Kontinuum selbst ist zwar – wie das Werk – endlich, aber es besitzt gleichsam eine innere Unendlichkeit, die auch den kleinsten lyrischen oder epigrammatischen Gebilden den Charakter »unausschöpfbarer« Gefühls- und Bedeutungsqualitäten verleihen kann, wobei ihre »Unausschöpfbarkeit« gerade kein irrationaler Abgrund ist, in dem alle Interpretation verschwinden und an ein unwürdig lallendes Ende gelangen müßte, sondern umgekehrt permanent sich steigernde Erkenntnisakte provoziert.

Die spezifisch künstlerische Formung eines literarischen Werkes besteht also darin, daß die jeweiligen Gehalte und Formen, die der Autor als Stoff oder Vorwurf übernimmt oder durch seine Einbildungskraft hervorbringt, kompositorisch und sprachlich in ein Beziehungsgewebe gebracht werden, durch das die einzelnen Inhalte und Formen aus ihrer spezifisch historischen Begrenztheit oder Einseitigkeit befreit werden und einen Bedeutungsreichtum entfalten, der nie zu Ende reflektiert werden kann und repräsentative bzw. symbolische Bedeutung auch für andere Lebensformen, Zeiten und Vorstellungen aus sich zu entwickeln vermag. Dagegen ist ein nichtkünstlerisches Werk dadurch konstituiert, daß die in ihm enthaltene Reflexion kein in sich unendliches Kontinuum darstellt, sondern bald abbricht bzw. sehr schnell an ihr Ende gelangt, weil seine Gehalte und Formen nicht über sich hinausweisen, keine Bedeutungsmannigfaltigkeit enthalten, sondern in einer eindeutigen Begrenztheit verharren, die rasch durchschaubar ist und jedes weitere Nachsinnen oder Forschen überflüssig macht bzw. abtötet. Die Beschäftigung mit nichtkünstlerischen Werken »lohnt« nicht (es sei denn als historische Quelle für Zeitstudien), da sie weder durch ihren Gehalt noch durch ihre Form über sich hinausgehen, sondern gerade durch ihre »fraglosen« Aussagen und Formen sich gleichsam mit ihrem Ende zu Ende gespielt haben, so wie ein durchschnittlicher Kriminalroman nach allen Spannungen und Rätseln, die er aufgeboten hat, um den Leser in »Atem« zu halten, am Schluß nach der Auflösung der Fragen belanglos wird. Dagegen entfalten künstlerische Kriminalromane

---

mantik. Schriften. Hrsg. v. Th. W. Adorno u. a. 2 Bde. Frankfurt/M.: Suhrkamp 1955, Bd. II, S. 493f. und 505f.

wie etwa Dostojewskijs Werke in jedem Moment ihrer Gestaltung eine solche unausschöpfbare Fülle psychologischer, religiöser, soziologischer u. a. Bedeutungen und Deutungsmöglichkeiten, daß seine Romane immer wieder neu gelesen und interpretiert werden können und müssen, da die in ihnen enthaltenen Sinn- und Formbezüge in sich unendlich sind und mit der Auflösung der äußeren Handlungsspannung keineswegs an ihr Ende gelangt sind.

Der nichtkünstlerische Roman gestaltet eine schematisierte, vereinfachte und einseitige Welt, die nicht »wahr« ist (auf Grund der Schematisierung) und daher auch nicht »gut« und »schön« sein kann. Der künstlerische Roman versucht eine umfassende, vielseitige Gestaltung, die der komplexen Wahrheit der menschlichen Wirklichkeit möglichst nahe kommt. Je mannigfacher, reicher, beziehungsvoller das Kontinuum der Reflexion, d. h. die sinnvolle Beziehung aller Teile zueinander strukturiert ist, um so ranghöher ist das Kunstwerk; je ärmer oder schwächer die sinnvollen Bezüge ausgeformt sind, d. h. je früher die Reflexion des Werkes ausgeschöpft ist, um so geringer ist der künstlerische Rang, den das Werk repräsentiert und beanspruchen kann, um so früher erlischt auch seine Bedeutung in der Geschichte.

Damit ist auch die Frage geklärt, warum bestimmte literarische Modeerscheinungen oder Bestseller von ihrer Zeit als hohe Kunstwerke gepriesen und gefeiert werden, um dann sehr bald und für immer mit Recht aus dem Kunstkanon der Weltgeschichte zu verschwinden. Sie drücken eine ganz bestimmte, historisch begrenzte Gefühlslage, Erfahrung oder Weltanschauung aus, in denen sich die Zeit ganz wiederfindet, spiegelt und begeistert erkennt und bestätigt sieht. Aber sie drücken leider nur diese begrenzten historischen Inhalte und Formen aus, die sehr schnell durchschaubar sind und verschwinden, wie die Zeit verschwindet, die ihnen verhaftet war; es sei denn, es gelang dem Autor, die begrenzten Zeitgehalte und deren Formen kritisch zu reflektieren, durch ein vielsinniges Beziehungsgewebe aus ihnen Bedeutungen und Formqualitäten zu entwickeln, die über sie hinausweisen und ihnen übergreifende, repräsentative und symbolische Funktionen verleihen. So spiegeln etwa ›Die Leiden des jungen Werthers‹ zwar wie ein Modewerk und Bestseller die Gefühle und Vorstellungen der »Zeit«, aber die Analyse des Werkes erweist zweifelsfrei, daß in seinem Beziehungsgewebe Sinn- und Formbezüge gestaltet sind, die weit über das von der Zeit Empfundene und Gepriesene hinausweisen. Umgekehrt wird auch verständlich, warum bestimmte Kunstwerke so schwer in ihrer Zeit ihr Publikum finden. Sie entsprechen, wie etwa ›Die natürliche Tochter‹ Goethes, so wenig dem »Lebensgefühl«, Geschmack oder Zeiterlebnis, daß sie nicht »ankommen«, obgleich sie gerade das aktuelle Geschehen und Problem der Zeit (im genannten Beispiel die Französische Revolution) in einer Dimension gestalten, die diesem Geschehen wahrhaft gemäß ist und seine bleibende, repräsentative »Wahrheit« symbolisch enthüllt.

Damit ist ein Maßstab der Unterscheidung zwischen literarischer Kunst und Nichtkunst gefunden, der allgemein verbindlichen Charakter hat, da er die historische Relativierbarkeit ästhetischer Maßstäbe in die Wesensbestimmung der Kunst phänomenologisch mit einbezieht und das schwierige, viel diskutierte Problem des Verhältnisses zwischen der Geschichtlichkeit und Übergeschichtlichkeit der Kunst zur Klärung bringt. Die adäquate Anwendung dieses Maßstabes bei der konkreten Beurteilung literarischer Werke ist jedoch nur möglich bei einer genaueren Differenzierung der gegebenen Bestimmungen. Sie betrifft vor allem das Verhältnis zwischen dem Ästhetischen, Ethischen und Wahren im literarischen Werk, bzw. die Eigenschaft der »Werte«, die ein Kunstwerk repräsentiert oder vermittelt.

Wenn die spezifisch künstlerische Struktur eines Werkes mit Friedrich Schlegel als ein Kontinuum der Reflexion bezeichnet wurde, durch das die jeweiligen begrenzten und eindeutigen historischen Gehalte und Formen erweitert, bereichert oder überschritten werden und eine unendliche Bedeutungsmannigfaltigkeit hervorgebracht wird, so kann eine derartige »unausschöpfbare« Bedeutungsfülle, die zudem noch für spätere Zeiten verbindliche und anerkannte Werte bewahrt oder sogar ständig neu entfaltet, nicht in zufälliger Willkür durch beliebige Kombinationen, Beziehungsverknüpfungen und Reflexe zwischen den einzelnen Teilen des Werkes entstehen oder hervorgezaubert werden. Es können auch keine historischen Gehalte und Formen überschritten, transzendiert oder gar überwunden werden, wenn in dem Werk keine neue, überlegene Bewußtseinsstufe entfaltet worden ist, die diese historischen Gehalte und Formen voll begriffen, durchschaut und legitim überwunden hat, d. h. ihre »Wahrheit« aufdeckte und damit selbst eine ihr überlegene, neue, »wahre« Gestaltung schuf, mögen die erfundenen dichterischen Vorgänge, Bilder, Empfindungen und Reflexionen auch samt und sonders Fiktionen und in diesem Sinne irrealer Schein sein.

Aus diesem Grunde aber etwa anzunehmen, daß der Dichter in seinem konkreten, individuellen Bewußtsein ein Wesen sei, das wie ein erhabener Genius gottgleich über seiner Zeit stehe und die unendliche Bedeutungsmannigfaltigkeit seines Werkes, die viele Generationen nach ihm überhaupt erst entdecken, vollbewußt in seinem Kopf trage, wäre unsinnig. In ihrem individuellen Bewußtsein sind die Dichter genauso zeitgebunden wie alle anderen Menschen, was auch ihre theoretischen Äußerungen in Briefen, Tagebüchern, Gesprächen usw. beweisen, die keineswegs den Äußerungen anderer, nichtkünstlerischer Geister überlegen sind, was aber auch ihre Kunstwerke selber bezeugen, deren einzelne Gehalte und Formen gleichfalls sämtlich historisch gebunden sind.

Die innere Unendlichkeit des Kontinuums der Reflexion entsteht vielmehr dadurch, daß der ästhetische Schaffensprozeß ein »freies Spiel« der Einbildungskraft ist, in dem alle einzelnen Momente (Gehalte und Formen) der Gestaltung aus den Gesetzmäßigkeiten der empirischen, geschichtlichen Wirklichkeit gelöst und in neue, unwirkliche bzw. fiktive und freie Beziehungen und Gesetzmäßigkeiten zueinander gebracht werden. Die Kunst bzw. das Schöne ist »Freiheit in der Erscheinung« (Schiller), d.h. ihre Gestaltungen unterstehen nicht den Gesetzen der Natur bzw. der Wirklichkeit oder der Logik, obgleich sie »erscheinende« Gestaltungen sind. Sie entwikkeln ihre eigenen, freien Gesetzmäßigkeiten, jedes Werk auf eine andere, ihm eigentümliche, individuelle Weise.

Andererseits ist die Kunst auch zugleich »Nachahmung der Natur«, wie der gleiche Schiller und mit ihm alle einsichtigen Ästhetiker im Anschluß an Aristoteles mit Recht behaupten. Denn schon Aristoteles hat unter »Natur« die gesamte Welt des Menschen, seine innere ideelle, seelische Welt und seine äußere empirische Umwelt verstanden, so daß alle Kunsttheorien idealistischer, expressionistischer, surrealistischer und naturalistischer Prägung dieser Definition nicht widersprechen. Wenn also die Kunst, was im Begriff der »Nachahmung« enthalten und gemeint ist, eine möglichst adäquate, treffende und also »wahre« Darstellung der tatsächlichen »Natur« des Menschen durch ein freies Spiel der Einbildungskraft ist, so wird der Künstler bei der Gestaltung irgendeines, notwendig immer begrenzten Stoffes, Vorwurfs, Gefühls oder Gedanken (bzw. Grundidee) gehalten sein, diesen Stoff usw. so »frei« zu behandeln, daß in ihm mehr als nur der Stoff usw., nämlich etwas von der »Natur« und das heißt für Aristoteles und die ihm folgenden Ästhetiker, etwas von der wahren Struktur und Gesetzmäßigkeit, dem wahren Wesen des Menschen zum Vorschein kommt. Zwar werden und müssen die Vorstellungen über das, was die wahre Natur des Menschen und seiner Wirklichkeit ist, jeweils sehr verschieden sein, je nach den historischen und individuellen Voraussetzungen, unter denen die Gestaltung sich vollzieht. Aber die Intention selbst, jeweils möglichst die volle, wahre »Natur« im Gestaltungsprozeß zu erfassen, führt mit Notwendigkeit dazu, über die einzelnen begrenzten Gehalte, Formen usw. hinauszugehen, sie mit einer Fülle anderer, gleichfalls in der menschlichen Natur angelegter Möglichkeiten, Gehalte, Daseinsformen usw. zu konfrontieren bzw. zu ergänzen oder die begrenzten Gehalte und Formen zu »Sinnbildern« für umfassendere Wahrheiten oder Wirklichkeiten werden zu lassen. Und selbst wenn im jeweiligen Autor eine solche »Intention« nicht vorhanden sein sollte, die wahre Natur des Menschen sichtbar zu machen, selbst wenn der Autor also nur von dem Willen geleitet wird, einen bestimmten, begrenzten, ihn ausschließlich »interessierenden« Gehalt darzustellen, so nötigt ihn der ästhetische bzw. literarische Schaffensprozeß selbst, seinen Gehalt, seine Idee, seinen Vorwurf usw. nicht abstrakt oder eingleisig, sondern möglichst »lebendig« und anschaulich darzustellen, mit »Fleisch und Blut« und wirklichem »Leben« zu füllen, so daß er also gezwungen ist, die von ihm gestaltete, begrenzte Vorstellung über sich hinauszuführen, in ein umfassenderes Bild menschlicher Wirklichkeit hineinzuarbeiten. Je mannigfaltiger, vielseitiger dieses Bild ist, um so »bedeutender« wird sein Werk, und es werden dabei – durch diese vielfältigen und zudem »freien«, den empirischen Gesetzen enthobenen Kombinationen und Verflechtungen – neue und empirisch gesehen unerwartete Bedeutungsmöglichkeiten entstehen, die ihm selbst im einzelnen nicht bewußt zu werden brauchen.

Im Wesen des ästhetischen Schaffensprozesses selbst also liegt es, ein in sich unendliches Kontinuum der Reflexion hervorzubringen. Je entschiedener der Wille zur ästhetischen Totalität ausgeprägt ist, je größer also die künstlerische Leistung wird, um so mehr distanziert sich das Werk oder der Autor von den einzelnen begrenzten Werten, Gehalten oder Daseinsformen, hebt sie auf im Hinblick auf das entstehende, umfassendere Bild vom Wesen oder der Natur des Menschen und seiner Wirklichkeit.

Daraus erklärt sich der viel erörterte, vom späten Plato über Augustin bis zu Kierkegaard, Nietzsche, Tolstoj und Sartre leidenschaftlich umkämpfte Gegensatz zwischen dem ästhetischen und dem ethischen Menschen. Der »Ästhet« bzw. der »Künstler« scheint, je bedeutender er ist, gleichgültig zu werden gegen spezifische moralische Forderungen und Wertsetzungen. Er »relativiert« alle überlieferten ethischen oder religiösen oder sozialen »Werte« im Hinblick auf ein umfassenderes Bild vom Menschen oder vom »Leben«, dem er als Künstler gestaltend verpflichtet ist und verpflichtet sein muß, wenn er wirklich Künstler bleiben will. Er muß um der »Wahrheit« willen möglichst die ganze Natur des Menschen gestalten. Und dazu gehören auch moralisch oder gesellschaftlich verpönte Lebensformen und Verhaltensweisen. Er ist verpflichtet, sie unverstellt, ohne »Vorurteile« gesellschaftlicher oder begrenzt moralischer Art darzustellen. Das bringt ihn notwendigerweise in den Verruf des Amoralismus oder gar Immoralismus.

Das »Schöne« scheint also, um des »Wahren« willen, in einen unauflöslichen Widerspruch zum »Guten« zu geraten.

Aber es leuchtet ein, daß auch dieser Widerspruch – wie der vorhin entwickelte zwischen dem fiktiven freien Spiel der Kunst und dem Wahren bzw. der Natur – nur dann unauflösbar bleibt, wenn die im Kunstwerk entfalteten Vorgänge und Bewußtseinsstufen nicht mitvollzogen werden. Durch die Konfrontation verschiedenartigster Werte und Daseinsformen im Kunstwerk werden zwar die einzelnen Werte relativiert, denn es kann sich erweisen, daß eine bestimmte konventionelle Moralvorstellung (wie etwa diejenige Meister Antons in Hebbels ›Maria Magdalena‹) sich von einer anderen Perspektive aus als verderblich, ja unmoralisch herausstellt, wie auch umgekehrt scheinbare Unwerte sich plötzlich als Werte manifestieren, wenn ein umfassenderes Bild vom Wesen des Menschen gewonnen wird. Das Kunstwerk wird damit gleichsam zu einer Bewährungsprobe der verschiedenartigsten Werte und Wertvorstellungen. Die Werte werden aneinander gemessen, indem sie in die verschiedenartigsten Lebensumstände und Konflikte hineingestellt werden. Notwendigerweise aber kann dieser Prozeß wechselseitiger Bewährung oder Überprüfung der einzelnen Werte nicht in einer Relativierung aller Werte verharren oder in sie ausmünden, sondern er muß – da es sich ja um einen Klärungs- und fortschreitenden Bewußtwerdungs- und Erkenntnisprozeß handelt – zu neuen und »besseren« Einsichten in das Wesen wahrer Moralität führen bzw. in das, was gelebt und getan werden *sollte.* Selbst und gerade dann, wenn sämtliche konkreten Wertverwirklichungen scheitern, etwa auf Grund auswegloser Konflikte zwischen unvereinbaren Wertsetzungen oder Lebenswirklichkeiten, bildet sich durch das Verstehen der Ursachen und Notwendigkeiten dieses Scheiterns ein Bewußtsein, das den Sinn der unaufhebbaren Widersprüche erkennt und daher gerade gegenüber dem tragischen Prozeß, wie es Aristoteles formulierte, zu einer Reinigung des Gemüts von den Affekten, d. h. zu einer überlegenen Position, gelangt, in der die ethischen Antinomien erkannt und ausgehalten werden und ein Wissen vom absoluten, wenn auch unerfüllbaren sittlichen Postulat entsteht. Denn auch die verzweifelte Einsicht in die Unmöglichkeit, bestimmte menschliche Möglichkeiten oder Werte zu realisieren, ist – von Euripides bis Sartre und Camus – selber nur möglich auf Grund einer solchen absoluten Forderung oder, wie Kant formuliert, eines absoluten, intelligiblen Postulats der »praktischen« Vernunft. Indem also die künstlerische Gestaltung der verschiedenartigsten Werte und Daseinsformen auf Totalität der Darstellung und damit auch der Erkenntnis dringt, muß in dieser Bewährungsprobe der einzelnen Werte und Wertvorstellungen auch eine fortschreitende Erkenntnis der jeweiligen Grenzen und Rangordnungen der Werte eintreten, d. h. ein präziseres Wissen vom Wesen des Guten und Bösen. Je vollkommener ein Werk in ästhetischer Hinsicht ist, um so »besser« muß es daher auch in ethischer Hinsicht sein, weil es eine um so reichere Einheit in das Wesen falscher und wahrer Moral gestaltet und vermittelt. Die scheinbare Gleichgültigkeit des Künstlers und seines Werkes gegenüber moralischen Wertsetzungen kann sich immer nur auf konventionelle, historisch begrenzte und also problematische, fragwürdige Wertsetzungen beziehen. Indem die »Wahrheit« über die volle Wirklichkeit menschlicher Existenz intendiert ist oder ihr der Künstler im Schaffensprozeß möglichst nahe zu kommen versucht, muß auch ein Bewußtsein vom wahrhaft guten und wahrhaft bösen Verhalten entstehen, d. h. das ästhetisch vollkommenere Werk setzt auch ethisch vollkommenere Maßstäbe als das ästhetisch minderwertige.

Das gilt auch dann, wenn der Autor in seinem individuellen Bewußtsein solche Maßstäbe nicht besitzt oder leugnet. Die Sphäre des »Intelligiblen«, des absoluten sittlichen Postulats setzt sich gleichsam objektiv im Werk auch gegen die subjektiv begrenzten Vorstellungen des Autors durch – allerdings nur dann, wenn die Phänomene wahrhaftig, richtig, zutreffend gestaltet sind. Aber auch nur unter dieser Voraussetzung kann es sich ja um eine schöne und das heißt künstlerische Gestaltung handeln. Das ist der Sinn der Behauptung Kants, daß die Kunst, da sie auf »Freiheit« beruht, auch der intelligiblen sittlichen Sphäre angehöre, da auch jede Sittlichkeit auf Freiheit, der Autonomie und Mündigkeit des »vernünftigen« Menschen sich gründe. Seine Definition faßt im Grunde alles bis jetzt Erörterte treffend zusammen: »Von Rechts wegen sollte man nur die Hervorbringung durch Freiheit, d. i. durch eine Willkür, die ihren Handlungen Vernunft zum Grunde legt, Kunst nennen.«[4] Dabei versteht bekanntlich Kant unter »Vernunft« im Gegensatz zum »Verstand«, der sich in der empirischen Welt bewegt, die Sphäre des »Intelligiblen«, d. h. die Sphäre, in der es um die höchsten, absoluten »Werte« (Freiheit, Sittlichkeit, Gott, Unsterblichkeit) geht.

Es ist also nicht möglich, in einem gerichtlichen Urteilsspruch oder in öffentlichen Verlautbarungen der Presse – wie oft geschehen ist – zu erklären, ein bestimmtes literarisches Werk sei zwar künstlerisch wertvoll, aber moralisch verwerflich oder gefährlich für die Jugend. Wenn es ein Kunstwerk ist, muß es auch in ethischer Hinsicht als gut bezeichnet werden. Unter diesem Aspekt muß auch die Formulierung eines »Kunstvorbehalts« im Grundgesetz als problematisch bezeichnet werden. Umgekehrt kann ein in künstlerischer Hinsicht schlechtes Werk bzw. ein Nichtkunstwerk nicht in ethischer Hinsicht gut oder wertvoll sein. Es mögen zwar in ihm sittlich »vorbildliche« Handlungen oder Haltungen vorgeführt oder hohe sittliche Ideale verkündet werden. Aber diese Ideale und sittlichen Handlungen *müssen* – wenn es sich um keine künstlerische Gestaltung handelt – notwendigerweise einseitig, schematisch, klischeehaft, d. h., genau besehen, »verlogen« dargestellt sein. Ihre scheinbar moralisierende, sittlich verbessernde Wirkung muß daher in hohem Grade bezweifelt werden. Jugendliche Leser – wie auch große Teile des Volkes – können durch solche Werke insofern in einer sehr viel gefährlicheren Weise als durch problematische Kunstwerke beeinflußt werden, als ihnen durch sie ein falsches Bild der Wirklichkeit vermittelt wird, das sie in wirklichen Lebenslagen, in die sie hineingestellt werden, auf verhängnisvolle Weise beeinflussen und vorentscheiden kann: verlogene, d. h. nicht ausreichend durchreflektierte Ideale von Heroismus, Opferbereitschaft, Vaterlandstreue oder aber auch von Menschheitsverbrüderung usw. haben ganze Generationen zu Fehl-

---

[4] Kritik der Urteilskraft, § 43. Werke in 6 Bänden. Hrsg. v. W. Weischedel. Darmstadt: Wissenschaftl. Buchges. 1956–64, Bd. 5, S. 401.

handlungen und Fehlhaltungen geführt, da sie diese – an sich durchaus berechtigten und sinnvollen Ideale oder Werte – gleichsam blind oder undifferenziert übernahmen und nicht gelernt haben, sie kritisch zu überprüfen durch Konfrontation mit umfassenderen Lebenswirklichkeiten oder Gegenidealen und damit eine wirklichkeitsadäquate, klare, erkennende Haltung zu gewinnen.

Mit dieser, aus den Phänomenen selbst hervorgehenden Definition der Kunst und Nichtkunst sowie des Verhältnisses zwischen dem Ästhetischen, Ethischen und Wahren ist einerseits ein sachlicher Maßstab gewonnen, der es dem Kritiker ermöglicht, auf Grund genauer Werkanalysen objektiv verbindliche und am Text selbst einwandfrei verifizierbare Urteile über den Rang literarischer Werke zu fällen. Andererseits aber ergeben sich aus dem gleichen sachlichen Maßstab für die entsprechende juristische Rechtsprechung ungewöhnliche Schwierigkeiten. Denn es leuchtet ohne weiteres ein, daß die in einem bedeutenden literarischen Kunstwerke sich vollziehende Bewährungsprobe ethischer Werte und Wertvorstellungen auch Werte und Wertvorstellungen auf die Probe und damit möglicherweise in Frage stellen kann, die in dem vom Staat und der Gesellschaft geschaffenen Gesetz als unantastbare Werte mit Grund geschützt werden und nicht in Frage gestellt werden dürfen, ohne das Gemeinschaftsleben und seine Individuen selbst zu gefährden, wie auch umgekehrt in einem literarischen Kunstwerk Handlungen von einem umfassenden Gesichtspunkt aus als positiv erscheinen können, die vom Gesetz als strafbare Handlungen bezeichnet und geahndet werden müssen.

Es muß also an ein literarisches Werk sehr entschieden und rigoros die Frage gestellt werden, ob die in ihm dargestellten strafbaren Handlungen uneingeschränkt positiv erscheinen bzw. ob die in ihm kritisierten, vom Gesetz zu schützenden Werte uneingeschränkt negiert werden oder nicht. Denn von einer künstlerischen Darstellung kann auf Grund der eigenen Gestaltungsgesetze der Kunst verlangt werden, daß die Stufungen ethischer Werte und Wertvorstellungen streng und sauber innegehalten und ausgeformt werden. Wird also z. B. eine strafbare Handlung von einem höheren ethischen Prinzip aus gerechtfertigt bzw. positiv gewertet, so muß andererseits die Strafbarkeit dieser Handlung im Rahmen der gesellschaftlichen Ordnung klar und unmißverständlich herausgearbeitet werden, so wie etwa die Handlungen von Kleists Michael Kohlhaas einerseits vom inneren »göttlichen« »Rechtsgefühl« aus gerechtfertigt, andererseits aber auch unzweideutig als strafbare Handlungen innerhalb der menschlichen Gesellschaftsordnung vom Helden selbst akzeptiert und gesühnt werden. Im Widerstreit der Werte kann und darf in einer künstlerischen Darstellung daher niemals eine uneingeschränkt positive oder negative Haltung eingenommen werden, wenigstens solange ein Widerstreit vorliegt. Die irdische Rechtsordnung mag – mit Kleist zu sprechen – so »gebrechlich« und so fragwürdig sein wie immer, sie besitzt ihr inneres Recht und ihre Verbindlichkeit. Wer sich auf Grund einer »höheren« ethischen Verbindlichkeit mit ihr in Gegensatz setzt, muß bewußt und klar diesen Widerspruch aushalten, wie auch der Künstler diesen Widerspruch in seiner Gestaltung klar und unmißverständlich zum Ausdruck zu bringen hat ohne einseitige Verklärungen, die Lügen wären.

Es läßt sich daher zeigen, daß literarische Werke, in denen die ethischen Wertsetzungen unklar, widersprüchlich oder einseitig durchgeführt werden, auch in der künstlerischen Formung bis ins sprachlich-stilistische Detail hinein »schlecht« sind bzw. nur sehr geringe ästhetische Qualität aufweisen. So sind z. B. in Kleists Drama ›Die Hermannsschlacht‹ die ethischen Wertsetzungen pervertiert bzw. »falsch« gestaltet, weil im Gegensatz zu allen anderen Werken Kleists das »absolute« Gefühl hier gebunden wird an ein empirisches Gefühl, identifiziert wird mit dem »Nationalgefühl«, was nicht nur zu einer unmöglichen Ethik, sondern zwangsläufig auch zu einem sprachkünstlerisch geringwertigen, ästhetisch mißlungenen Gebilde führen mußte.

Es läßt sich also auf Grund einer rein philologischen Analyse des Beziehungsgewebes aller Teile eine Rangordnung der jeweiligen literarischen Gebilde entwickeln:

Das durch das Beziehungsgewebe entstandene Kontinuum der Reflexion ist in einem Nichtkunstwerk faktisch insofern nicht vorhanden, als alle Momente der Gestaltung sofort durchsichtig sind, gleichsam »dingfest« gemacht werden können und damit keine kontinuierliche Reflexion ermöglichen. Beim Kitsch, der vom bloßen Nichtkunstwerk durchaus unterschieden werden muß, wird die Reflexion blockiert durch intensiv bannende, die Reflexion abtötende, die Distanz aufhebende Gefühlsakkumulationen verschiedenster Prägung (süße, schmachtende, grausige, schreckliche, mitleidende, moralisch empörte Gefühlsintensitäten, die weder in sich selbst noch im gesamten Beziehungsgewebe des Werkes differenziert, im distanzierten »freien« Spiel der Einbildungskraft reflektiert werden).

Diejenigen Werke, deren Beziehungsgewebe und einzelne sprachliche Gestaltungen die Möglichkeit einer kontinuierlichen, sich fortschreitend entfaltenden Reflexion »freilassen«, also die Kunstwerke, sind in sich selbst wieder je nach dem Grad der jeweiligen Reflexion, die sie ermöglichen oder herausfordern, unterschieden: Es gibt literarische Kunstwerke, deren Beziehungsgewebe relativ rasch auszureflektieren ist, sich daher gleichsam auf »mittleren« Niveauebenen künstlerischer Gestaltung bewegt, andere, die im Sinne Schlegels tatsächlich »unendlich« reflektierbar sind und daher höchsten Rang beanspruchen. Dazu gehören auch und gerade Gebilde scheinbar einfachster, anspruchslosester Prägung wie ›Wanderers Nachtlied‹, da die »unendliche Reflexibilität«, die ein Kunstwerk dem »freien« Spiel der Einbildungskraft ermöglicht, nicht zu verwechseln ist mit komplizierter, »tiefsinniger« Problemschwere, die *auch* in einem hohen Kunstwerk vorhanden sein kann, aber ebenso in einem Kitschroman wie etwa in R. C. Muschlers ›Der Weg ohne Ziel. Ein Nachtbuch‹, wo die problemgeladenen Tiefsinnigkeiten sich in der Gestaltungsform als »dingfeste«, jede differenzierte Reflexion und freie Distanz aufhebende Gefühlstrivialitäten und Gedankenbanalitäten erkennen und nachweisen lassen. Gerade das »Verschweigen« der Probleme, ihre »indirekte« Gestaltung in den Wechselbeziehungen von scheinbar »ganz äußerlichen« Erscheinungen ist ja ein Sigma hoher Kunst. Denn »auf ihrem höchsten Gipfel scheint die Poesie ganz äußerlich« (Goethe).[5] So sind die einfachen, »scheinbar« äußerlichen, bloßen »Stoff« berichtenden Volksmärchen und Mythen alter Völker in sich unendlich reflektiert, was z. B. ihre unabschließbar durch die Jahrtausende sich vollziehenden Gestaltungen durch spätere Dichter verdeutlichen.

Die sich hier anschließenden Betrachtungen über das Verhältnis von »Sein« und »Bewußtsein« im literarischen Werk und über die entsprechenden Stufungen der Dichtung seien späteren Untersuchungen vorbehalten.

---

[5] Goethes Werke. Hrsg. im Auftrage der Großherzogin Sophie von Sachsen. Weimar 1887ff., Bd. 42, Abt. 2, S. 176.

Gotthart Wunberg

Interpretation und Wertung

Kritische Bemerkungen zu Wilhelm Emrich

[1969]

Alles in allem genommen, hat die deutsche Nachkriegsgermanistik zweierlei getan: sie hat eine Methode entwickelt und ein Problem vernachlässigt; jedenfalls, wenn man auf ihre Wirkung sieht. Entwickelt hat sie die sogenannte werkimmanente Interpretation, vernachlässigt hat sie die literarische Wertung. Beides ist zu differenzieren, hängt aber aufs engste miteinander zusammen.

[...]

Die immanente Interpretation entstand sozusagen wie der Verein in Rilkes ›Geschichten vom lieben Gott‹ in jeder Hinsicht »aus einem dringenden Bedürfnis heraus«. Sie gehört mit ihrem Rückzug aufs Existenzielle, wie man das damals nannte, in eine Linie mit dem unmittelbar nach dem Zweiten Weltkrieg in Deutschland einsetzenden Verlangen nach Lyrik. Nie hat es so viele Lyrikanthologien gegeben wie in den ersten zehn Nachkriegsjahren. Es ist also keineswegs zufällig, daß ein wissenschaftliches Werk wie Wolfgang Kaysers ›Sprachliches Kunstwerk‹,[1] das das lyrische Paradigma allem anderen vorzieht, einen solchen Erfolg haben konnte. Die immanente Interpretation gehört aber auch – und ihre neuralgische Reaktion auf alle Wertungsversuche hängen damit aufs engste zusammen – in eine Linie mit der politischen Haltung des »Ohne mich«. Sie war eine Art »innere Emigration« post festum. Der Absage an jedwede Autorität im Politischen entsprach hier, beim Rückzug auf das sprachliche Kunstwerk »als solches«, die Verschmähung aller zwar wissenschaftlich fundierten, vom Kunstwerk selbst aber eben nicht genügend legitimierten Autorität, wie Historie, Soziologie, Philosophie oder vor allem die Gesellschaft sie anboten.

[...]

Zum ersten Mal in der Geschichte der deutschen Germanistik stand durch diese neue Methode ausschließlich das Werk selbst, der Text im Mittelpunkt der Betrachtung. Das hatte sowohl eine Fülle von neuen Textausgaben als auch eine Renaissance poetologischer Begrifflichkeit zur Folge, die sich in einer Flut von Nachschlage-

---

[1] 1. Aufl. Bern 1948.

werken, Handbüchern und Bibliographien manifestierte. Alles unter dem Aspekt des literarischen Werkes selbst, zu dessen besserem Verständnis man nicht nur den Text, sondern auch die grundlegenden poetologischen Hilfsmittel benötigte. Auf diese Weise stand, seinen positivismusfeindlichen Wurzeln zum Trotz, der Neopositivismus bald in vollster Blüte.

Angesichts dieser Situation ist es nicht weiter verwunderlich, ja eigentlich nur folgerichtig, daß auch die Wertproblematik zunächst allein dort mit Erfolg entwickelt werden konnte, wo sie immanent blieb; so immanent wie die immanente Interpretation. Die von Kayser vorgebrachten Kriterien »Zusammenstimmen«, »Stimmigkeit«, »Einstimmigkeit«[2] kommen, obschon wertend gemeint, unmittelbar aus der Praxis des Interpretierens. Daß Kayser der Ansicht war, schon das »Verfahren der Interpretation« selbst enthalte Wertung, beweist nur, wie wenig er gewillt war, beides methodisch zu trennen. Im Gegenteil: letztlich war wohl eine immanente Wertung für ihn der einzige Sinn der immanenten Interpretation. Daß diese den Blick für den größeren Rahmen der Wertproblematik selbst da verstellen mußte, wo es sich um Konzeptionen wie bei Wilhelm Emrich handelt, wird uns im folgenden beschäftigen.

[...]

Wolfgang Kaysers Vertrauen in seine Methode der immanenten Interpretation war so groß, daß er tatsächlich der Meinung war, es müsse einmal ein Zeitpunkt kommen, »da die großen Werke richtig interpretiert worden sind«[3], was eben bedeuten würde, daß die Wertfrage sich erübrigt. Wilhelm Emrich vertritt, namentlich in seinem Aufsatz ›Wertung und Rangordnung literarischer Werke‹,[4] einen genau entgegengesetzten Standpunkt. Emrich greift Friedrich Schlegels Gedanken vom »Kontinuum der Reflexion« wieder auf. Danach muß es sich mehr oder weniger von selbst erweisen, ob ein literarischer Text ein Kunstwerk ist oder nicht. Das wirkliche Kunstwerk ist nicht zu Ende zu reflektieren; ist die Reflektierbarkeit eines Werkes dagegen endlich, dann handelt es sich nicht um ein Kunst-

---

[2] Vgl. dazu auch Klaus Gerth, ›Ästhetische‹ und ›ontologische‹ Wertung, Der Deutschunterricht, Jg. 19, H. 5 (1967).

[3] Wolfgang Kayser, Literarische Wertung und Interpretation, in: Die Vortragsreise, Bern, 1958, S. 55.

[4] Archiv für das Studium der neueren Sprachen und Literaturen, Jg. 115 (1963); wieder abgedr. in Sprache im technischen Zeitalter, Jg. 12 (1964).

werk. Wirkliche Kunstwerke seien »gleichsam ›unausschöpfbar‹. Sie geben jeder Generation neue Rätsel auf ... sie sind nie zu Ende zu interpretieren.«[5] Das gilt für alle literarischen Kunstwerke von Homer bis zur Gegenwart:

> »Sie enthalten, wie es Friedrich Schlegel formuliert hat, ein »Kontinuum der Reflexion«, d. h. eine ununterbrochene wechselseitige Spiegelung und Rückspiegelung aller Teile, wodurch eine unendliche Mannigfaltigkeit von Bezügen, Sinngehalten wie auch von immer neu überraschenden und neu zu entdeckenden Formqualitäten und damit auch Formbedeutungen entsteht.«[6]

Damit ist zugleich ein Maßstab für das Nicht-Kunstwerk gewonnen, das dadurch bestimmt ist,

> »daß die in ihm enthaltene Reflexion kein in sich unendliches Kontinuum darstellt, sondern bald abbricht, bzw. sehr schnell an ihr Ende gelangt, weil seine Gehalte und Formen nicht über sich hinausweisen, keine Bedeutungsmannigfaltigkeit enthalten, sondern in einer eindeutigen Begrenztheit verharren, die rasch durchschaubar ist und jedes weitere Nachsinnen oder Forschen überflüssig macht, bzw. abtötet. Die Beschäftigung mit nichtkünstlerischen Werken ›lohnt‹ nicht ...«[7]

Emrich steht damit – schärfer profiliert und mehr als er selbst möchte – in der Tradition des »Verstehens«-Begriffes, die nicht nur zu Schlegel, sondern über Wilhelm Dilthey auch zu Friedrich Schleiermacher zurückführt. Der Theologe Schleiermacher hatte mit seiner berühmt gewordenen und in mannigfaltigen Abwandlungen notierten »Formel« seiner Hermeneutik, der Ausleger müsse »den Autor besser verstehen als er sich selbst verstanden hat«, den Blick in genau dieselbe Richtung gelenkt,[8] und damit für 150 Jahre bestimmend gewirkt. Wenn Emrich diese Tradition – von Schlegel und Hegels ›Phänomenologie‹ herkommend – wieder aufgreift, so bedeutet das gegenüber dem werkimmanenten Kriterium von der »Stimmigkeit« bei Kayser und Staiger, daß der Wertung hier ein sehr viel weiterer Spielraum zurückgewonnen wird. Allerdings bleibt auch Emrich eindeutig innerhalb des Werkhorizontes selbst und will diese Position keinesfalls preisgeben; zumal das »Kontinuum der Refle-

---

[5] Ebd., S. 982. [6] Ebd. [7] Ebd., S. 983.

[8] Vgl. Otto Friedrich Bollnow, Was heißt, einen Schriftsteller besser verstehen, als er sich selber verstanden hat?, in: Das Verstehen. Drei Aufsätze zur Theorie der Geisteswissenschaften, Mainz 1949, S. 7–33.

xion« sich gerade auf die dort erarbeiteten Elemente bezieht, die zueinander in die vielfältigste Beziehung gesetzt werden können und damit das Kunstwerk erst als Kunstwerk erweisen.

Schleiermachers Satz, daß der Ausleger den Autor besser verstehen müsse, als er sich selbst verstanden hat, kann man auch bei Schlegel finden: »Kritisieren heißt einen Autor besser verstehen als er sich selbst verstanden hat.«[9] Das ist kein Zufall, denn sie standen in engem persönlichem Kontakt und Gedankenaustausch. Aber es war Schleiermachers Diktum, nicht Schlegels, das die hermeneutische Tradition angeregt hat, die über Dilthey bis zu Heidegger, Hans-Georg Gadamer und Ernst Fuchs führt. Denn die ›Literary Notebooks‹, wo Schlegel den Satz in dieser Form notierte, kamen erst im 20. Jahrhundert zum Vorschein und wurden erst 1957 publiziert. Schleiermacher hatte zwar seine hermeneutische Maxime vorwiegend an Platon, diesem »Mitgenossen einer christlichen Offenbarung«, entwickelt, hatte damit aber nicht nur für die Altphilologie, sondern auch innerhalb der Theologie jene hermeneutische Tradition begründet.

Das »Kontinuum der Reflexion« Schlegels ist für den Interpreten dasselbe, was Schleiermacher dem theologischen Exegeten empfahl. Diese Identität ist weit über das biographicum Schlegel/Schleiermacher hinaus interessant: wenn es sich irgendwo paradigmatisch zeigen läßt, was es bedeutet, daß ein Werk nie zu Ende zu interpretieren ist, dann an der Exegese des Alten und Neuen Testamentes. Gerade hier gilt das als Axiom und ermutigt seit nahezu zweitausend Jahren die Theologen immer wieder, ein und denselben Text auszulegen. Emrichs Definition erweist sich auf diesem Hintergrund, der kaum dieser historischen Erläuterung bedurft hätte, als durchaus nicht mehr spezifisch literarisch. Sie paßt, wie man sieht, viel besser, wenn nicht ausschließlich, in die Theologie, deren Text per definitionem nicht zu Ende zu denken ist. Das Kontinuum der Reflexion ist eigentlich die Maxime der Exegese.

Damit verwischen sich aber nicht nur sehr merkbar die Grenzen der Disziplinen, zwischen Literaturwissenschaft und Theologie, was Emrich nicht recht sein kann; sondern auch – etwas unmerklich – diejenigen zwischen Kunstwerk und Nicht-Kunstwerk; was schon gar nicht in seinem Sinne sein dürfte. Denn er möchte ja unter allen

---

[9] Friedrich Schlegel, Literary Notebooks, 1797–1801. ed. Hans Eichner, London 1957, Nr. 983.

Umständen – seine Ausführungen beweisen es – an der Autonomie des literarischen Kunstwerkes festhalten. Aber er müßte bemerkt haben, daß die Autonomie mit der Einführung der »unendlichen Reflexion« bereits preisgegeben ist. So bestechend sie als Kriterium sein mag, sie ist wohl kaum auf die Kunst zu beschränken. Sie läßt sich genauso auf alle anderen Produkte des menschlichen Geistes beziehen. Denn zu Ende zu reflektieren – von Emrich als einziges Unterscheidungsmerkmal gegenüber dem Nicht-Kunstwerk hervorgehoben – sind auch die Dialoge Platons nicht, genausowenig wie die ›Summa Theologiae‹ des Thomas von Aquin, Kants ›Kritik der reinen Vernunft‹, Einsteins Formel $E = mc^2$ oder der 90. Psalm.

Es spricht wie gesagt vieles dafür, daß Emrich selbst diese Konsequenzen nicht bewußt sind.[10] Das wird schon in der Abgrenzung gegenüber dem Nicht-Kunstwerk im allgemeinen deutlich; spätestens aber in der Abgrenzung gegen das Nicht-Kunstwerk par excellence, – oder das, was man dafür hält, weil man es nötig hat – den Kitsch.

Der dänische Germanist Erik Lunding hat darauf hingewiesen, daß in der deutschen Germanistik die Definition des Kitsches mehr und mehr zum Angelpunkt der Wertdiskussion geworden ist.[11] Jedenfalls ist der Kitschbegriff – vermeintlich – leicht hantierbar. Er allein vermag nämlich letztlich die Autonomie des Kunstwerks zu sichern; denn er stellt die entscheidende Gegenkategorie zur Kunst dar. Ja, es scheint geradezu, als sei er angesichts des allgemeinen Wertzerfalls und der allgemeinen Relativierung der Maßstäbe – *ex negatione* – der einzige wirkliche Maßstab. Wer nicht sagen kann, ob das Werk x ein Kunstwerk ist, kann auf jeden Fall sagen, daß das Werk y Kitsch ist. Strenggenommen ist dieses *argumentum e contrario* das einzige konstante Argument in der gesamten Wertdebatte seit Hermann Broch, also mindestens der letzten fünfzehn bis zwanzig Jahre. Das ist wohl auch nicht verwunderlich. Die zahlreichen Aufsätze und Abhandlungen mit neuen Differenzierungsvorschlägen, die neben dem süßen Kitsch den sauren, den intellektuellen, den ästhetischen, den heroischen, den sozialistischen

---

10 Auf die »bloßen ›Stoff‹ berichtenden Volksmärchen und Mythen alter Völker«, die »in sich unendlich reflektierbar« seien, geht Emrich kurz ein, ohne jedoch die angedeuteten Konsequenzen zu ziehen. Vgl. a.a.O., S. 991.

11 Absolutismus oder Relativismus, Orbis Litterarum, Jg. 21 (1966), S. 85ff.

oder den weichen Kitsch in die Debatte bringen, zeigen das zur Genüge.[12] Emrich schreibt in diesem Zusammenhang:

»Das durch das Beziehungsgewebe entstandene Kontinuum der Reflexion ist in einem Nichtkunstwerk faktisch insofern nicht vorhanden, als alle Momente der Gestaltung sofort durchsichtig sind, gleichsam ›dingfest‹ gemacht werden können und damit keine kontinuierliche Reflexion ermöglichen. Beim Kitsch ... wird die Reflexion blockiert durch intensiv bannende, die Reflexion abtötende, die Distanz aufhebende Gefühlsakkumulationen verschiedenster Prägung (süße, schmachtende, grausige, schreckliche, mitleidende, moralisch empörte Gefühlsintensitäten, die weder in sich selbst noch im gesamten Beziehungsgewebe des Werkes differenziert, im distanzierten ›freien‹ Spiel der Einbildungskraft reflektiert werden).«[13]

Das Nicht-Kunstwerk ist also nicht genügend, der Kitsch überhaupt nicht reflektierbar. Deshalb ist beides keine Kunst. Und daran sind beide zu erkennen. Man könnte – etwas übertrieben – formulieren: Kunst ist für die oberen Zehntausend (die inzwischen allerdings längst auf mindestens fünfundzwanzigtausend angewachsen sind), dann ist Kunst etwas für bessere Leute; nämlich solche, die denken können. Denn die Reflektierbarkeit und das Problem, ob blockierte oder nicht blockierte Reflexion, ist eine Frage des Individuums, wenn man so will: der Intelligenz; aber doch wohl nicht des Objektes.

Das bei weitem Klügste, was je zu dem hier zur Diskussion stehenden Problem Kitsch gesagt worden ist, stammt von Hermann Broch. Er hat sich schon 1933 in einer größeren Arbeit, dann aber noch einmal fast zwanzig Jahre später in einem Aufsatz mit diesem Problem auseinandergesetzt. Seine berühmt gewordene Definition, der Kitsch sei »das Böse im Wertsystem der Kunst«, ist so einleuchtend wie falsch. Einleuchtend unter der Bedingung, daß die Kunst ein Wertsystem besitzt oder gar selbst darstellt; falsch, wenn dem nicht so ist und wenn man sich klar gemacht hat, wie und von wem der Begriff Kitsch verwendet wird. Kitsch als Begriff ist abhängig vom Begriff Kunst als autonomer Institution. Das heißt: wenn man Kunst als autonomen Begriff erhalten will, hat man einen norma-

---

[12] Zu diesem Thema ist der umfassendste Beitrag der letzten Jahre – von Manfred Durzak – in der Zeitschrift ›Der Deutschunterricht‹ erschienen, die auch der Wertungsdebatte ein Sonderheft gewidmet hat. Jg. 19, Heft 1.

[13] A.a.O., S. 990.

tiven Gegenbegriff nötig; und das ist der Kitsch. Auch Broch verwendet den Begriff Kitsch normativ oder geht, anders ausgedrückt, davon aus, daß es Kitsch gibt.

Einige wenige Überlegungen zu der Frage, wer reflektiert das Beziehungsgewebe, wie Emrich es formuliert, sozusagen ein paar Reflexionen über den Reflektanten, hätten den ganzen Kitschbegriff und damit letztlich die Diskussion über das Nicht-Kunstwerk ad absurdum führen müssen. Kitsch gibt es so wenig wie Sentimentalität. Beide werden immer nur zur Distanzierung verwendet: wer nichts mit einem Menschen zu tun haben möchte, dessen Gefühle ihm peinlich, unwillkommen, deplaciert scheinen, der nennt ihn sentimental und kann sich und seine eigenen Gefühle auf diese Weise von dessen »Sentimentalitäten« distanzieren. Genauso beim Kitsch: wer über eine gewisse Bewußtseinsstufe – mit Emrich zu reden – hinausgelangt ist, hat ein Bild, – eine bestimmte Heidelandschaft, ein sogenanntes Seestück z. B. (jeder kennt sie, sie stehen zu Dutzenden auf jedem Wochenmarkt und nicht nur da) – relativ schnell zu Ende reflektiert, es stellt für ihn also keine Kunst mehr dar. Aber er kann es mit dem Prädikat Kitsch versehen. Damit ist er nicht nur ästhetisch, in seinem eigenen Wertsystem, einen Schritt weiter; er hat sich auch von der großen Gruppe derer emanzipieren können, die solch einen Kitsch noch für Kunst halten. Und damit ist dieser Vorgang, wennschon kein soziologisches so doch ein psychologisches oder sozialpsychologisches Phänomen; aber sicher kein ästhetisches mehr.

Was der sogenannte kleine Mann, der Mann auf der Straße (ich werde ihn A nennen), gegenüber dem Bild mit der Hochgebirgslandschaft oder seinem Courths-Mahler-Roman empfindet, unterscheidet sich im Prinzip keineswegs von den Reflexionen, die der sogenannte Gebildete (er möge B heißen) vor der Sixtinischen Madonna oder bei der Lektüre von Goethes ›Faust‹ anstellt.

Das Bild im Schlafzimmer ist für den A genausowenig zu Ende zu reflektieren wie der frühe Kandinsky für den B; der Kitschroman für Lieschen Müller genausowenig, wie der »gute« Roman für Frau Dr. Elisabeth Obermüller. Der A ist seinerseits, was die Kunst/Kitsch-Theoretiker gar nicht für möglich zu halten scheinen, sogar in der Lage, von ihm zu Ende reflektierte Werke als Kitsch zu bezeichnen, sie damit gleichfalls einer Gruppe von reflektierten Konsumenten zu überlassen und sich selbst von dieser Form der Nicht-Kunst zu distanzieren. Daß Emrich den Kitsch »vom bloßen Nichtkunstwerk« unterscheiden will, ändert die Sache kaum. Er meint, das Nichtkunstwerk sei zu schnell zu Ende reflektiert, beim Kitsch dagegen komme es durch allerlei Blockierungen gar nicht erst zu einer Reflexion; schon gar nicht zu einer kontinuierlichen. Die Reflexion werde frühzeitig durch bestimmte, im Werk selbst angelegte Gefühlsakkumulationen abgetötet: »süße, schmachtende, grausige, schreckliche, mitleidende, moralisch empörte Gefühlsintensitäten« machen sie von vornherein unmöglich. Auch für diesen Lasterkatalog gilt dasselbe wie vorhin: er kann für den Betrachter A der durchaus einzige vorstellbare Kunstkanon sein; auch wenn er für B – auf dessen höherer Bewußtseinsstufe – längst nicht mehr zureicht.

Es ist wirklich schwer zu verstehen, warum die Kunst/Kitsch-Debatte (und mit ihr die Wertungsdiskussion) die simpelsten anthropologischen Voraussetzungen außer acht läßt, wenn sie die Frage stellen will, warum und unter welchen Umständen ein Werk für einen bestimmten Menschen schön ist oder nicht. Daß es differenzierte und weniger differenzierte Menschen gibt und daß differenzierte und weniger differenzierte Menschen mit Kunstwerken konfrontiert werden können, sollte man doch voraussetzen dürfen. Besonders verwunderlich ist das im Zusammenhang mit Emrichs Ausführungen, denn die Frage müßte für ihn eigentlich auf der Hand liegen. Es wird eindeutig gesagt, daß sich der Wert des Kunstwerkes erst an der Reflektierbarkeit durch den Reflektanten erweisen läßt. Müßte da nicht zuerst nach den Erkenntnismöglichkeiten des Menschen auf verschiedenen Bewußtseinsstufen – oder -niveaus, – die nun einmal existieren und nicht wegzudiskutieren sind – gefragt werden? Die esoterische, von keiner Realität mehr getrübte Selbstdarstellung der Literaturwissenschaft hat zweifellos schon manchen Gipfel erreicht; dies dürfte einer ihrer höchsten sein.

Wenn der Kitschbegriff nicht haltbar ist, dann hat das Konsequenzen für das Wertsystem, in dem er postuliert, bzw. für das er erfunden worden ist. Mit geradezu monotoner Folgerichtigkeit taucht er überall dort auf, wo von literarischer Wertung die Rede ist. Er steht stellvertretend für das, was Kunst nicht ist; für das Nicht-Kunstwerk; für »das Böse im Wertsystem der Kunst«, das man im Begriff ist zu errichten. Da man, wie gesagt, bei aller Schwierigkeit, doch noch eher sagen kann, was Kunst nicht ist, als was sie ist, kommt dem Kitschbegriff ein geradezu konstitutiver Charakter zu. Mit ihm steht und fällt die Möglichkeit, das Kunstwerk zu definieren. Er spielt die entscheidende Rolle, er wird zum Prüfstein für das ganze System. Es sind dieselben Begriffe, die den

Kitsch (bzw. das Nicht-Kunstwerk) und das Kunstwerk als Begriffe überhaupt hantierbar machen. Unterscheiden tun sie sich lediglich in ihrer dialektischen Funktion. »Auf dem Wege der Antithese bemüht man sich«, schreibt Erik Lunding, »die ästhetischen Werte zu konturieren«.[14] Das wirkliche Kunstwerk ist nicht zu Ende zu reflektieren, das Nicht-Kunstwerk ist schnell zu Ende reflektiert, der Kitsch tötet die Reflexion bereits ab. Was im einen Falle als unendlich postuliert wird, ist im anderen bloß endlich oder gar nicht vorhanden. Daß diese Dialektik zwischen Kunst und Kitsch das literarische Werturteil erst ermöglicht, bedarf nicht der Erläuterung. Wenn sich nun, was hier der Fall ist, der eine Teil des dialektischen Schemas als unhaltbar herausstellt, dann ist die Argumentation nicht mehr stringent. Konkret gesagt: wenn der Kitschbegriff nicht stimmt, wenn es Kitsch, wenn es das Nicht-Kunstwerk in dem hier verwendeten Sinne gar nicht gibt, ist auch die Wertung unmöglich geworden. Mit dem Kitschmaßstab ist auch der Kunstmaßstab hinfällig.

Das alles hat zwei verschiedene Konsequenzen, denen ich hier nicht weiter nachgehen kann, die ich aber wenigstens andeuten möchte. Erstens stellt sich – will man an Emrichs »Kontinuum der Reflexion« festhalten, mit unumgänglicher Dringlichkeit die Frage nach der Autonomie des Kunstwerkes. Folgt man Emrich, dann ist die Autonomie des Kunstwerkes nicht aufrechtzuerhalten – folgt man ihm nicht, dann schon gar nicht.

Zweitens stellt sich die Frage, seit wann eigentlich der Kitschbegriff, der sich als rein hypothetisch erwiesen hat, in die Wertdiskussion Eingang gefunden hat. Die zweite scheint mir interessanter als die erste. Denn es ist zu fürchten, daß die Autonomie des Kunstwerkes, auf die jede Wertdebatte immer hinauswill, sowieso nicht mehr zur Diskussion stehen kann. Die Frage ist lediglich, ob das für alle Zeiten gilt oder nicht. Gilt das für ›Hermann und Dorothea‹ von Goethe genauso wie für ›Die Blechtrommel‹ von Günter Grass, oder gibt es Unterschiede prinzipieller Art? D. h. ist es möglich, eine normative Ästhetik auf bestimmte Zeitabschnitte der Literaturgeschichte anzuwenden, auf andere nicht? Einen nicht unerheblichen Schritt weiter könnte in diesem Zusammenhang die Frage führen, wann es nötig geworden ist, einen so radikal antithetisch formulierten Gegenbegriff wie den Kitsch in die Debatte zu

---

14 A.a.O., S. 85.

bringen. J. Elema hat die weithin verbreitete und immer wieder abgedruckte Auffassung, der Kitschbegriff sei erst um 1900 entstanden, durch eindeutige Belege in seinem Aufsatz ›Der Kitsch als Randerscheinung der Kunst‹[15] widerlegen können. Seine früheste Belegstelle stammt aus dem Jahre 1877; eine andere aus dem Jahre 1895. Für unseren Zusammenhang wäre es allerdings wichtiger zu wissen, wann der Begriff zum erstenmal in die ästhetische Auseinandersetzung eindringt. Das kann hier nicht weiter verfolgt werden. Aber man geht wohl nicht fehl, die Einführung des Kitschbegriffes im engsten Zusammenhang mit dem Wertverlust und der allgemeinen Wertnivellierung um die Jahrhundertwende zu sehen. Dort nämlich hätte er seinen vernünftigen Sinn, der auch erklären könnte, warum man seinen wahren Charakter (nämlich die Abhängigkeit von dem, der ihn verwendet) so konsequent verkannte, ja in einer Art Systemzwang verkennen mußte; weil er gerade dazu dienen konnte, den Wertzerfall theoretisch aufzuhalten. Wäre die negative Kategorie des Kitsches weggefallen, dann wäre auch von der positiven Kategorie, vom Wert selbst, nichts übrig geblieben.

Das von Emrich eingeführte Kriterium der »unendlichen Reflexion« ist unbrauchbar für den Zweck, den er damit verfolgt. Er hatte geschrieben, er teile »Staigers Glauben, daß es eine absolute Rangordnung von Werten gibt«,[16] und wollte versuchen, sie wissenschaftlich exakt zu begründen. Das könne aber »nur durchgeführt werden auf Grund einer philosophischen Explikation des Wesens und der Stufungen menschlichen Geistes mit den Mitteln einer induktiv arbeitenden Philologie«;[17] man darf wohl ergänzen: mit den Mitteln der werkimmanenten Interpretation.

Emrich geht also eindeutig vom Werk und seiner Philologie aus. Als Kriterium verwendet er aber eine Kategorie, die per definitionem an die Person gebunden ist; für die die Person das *Subjekt* der Reflexion, das literarische Werk aber erst ihr *Objekt* ist. Er verabsolutiert die Reflexion ganz offensichtlich in Analogie zum Kunstbegriff der immanenten Interpretation; vernachlässigt also die Person des Reflektanten und büßt auf diese Weise die gerade postulierte »absolute Rangordnung« wieder ein. Damit ist der eigentliche Zweck – die wissenschaftliche Begründung einer absoluten Rangordnung literarischer Werke – verfehlt.

Ich sagte zu Anfang, daß – alles in allem genommen – die deut-

---

[15] Ebd., S. 17.

[16] A.a.O., S. 977.

[17] A.a.O., S. 980.

sche Nachkriegsgermanistik zwar die Methode der werkimmanenten Interpretation entwickelt, daß sie dagegen aber das Problem der Wertung weitgehend vernachlässigt habe. Das kann nunmehr dahingehend modifiziert werden, daß die literarische Wertung durch die Interpretation sowohl stimuliert, als auch in eine bestimmte Richtung – nämlich die immanente – gedrängt worden ist. Das ging so weit, daß Kayser von dem »seltsamen Vorgang« sprechen konnte, »da nicht wir uns das Werk, sondern das Werk sich uns aneignet«.[18] (Was übrigens ebenfalls theologische Implikationen enthält.) Aber selbst Emrich, der mit dem Kriterium der Reflexion die Person einbezieht, gelangt letztlich über den Horizont der immanenten Interpretation insofern nicht hinaus, als sich Wert oder Unwert für ihn immer wieder ausschließlich am Werk selbst erweisen müssen. Sein neuer Ansatz, der ihn zur Reflexion als Kriterium des Kunstwerkes brachte, führt bei ihm nicht, wie sich an seiner Auffassung vom Nicht-Kunstwerk, bzw. vom Kitsch zeigen ließ, zu einer selbständigen Funktion des Reflektanten.

Ist auch Emrichs eigentlicher Zweck, die wissenschaftliche Begründung einer »absoluten Rangordnung«, verfehlt, so ist doch etwas anderes – zweifellos ohne seine Absicht – gewonnen: die wissenschaftliche Begründung (oder doch ihre Möglichkeit) einer *relativen* Rangordnung und einer *relativen* Wertung literarischer Werke. Danach ist unter Beibehaltung von Emrichs Kriterium einem Kunstwerk dann ein bestimmter Rang zuzusprechen, wenn es für den jeweiligen Konsumenten nicht zu Ende zu reflektieren ist. Dann lassen sich auch Phänomene wie die Parallelität von Kunstniveaus und ästhetischen Urteilen wie etwa zwischen Kitsch und Kunst begreifen. Es ließe sich erklären, warum bestimmte Gruppen – die auch soziologisch beschreibbar sind – beispielsweise *pop-art* oder die Montagegedichte der Stuttgarter Gruppe um Max Bense für Kunst halten, andere Gruppen aber nicht; warum bestimmte Menschen einen frühen Picasso oder den frühen Rilke noch »verstehen«, bei einem späten Picasso oder beim Rilke der ›Duineser Elegien‹ oder der ›Sonette an Orpheus‹ aber nicht mehr »mit können«.

Es ist nicht einzusehen, warum in einem Zeitalter, dessen eindeutige Signatur die Relativierung von früher absolut gültigen Begriffen ist, ein Anspruch aufrechterhalten werden soll, der weder induktiv noch deduktiv begründet werden kann. Ganz abgesehen

---

[18] Kayser, a.a.O., S. 54.

von der Frage, ob nicht die Relativität – auch des literarischen Werturteils – selbst ein absolutum darstellt.

Mir scheint eine solche relative Rangordnung ehrlicher zu sein, adäquater, wenn man so will; ehrlicher gegenüber diesem Zeitalter, in das wir alle gehören. Die literarische Wertfrage ist im Augenblick so wenig zu lösen wie alle anderen Wertfragen. [...]

MORRIS WEITZ

The Philosophy of Criticism

[1957]

I

In this paper I want to discuss some aspects of the logic of criticism. I shall confine myself to the written utterances of practicing critics of the arts because it is in these that the logical features I wish to call attention to are seen best.

Criticism is a way of talking about art in which certain characteristics of the work or of collections of art are described, interpreted or evaluated. Thus, the main function of criticism is to bring its readers to the work by getting them to perceive something in it, and to perceive it in a certain, specified way that is proposed by the critic.

Aesthetics, or the philosophy of art, has, as one of its problems, the description of the actual functioning of the basic terms and kinds of argument of criticism. That is, one problem – the one I am concerned with here – is to get clear about the logic of critical talk about art.

My central thesis is that criticism of art is a mixed bag of logically different sorts of utterance and argument. These include what I shall call the descriptive, interpretive and evaluative. Criticism, i. e., consists mainly of descriptions, interpretations and evaluations of the constituents of works of art. Philosophers can discuss these as activities or as uses of language. In this paper I do the latter and try to describe the logical functioning of the basic terms and utterances of criticism.

Critics constantly use words like "red", "horizontal", "melody", "plot", "serene", "poignant", "gay", "great", "masterpiece", "mediocrity". The words they use – their subjects and predicates –

range, it seems, to me, within three logically different sorts of family. "Red" is a clear case of the descriptive group; "poignant", of the interpretive; and "great", of the evaluative. In my opinion, philosophical disaster is one consequence of confusing these groups or denying any one of them, since most of the traditional issues of the philosophy of criticism, e. g., "Are there absolute standards?", "Is beauty relative?", stem from erroneous conceptions of the logic of critical utterance.

II

Criticism is a mixture of description, interpretation and evaluation; and a single critical essay or even paragraph may sometimes contain all three. Still, as logicians, we must distinguish between them. Let me, therefore, begin with description.

By descriptive criticism I mean those statements about the constituents of works of art which are either true or false empirical claims.

These are mostly about the lines, colors, textures of paintings, the harmonic, rhythmic features of music, the plots, characters and stated themes of literature, and so on. For example, the critic in calling our attention to the color of Picasso's ›Guernica‹, "The whole painting is in black and white, a kind of newsprint grey", is making a descriptively true (or false) statement about the painting.

A critical utterance is descriptive if it denotes and characterizes something in the work of art where the specified item can be found in the work.

Of course, these statements about what is describable in works of art, especially in literary works, are obvious – they are about what is *there* to be discerned – but always the critic serves us well to remind us of the obvious: that Fortinbras is also a character in ›Hamlet‹, or that a particular character said one thing and not another at a particular time; these could be important reminders of what to look for in art. One job of the critic is to get us to see what is actually in the work lest we do not see it for ourselves or forget what is already there to see.

In musical and painting criticsm, however, descriptive remarks are not of the obviously discernable. Discussions of dissonance, sonority, tempi, color combinations, spatial relations, especially of those features which the listener or spectator might tend to miss, are very important because they teach us what to look for in art.

The critic, in talking about any work which is difficult or unfamiliar to us, serves us well by enumerating what is in it to be perceived.

Then there is the negative side of descriptive criticism. Sometimes it is necessary for our comprehension of a work to be told what is *not* in it. The critic of a Kandinsky "Improvisation", for example, performs a much-needed service by describing it as not having a subject, by characterizing it as "non-representational". In general, one may say, in the cultivation of the arts, getting to learn what not to look for is as important as learning what to look for.

Not all descriptive criticism is of items in works of art. There is a whole range of critical writings, descriptive in character, which functions as background material to the items themselves. These claims mostly enter into criticism as explanatory statements about the items. Sociological, philosophical, iconographical discussions of language, symbols, ideas, etc., are parts of descriptive criticism and help explain certain describable items of particular works of art. Panofsky's survey of the Virgin symbol, for example, becomes relevant to art criticism as soon as it is related to, say, certain spatial features of a Van Eyck painting, for it is employed to help explain why the Virgin is painted as She is. Panofsky's explanation, it seems to me, is true or false and, whichever it is, it purports to describe an item in the work of art. There are other great critical tomes – on the Elizabethan world-picture, on the theories of light and perception of the Impressionist period of painting, on the iconology of antiquity as a clue to Renaissance sculpture – all of which contain true or false statements about threshold materials that enter into explanations of artistic items.

III

There is all the difference in the world between "X is red" and "X is vivacious". The second is a typical interpretive utterance, and criticism is full of it. "The ›Guernica‹ is melancholy"; "This Mozart melody is serene"; "›Hamlet‹ is profound".

Interpretations cannot be reduced to descriptions. Classically, they have been identified with descriptions; and philosophers and critics alike have spent their energies chasing down the so-called referents of the terms of the utterances. "Where is the vivacity, the serenity, the beauty of the work?" they asked, and then generated the numerous varieties of traditional theories about these qualities as properties or relations in art. Their basic assumption was always that the question, "Is X serene?", for example, is like the question, "Is X red?", and that their main problem was to secure a final "yes" or "no" answer in terms of a discoverable property.

Disagreement itself brings out the difference between "vivacity" and "red", between interpretive and descriptive items and utterances. Let two people dispute over whether a particular color in a painting is magenta or red. This can be settled, one way or another, by ordinary, recognized procedures. But let these two people argue over whether the color or painting is vivacious or melancholy. This cannot be settled in the same way for there are no recognized, accepted procedures here.

In music, too, we can say of certain combinations of tones that they are polyphonic, and we say something which is descriptively true or false. But should we say that they are serene or sad or gay, we are not reporting on anything we could settle once dispute started.

Interpretive terms are used to denote or characterize nothing for there is nothing for them to denote or characterize. Instead, their role in criticism is to *invite*, to get us to see, hear or read items in art or whole works in a certan way. In descriptive criticism we are asked to see something which is in the work, whether we notice it or not; in interpretive criticism we are asked to perceive something in a certain way – *as* something; for example, the melody as vivacious.

Of course, there are conditions under which critics invite us to see items in certain ways, e.g., the rapid tempo of the musical sounds, but the conditions must not be confused with the interpretation. The one we can state descriptively, the other not.

Interpretations serve to invite us to see constituents in art or whole works in certain ways; if they are powerfully and cogently argued, they may induce us to see as the critic does: "Notice the bright colors relating to each other, how vivacious they make the painting". This means that interpretations are based on reasons. A critic who urges a particular reading of a work of art offers a number of reasons for doing so. These reasons may include descriptive statements about certain items and the stress he places on some of them. Of course, the interpretation does not follow deductively from the reasons given; instead the reasons *support* the reading and, if the interpretation is consistent in itself, relevant to the text of the work of art and contains no glaring omissions or distortions of the text, we can ask for no more. Instead, in interpretive criticism, there is nothing more. Interpretive arguments have their own criteria of validity and cogency and these cannot be modelled on formal, logical criteria of deducibility.

In my opinion, interpretations or readings of works of art are the most important part of the critical enterprise because they teach us *how* to look at art.

I want now to focus on one work of art in order to illustrate the logical characteristics of interpretive criticism. I choose ›Hamlet‹ and the enormous body of criticism surrounding it. From the seventeenth to the twentieth century there has been an incredible amount of descriptive and evaluative discussion of the play but the central problem remains its interpretation. It has ranged from the view that ›Hamlet‹ is the perennial conflict between will and reason (or imagination) to views that it is the tragedy of melancholy, that it is the struggle of the pure soul to cleanse the scourge of a sick world, that it is essentially a play about the stalking figure of death in a world of life, and so on and on.

What shall we make of these readings of ›Hamlet‹ from Pope and Johnson to Eliot, Jones, Bradley and Ferguson? Can we really say they are descriptively true or false, and that somehow only *one* of them could possibly be true? Put briefly, is "Hamlet is the stalking figure of death" like "Hamlet is the prince of Denmark"?

Consider again the basic fact of disagreement over what ›Hamlet‹ is or means. Given the hundreds of different readings of the core of the play, how could one decide which is "the" reading of the play? There *are* ways of deciding which are wrong interpretations, e.g., the notorious, insane one that ›Hamlet‹ is essentially a play about a woman disguised as a man, but there are no criteria for "the" right interpretation, only criteria for a more or less adequate one: namely the already mentioned ones of consistency, relevancy and completeness. Ernest Jones' interpretation, for example, is consistent all right, perhaps relevant, but it is not complete because it does not relate at all to those parts of the text where Hamlet declares his great love for his father.

›Hamlet‹ readings are not true or false and there is no "the" ›Hamlet‹, only a range of more or less adequate ›Hamlets‹. The actual productions of ›Hamlet‹ illustrate this even better. Each performance or production of the play is a particular interpretation of it. We cannot say the Gielgud or Guinness or Barrault one is the true one; they are all plausible in relation to the printed text. Behind the production is the director, rehearsing the play with his actors. Perhaps I can say that the interpretive critic, inviting us to read the play his way, is like the director, rehearsing with us a performance – the work of art – which never gets quite finished. There can never be a definitive production of ›Hamlet‹ any more than there can ever be the true reading of it. Interpretive criticism embodies this forever.

IV

I come now to evaluative terms and utterances. These have been the traditional preoccupation of criticism. Works of art are called "masterpieces", "good", "mediocre", "excellent". Critics use these terms and, philosophically, ask, "What do they mean?".

There was a time in the history of criticsm, especially in neo-classicism, when these evalutions were regarded as the center of the critical enterprise: the function of the critic was to arrive at an estimate of the worth of a particular work of art. Today, however, this evaluative concern has given way to the interpretive as the most important one in criticism. More and more, critics take as their primary task the presentation of an adequate reading of a work rather than an evaluation. The evaluation, when offered, tends to be based upon a new interpretation of the work.

Are evaluations descriptive reports on items in works of art? Certainly the tradition in criticism has thought so, construing the problem of the meaning of evaluations as the problem of that they refer to in art. "Good" or "great", like "red", is taken as the name of a property, either simple, complex or relational. Hence, critical evaluations must be true or false reports on aesthetic properties or the lack of them in works of art. This traditional view of evaluation is part of the total doctrine that language, including the critic's, is a combination of names and that meaning is the objects or properties referred to by the names. Absolutism, relativism and subjectivism, those much-noised theories of aesthetic properties, all agree on this one fundamental point, that evaluations are descriptively true or false reports on certain properties of works of art however much they disagree on what those properties are. "X is great", then, on the traditional view, is a description of a findable property in a work of art or in our beholding of it and, consequently, functions exactly like "X is red".

G. E. Moore and the logical positivists broke the back of this tradition. Together they showed that evaluative terms and, hence, evaluations cannot be identified with descriptive property terms and descriptions. Moore's "open question" technique suffices to show this: if, e. g., "great" means "universality" or "profundity" or "freshness", etc., one can never explain why it makes good sense to ask, "Is this which has universality, etc., really great?".

Today we may put Moore's point in this way: We must distinguish between the meaning or role or function of evaluations and the conditions under which we make them. In no case can we identify the meaning with the conditions, for this is to destroy the logic of evaluation, which is precisely what traditional critical theory did.

Evaluations are not descriptions. Nor are they merely emotive utterances, as the positivists maintained. "X is great" is no more like "Hurrah for X!" than it is like "X is red". It is only if we arbitrarily confine uses of language to two – the descriptive and the emotive – that we fall into the positivist trap. But there is no reason today to take the positivist classification as anything more than a recent curiosity about the philosophy of language.

Evaluations of the form "X is great" or "X is mediocre" function in critical essays as *judgements* on the separate items in art or whole works. Critics wish to judge, although perhaps less today than formerly, and it is a proper activity of their craft. But judging cannot be reduced to describing, emoting or anything else. Basically it is estimating the aesthetic worth of what is being described or interpreted in the work of art.

There are conditions under which critics judge. Their judgements are not claims about these conditions but they do relate to them: To judge a work of art as great or mediocre or a masterpiece is to do so on the basis of reasons. It is this relation between judgement and giving reasons that constitutes the problem of aesthetic validation and not, as it has been traditionally thought, the location of the referents of evalutive terms. Validation of "X is great" judgements is their justification. It is not the verification of (non-existent) "X is great" descriptions.

The judgement, "X is great", invites challenge. The answer to the "*Why* is it great?" question initiates the validation, the search for reasons upon which to base the judgement.

Consider as one typical case Miss Helen Gardner's evaluative judgement of T. S. Eliot's ›The Four Quartets‹. It is a masterpiece of English poetry, she says, because it has universality, profundity, scope, and freshness of language. Now, if we symbolize ›The Four Quartets‹ or any work of art by "X" and universality, etc., by "P", then the argument is this: "X is great because it has P". This is certainly one sound starting point of critical evalution.

Every judgement of this form, "X is great because it has P", *applies* certain criteria of evaluation to works of art. A sound critical argument is simply one in which the application of the criteria is spelled out. E. g., a thorough discussion of the language, metrics, symbols and themes of a poem as these embody freshness, subtlety, scope, profundity, etc., is one way in which the critic can argue his case for his judgement.

His real problem begins when his criteria themselves are challenged and not where reasons are merely asked for.

There are a number of ways in which "X is great because it has P" can be challenged.

(1) One may ask, "What is P?". That is, "What do you mean by profundity or freshness?". Here again one must not ask for the location of the property but for the criteria for the use of the term; and one should be clear that these criteria do not add up to a set of necessary and sufficient properties either. There is so much misguided critical theorizing and disputation about the definitions in precise terms of the evaluative "Ps" of criticism, since their very employment demands that they be left open and not closed by precise definition. There is no definition of profundity, freshness, etc.

To ask, "What is P?", in challenging "X is great because it has P", is to request some clarification as to how "P" is being used. A good deal of critical discussion converges on this request; e. g., asking a "new" critic what he means by "paradox", "irony", "texture" or "wit". The challenge is answered when the criteria for using "P" have been presented.

(2) But it can be taken up again by asking this time, "Does X have P?". Here one asks, "Given that these are the criteria for using 'P' correctly, does X satisfy them?". E. g., "Is ›Hamlet‹ really profound?", "Does Donne's ›Canonisation‹ really have paradox?". The argument now turns on the cogency of a particular interpretation of the work and is accepted or rejected as the interpretation strikes us as plausible or not. That is, the critic who says, "›Hamlet‹ is great because it is profound", may clarify "profun-

dity" (he cannot define it!) and then go on to show, in his reading of various parts of the play, how his criteria are realized here.

(3) There is a third and more serious challenge. The critic says, "X is great because it has P". To this his opponent counters with, "What has P to do with greatness?". Here the relevancy of the reason is called into question or, as it was said in the tradition, the standards of evalution are challenged. This challenge differs from (1) and (2) where only reasons for judgements are being asked for. In the third, reasons for reasons are being asked for.

The nub of this third challenge is simply this: How can one *justify* the "Ps" we employ in our evaluative judgements? Now, it seems to me that these "Ps" themselves are of three sorts and that two of these are challengeable but one is not and that aesthetic validation stops here.

(a) The critic says, "X is great because it has P" and spezifies "P" as "truthful" or "moral". Here it is clear the greatness of X rests on a reason – "P" – which itself calls for a reason; e. g., "What has truth or morality to do with artistic greatness?". The criterion of truth for greatness is being challenged and the validation of "X is great because it is true" must incorporate some justification for accepting truth as an aesthetic criterion. Of course reasons for this truth criterion have been given in the tradition, usually in terms of some imitationalist doctrine of art. But these have never been and cannot be convincing since it is always possible to dissociate artistic greatness from truth or morality. There are no unchallengeable reasons that truth is a great-making criterion. Every reason given can itself be challenged, even reduced to absurdity, as in the case of Plato or Tolstoy. "X is a great work of art and not moral and not truthful" cannot be refuted by any unchallengeable statement about art and truth.

(b) Suppose, instead, the critic says, "X is great because it exalts, purges, enraptures, pleases, excites or instructs". Here again the "P" in question – e. g., "pleases" – rests on some reason which must be justified but cannot remain unchallengeable. "What has pleasure to do with artistic greatness?". These "Ps", in the second group, are all criteria derived from the *effects* of art, in the way that those of the first have to do with the *relation* between art and the world. And there is no unchallengeable reason which rests on what art does to us. In each case, we can point out that exaltation or pleasure or instruction is an arbitrary principle and also, if accepted, leads to the dismissal of much art – also considered great – which does not please, purge or instruct.

(c) Suppose, however and finally, that the critic says instead, "X is great because it is subtle, integrated, fresh". Here, too, there is the appeal to and employment of criteria – "Ps" – but could one ask here, as one can and does of the "Ps" of (a) and (b), e. g., "What has subtlety or harmony to do with greatness?". I submit that one could not. It makes no sense at all to ask this sort of question, in the way it does to ask it of truth or pleasure, for what could possibly be an answer to it? Reasons for *these* (c) reasons or "Ps" cannot be given because there are not any to be given. When, for example, the critic judges Shakespeare's language to be exactly right in some dramatic context or as bombastic in others, we cannot challenge him by asking. "What has bombast to do with artistic failure?".

What I am arguing then, all too briefly, is that the third challenge to an "X is great because it has P" judgement come to a logical halt when the critic supports his judgement by a spelling out of some criterion of the third sort, i. e., by bringing into play some aesthetic criterion, where by aesthetic I mean some criterion which cannot be challenged. In aesthetic validation this is where we must all stop for there is no further place to go.

Eric Donald Hirsch

Privileged Criteria in Literary Evaluation [1969]

How well a literary work fulfills particular criteria of excellence ist not easily decided, but is at least decidable. If critics are able to agree upon their criteria, they can also agree, and often do, in their specific evaluative judgments. More often, however, critics find themselves applying different norms with the result that some of the most vigorous debates in practical and theoretical criticism are those which concern the proper choice of criteria. But is there any proper choice of criteria in literary evaluation? Is it possible to demonstrate the inherent superiority of one evaluative mode over another? In short, do privileged literary criteria exist? If they do not, it must follow that no truly definitive value judgment can be pronounced upon any literary work.

When David Hume granted that no specific criteria of literary judgment could be »fixed by reasonings *a priori*,«[1] he was able to recommend instead an institutional criterion founded upon experience: a literary work should be deemed excellent which mankind has long judged to be so, or which the intellectual aristocracy of the present day judges to be so. Hume placed his confidence in the uniformity of human nature and the observable consensus among well-educated men. Good judges could be depended upon to agree that Addison is better than Bunyan.[2] Hume's pragmatic canon may be called "institutional" because, like all institutions, its authority rests upon social agreement. Just as legal pragmatists define correct judgment institutionally as the majority rule of the Supreme Court, Hume implicitly defined it as the majority rule of the best judges. In Hume's day the best judges could be recognized and accepted; implicitly they could be institutionalized on the analogy of the Supreme Court, the French Academy, or the Pope.

Sheer authority has always played a role in literary judgment, but the institutions in which it has resided have become constantly more diffuse and weak. Aristotle's rules gave way to the Humean consensus, which, in turn, gave way to the modern fragmentation of all traditional jurisdictions. Yet anyone who questions traditional authority is thrown back upon his own standards of taste, just as Luther, in questioning papal authority, was thrown back upon his own inward judgment in matters of faith. For some centuries now we have all been literary protestants without Pope or priesthood. Prophets and sects we continue to have, like the other Protestants, but nothing resembling a Pope or a Supreme Court. Matthew Arnold's admiration for the French Academy was wistful and half-hearted, as though he foresaw the collapse of its authority in modern times. His idea of substituting an inward Academy in the minds and hearts of Englishmen was just another retreat into the pervasive literary protestantism.[3]

Coleridge, coming between Hume and Arnold, saw very clearly

---

1 J. W. Lenz, ed., *On the Standard of Taste and Other Essays* (Indianapolis, 1965), p. 7.

2 *Ibid.*

3 *See* his essay "The Literary Influence of Academies."

these analogies between the sources of authority in religion, in law, and in literatur. Authority is normally derived from socially accepted institutions, and when the institutions are endangered, new grounds of authority have to be provided. In this perspective, Coleridge's literary theories have the same philosophical and social motivation as his writings upon church and state. For Coleridge, judicial authority in all cultural domains must henceforth be deduced by necessity from the nature of the cosmos and the human mind. The new, intrinsic system of authority thus derived would be independent of mere prophetic revelation on the one side and accidental social development on the other. Everywhere, perforce, the model of excellence would be the pattern of the God-infused cosmos: the unity of all in each; just as everywhere the model of disvalue would be the contrary of the divine plan: disconnection, dead and spiritless. Thus, in literary judgment, all criteria of excellence may be comprised in the principle of organic unity, the reconciliation of opposite and discordant qualities.

Coleridge's was the most significant attempt in criticism to erect a comprehensive philosophical substitute for the fallen edifice of literary authority. Mankind could no longer depend upon the dispersed and discredited Humean consensus; unless "the reviewers support their decisions by reference to fixed canons of criticism, previously established and deduced from the natur of man, reflecting minds will pronounce it arrogance in them thus to announce themselves to men of letters as the guides of their taste and judgment."[4] Every decision must show its credentials; predilection must give way to principle.

This great program failed (as all similar ones have) for two equally instructive reasons. First, Coleridge's great root principle, deduced from the nature of man and the cosmos, was impossibly general, so that he was frequently unable to correlate his particular evaluative criteria with his universal principle. Because much that he found excellent in literatur could not be reduced to the cosmological archetype, he had the good sense (against his announced program) not to attempt the reduction. Second, he failed because the philosophical deduction of critical canons proved to be no more self-evident or self-confirming than the arbitrary canons of the petulant reviewers. The great underlying principle which had generated

[4] J. Shawcross, ed., *Biographia Literaria* (2 vols, 1907), Vol. I, p. 44.

the new philosophical canons of criticism could not itself command adherence unless one happened to share Coleridge's belief in an organic, God-infused cosmos where each thing has a life of its own and we are all one life.[5] Coleridge's deduction required a prior commitment from the general reader which was no less arbitrary than the prior commitment to shared values required by the ordinary reviewer. In Coleridge's system, more – not less – reliance was placed upon a higher, *ab extra* revelation, and the new religion, upon which all depended, became merely one more sect among other literary sects. Despite Coleridge's grand, catholic effort, literary protestantism held its inevitable sway.

In our own, still more fragmented era, further efforts have been made to solve the problem which Coleridge so clearly perceived. Since there is no papacy in intellectual affairs, the definitive judgment of literary value will have to come from principle, not authority. And the principle will have to be one which can rightly claim a preferential status in relation to other evaluative principles. Thus, a great deal of effort in recent literary theory has been directed to the deduction of evaluative criteria which can be shown to have this privileged status. The throne of vanished authority will be occupied by a supreme jurisdiction mightier far than that which we have lost. Through it, we shall be able at last to make permanently valid judgments of literary value. No longer the nightmare of protestantism– graceless zealots fighting over modes of faith; ultimately we shall establish a new universal criticism founded upon the inherent nature of literature itself.

This modern strategy was the only one left which gave promise of success. In the absence of an instituted authority or a *consensus didacti*, the only possible way to secure a privileged status for evaluative criteria would be to deduce them from the nature of literature itself. Literature would have to be judged as literature, poetry as poetry, and not referred to some alien standard. Self-evidently, such a judgment would be more definitive than an evaluation based upon social utility, arbitrary rules, or personal taste. To judge literature as

[5] E. L. Griggs, ed., *Collected Letters of Samuel Taylor Coleridge– Volume II:* 1801–1806 (Oxford, 1956), p. 864. (To W. Sotheby, Sept. 10, 1802: "Nature has her proper interest; & he will know what it is, who believes and feels, that every Thing has a Life of its own, & that we are all *one Life*.")

literature and not another thing would be to reach a determination independent of shifting opinions and tides of taste, for the judgment would be made upon intrinsic grounds. Other modes of evaluation would continue to be made on other premises, but they would remain merely relative judgments, dependent upon external and changeable value preferences. Intrinsic evaluation, on the other hand, would be permanent and secure, privileged and immutable, because the grounds of judgment would be derived from the very nature of the thing judged.

Aristotle had done the thing before, and, in his own way, so had Coleridge. But the motto "literature as literature" was in itself no protection against internecine warfare between those who adopted it. In fact, the most vigorous polemics in recent critical theory arose between the Chicago critics and the New Haven critics who shared the same revolutionary goal of deposing extrinsic scholarship in favor of intrinsic criticism; the Trotskyites were embattled against the Leninists over the true method of the revolution, and only the vigor of their conflict sufficed to mask the structural identity of their aim. No matter if Aristotle or if Coleridge was taken to be the true prophet of the revolution, its goal was conceived by both parties to be the criticism of "literature as literature."

Despite the important benefits which have accrued to us in the domain of interpretive analysis by virtue of this critical revolution, polemics and failure were its inevitable fruits in the domain of evaluation. For the goal of a definitive, literary evaluation of literature is actually a mirage masked by a tautology. The ideal of a privileged "literary" mode of evaluation is rendered hopeless by the impossibility of deducing genuinely privileged, literary criteria of evaluation. I make this statement categorically, because an analysis of the various types of evaluative principles which have evolved in the history of criticism reveals that such criteria have never been successfully formulated, and, in the nature of the case, never could be.

Broadly speaking, four principle modes of literary evaluation have evolved in the history of criticism, and in their basic structures these four modes would seem to exhaust the possibilities. Of course, any such scheme of classification will oversimplify the subject matter and will serve to indicate only the underlying logic of the problem rather than the richness of the various solutions that have been proposed. For in actuality, all good critics and theorists have adopted more than one of the four strategies. Thus, when I attach a particular historical name to one of them, I am suggesting a preponderant emphasis rather than formulating an adequate description. Nonetheless, each strategy retains its characteristic features, whether viewed in isolated purity or in admixture with others, so that if conclusions can be reached about the relative merits of each, it will be possible to decide which strategy, if any, occupies a privileged position.

The first type of evaluative theory I would call extrinsic, since it ruthlessly decides whether a work of literature is good or bad on the grounds of its external relationships. The great example is, of course, Plato. His line of argument is beautifully consistent and rigorous. A work of literature shall be judged good if and only if it is good for the state. What is good for the state is to be defined thus and thus, and what is bad thus and thus. Those elements in literature which conduce to bad effects should be censored or at least censured. Tolstoy is another of these ruthless extrinsic critics, and although very few men have had the courageous if not perverse rigor of a Plato or a Tolstoy, a number of very great critics, Johnson and Arnold for example, have practiced a measure of extrinsic evaluation. I. A. Richards once made the remark that if the extrinsic critics were to be lined up against the intrinsic ones, all the best brains would be found on the side of Plato.[6] That is a point to which I shall revert at the end of this paper.

The fountainhead of the second type of theory is Aristotle, the father of evaluation-through-the-genre. A work shall be judged good to the extent that it fulfills the instrinsic imperatives of the kind to which it belongs, and it shall be judged bad to the extent that it fails to fulfill those generic imperatives. Each thing shall be judged not in relation to the state or some other external standard, but in relation to the proper criteria of the subsuming species. Thus, as the Chicago theorists have insisted, the right way to judge a comic novel is not according to universal or external literary criteria, but according to the criteria specifically appropriate to comic novels.

The third type of theory, which might be called individualistic, is Aristotle pushed to the extreme of nominalistic skepticism. True, the proper way to judge a work is according to its own intrinsic imperatives, but these cannot be defined in advance by reference to a limited number of genres and sub-genres. Every new work is *sui*

[6] *Principles of Literary Criticism* (New York, 1925), p. 71.

generis. One has only to look at the history of literature to discover that Aristotle's norms of tragedy do not accurately define the norms of Shakespearian tragedy. And, in fact, the norms of ›Hamlet‹ are not even identical with those of ›King Lear‹. The only system of criteria genuinely intrinsic to a work is the one defined by the particular goals of the work itself. The only privileged criterion, therefore, is adequacy: how fully does the work accomplish what it is trying to do; how expressive is it of its own intent? The word "expressive" should remind us that the most considerable representative of the individualistic theory is Croce.

Finally, the fourth type of theory is a well-represented one which embraces a large number of writers in the history of criticism. I call it the broad-genre theory. With Aristotle in the middle and Croce on the far right, these more liberal intrinsic critics want to comprise all or most of what we call literature within a single comprehensive class having certain common attributes and excellences. Under this theory the Aristotelian principle is extended over a much wider domain, so that instead of positing that all tragedy aspires to arouse and purge our pity and fear, one posits that all literature aspires to instruct and delight, or to achieve complexity, or to express the dream of man. Sometimes the broad class literature is narrowed, for example, to poetry and non-poetry, so that Coleridge in his version of the broad-genre theory defines the attributes of poetry in such a way that it embraces some passages of prose and excludes some passages of verse. Other broad-genre theorists, notably those who pursue the discipline of aesthetics, expand the confines of the subsuming species to include not just all literature but all art. But in every case, theorists of this persuasion determine their criteria of evaluation according to the intrinsic, Aristotelian pattern. They posit a species: literature, poetry, art; they define the proper excellence of that species in a generally applicable way; and they evaluate individual works according to the degree they fulfill that proper excellence.

What we have, then, in the history of criticism are four basic strategies for formulating criteria, three claiming to be intrinsic, and one being unabashedly extrinsic. The three intrinsic procedures are, as I have suggested, Aristotelian in their skeletal structure, so that the fundamental conflict goes back, very appropriately, to Plato versus Aristotle. That awesome thought should not deter us, however, from attempting an adjudication between them on this narrow issue of literary evaluation. Very briefly, and reversing the previous sequence, I shall review some of the problems that beset each type of evaluative procedure.

The broad-genre type of theory was very forcefully and cogently criticized by the late Ronald Crane in his essay on Cleanth Brooks and critical monism.[7] By critical monism Crane meant, among other things, the iterative use of a single canon of evaluation for all works of literature. Crane argued that the universal application of a single criterion like irony or complexity inevitably ignored the primary aims and values which informed the work. Thus, on the universal criterion of irony, the greatest poem of the twentieth century is Einstein's $E = MC^2$.

To Crane's objections regarding the inappropriateness of such critical monism, it is possible to add another which is more central to the present analysis. Broad-genre evaluation proffers an implicit claim which it fails to make good. It claims a privileged status for its judgments because it evaluates literature as literature. Its criteria claim to be intrinsic on the assumption that all the works we call literature have in common certain implicit aims. Yet this assumption has never been successfully defended, and indeed it is false. The only occasion when a particular criterion such as beauty, complexity, paradoxicality, maturity, sincerity, etc., could be intrinsic to a work is when that quality is in fact an intrinsic aim of the work. And since no such quality is universally aimed at by all literary works, no such criterion could be universally intrinsic. I do not mean to imply, as Crane did, that there is something illegitimate in applying a single criterion to all literary works. On the contrary, I shall, in the end, defend its legitimacy. What I deny is the claim that such criteria are intrinsic, that they could have a privileged status. Broad-genre evaluation cannot do the job it pretends to do. Since its criteria are *not* self-grounded in literature, it cannot attain to the authoritative, intrinsic evaluations it proposed to give us.

The next kind of theory, the individualistic sort represented by Croce, is in fact the only kind of evaluation whose criteria are truly intrinsic. It asks simply, what is this work trying to achieve, and has it achieved it? Frequently, one hears the objection that such hypothetical evaluation is a delusion because we can never really know

---

7 "The Critical Monism of Cleanth Brooks," in *Critics and Criticism Ancient and Modern*, ed. R. S. Crane (Chicago, 1952), pp. 83–107.

what a work was trying to achieve, only what it in fact did. This objection is invalid. It may be true that we are never certain what a works is trying to achieve, but our guess about its aim can be correct, and with enough evidence we can approach certainty. If absolute certainty were required in literary study, not a single interpretive statement in all existing exegeses could meet the requirement. The Crocean mode of evaluation is, in fact, very widely and successfully practiced. My criticism just now of broad-genre theories is an example of it. My objection was that these theories were trying to be intrinsic and were not succeeding, and I would think that any such Crocean judgment must be considered valid. The Crocean method of formulating criteria is, then, intrinsic. But do its criteria thereby gain privileged status? I think not, for here the so-called intentional fallacy achieves its limited applicability. What difference does it make how well an aim is achieved if it is not a valuable aim? Not even Croce, I think, would judge a work good which perfectly achieved some perverse or idiotic aim. So I conclude that although Croce's theory is the only one capable of providing truly intrinsic criteria, this theoretical purity is almost entirely irrelevant to serious criticism. If common sense tells us that many intrinsic failures are more valuable in our literature than many intrinsic successes, then intrinsic success is not going to be the privileged standard we have been seeking.

It was precisely this Crocean atomism which the Chicagoans, following Aristotle, sought to overcome when they formulated the genre theory of evaluation. In Aristotle's view, it did not matter at all that Euripides might have *wanted* to compose a plot requiring stage artifice and did this admirably, for in the genre tragedy, the best kind of plot resembles the one in ›Oedipus Rex‹ which is more conducive to the proper pleasure of tragedy. Thus, the standard is not what the work was actually aiming at but what it should have been aiming at whether it knew it or not. This solves the Crocean problem by positing generic criteria which exclude silly or perverted aims. At the same time, it overcomes the insuperable problem of broad-genre theories by positing criteria specifically appropriate to the work at hand. A comic novel must not have a hero whose moral flaws are so egregious as to foreclose entirely the reader's sympathy and thus his ability to laugh. To achieve comedy, the work must obey the psychological demands essential to comedy. Thus, if an author were foolish enough to attempt a comedy having a hero who is morally repugnant, the result would be disgust, not laughter, and the author would fail in his aim. In this way it is possible to deduce generic criteria which are not dependent upon the aims which a misguided or unenlightened author might actually have intended; yet such criteria would nevertheless be intrinsic to his work since they would govern the genre which subsumes the work.

It is a very neat trick, and I believe that this middle course between the Scylla of the Croceans and the Charybdis of the Coleridgeans represents the most considerable attempt yet made to solve the problem of intrinsic and thus presumably privileged evaluation. But for all their theoretical subtlety, the modern Aristotelians have not sponsored very much significant evaluative criticism, partly because the theory itself is defective. For in brute fact, the modern Aristotelians have attempted an impossibility. It cannot legitimately be argued that the intrinsic aims of a work are different in any respect from its actual aims as intended by its author. If a writer tries to achieve laughter with a morally repugnant hero, he may not succeed (I am not sure that he could not succeed) but his failure would not lie in his refusal to conform to the ineluctable criteria of a subsumptive genre called comedy. His failure would lie in his having incompatible aims, or in having insufficient abilities to make them compatible. On this point Croce has the best of the argument:

> We must leave writers and speakers free to define the sublime or the comic, the tragic or the humorous, on every occasion as they please and as may suit the end they have in view. ... If such definitions be taken too seriously, there happens to them what Jean Paul Richter said of all the definitions of the comic: namely, that their sole merit is *to be themselves comic* and to produce in reality the fact which they vainly try to fix logically. And who will ever logically determine the dividing line between the comic and the non-comic, between laughter and smiles, between smiling and gravity, or cut the ever varying continuum into which life melts into clearly divided parts?[8]

If an actual aim of a comedy or any other kind of work does not correspond to the generic model posited for it, then the mere model cannot impose the aim; and if the aim of the work does correspond, then the model is not needed to sanction or disclose it. The Chicago theorists, when they enter the region of immediate practice, have

---

8 B. Croce, *Aesthetic as Science of Expression and General Linguistic*, trans. D. Ainslie (rev. ed.; New York, 1922), p. 90, p. 92.

shown how difficult it is to be an orthodox Aristotelian in a world that is in fact Crocean. Aristotle was wrong to suppose that human productions can be classified in a definitive way like biological species, or that works of art could have intrinsic goals different from those actually aimed at by their human authors.

The supreme irony is that Aristotle is himself the source for a refutation of all these generic schemes of evaluation. The broad genre theories like those of Coleridge and the New Critics, as well as the narrow genre theories of the Chicagoans, must assume the essential similarity of the members within the genre. For the Coleridgeans, all of literature is assumed to be unified by certain distinguishing traits, just as for the Chicagoans all comic novels are similarly unified. In other words, they assume that literature as a whole or some subgenre of it has a definable essence or telos which can govern the formulation of criteria. But we may be permitted to be skeptical so long as that essence is not satisfactorily defined. According to Aristotle, the essence of any class is that system of characteristics which are shared by all its members, and which are not shared by things outside the class. Thus, a true class requires a set of distinguishing features which are inclusive within the class and exclusive outside it; it requires a differentia specifica. That, according to Aristotle, is the key to definition and to essence. But, in fact, nobody has ever so defined literature or any important genre within it. As Croce put the case: "If an empirical definition of universal validity be demanded, we can but submit this one: The sublime (or comic, tragic, humorous, etc.) is *everything* that is or shall be so *called* by those who have employed or shall employ these *words*."[9] Croce's nominalism would hold *a fortiori* for such words as "literary" or "literature," and his view is powerfully supported in the work of Wittgenstein.[10]

So much, then, for the intrinsic evaluation of literature and its three basic strategies. Useful and even indispensable as they are, they cannot attain to the privileged status which they implicitly claim. When they are intrinsic (i.e., Crocean) they do not usually proffer significant evaluations; when they do, they are not usually

[9] *Ibid.*, p. 90.

[10] *See*, more particularly, the application to criticism of Wittgenstein's observations in M. Weitz, *"Hamlet" and the Philosophy of Literary Criticism* (Chicago, 1964).

intrinsic. We are left, then, with extrinsic evaluation, that is, with criteria of jugdment which are not grounded in the nature of literature. We are left with the mode of Plato, Tolstoy, and, in large part, of Sidney, Johnson, Shelley, Arnold, in fact with most of the criticism that is worth terming evaluation at all. For instance, the Coleridgean mode of criticism practiced by the New Critics is, for the most part, extrinsic, despite its pretense of being otherwise; criteria like complexity, maturity, richness, compression, tension, etc., are (except when they happen to coincide precisely with the author's intention) extrinsic criteria. Their sanction comes entirely from the religious, moral, and aesthetic standpoint which sponsors such criteria as estimable values.[11] They are not sanctioned by anything intrinsic to the nature of literature.

Yet that is precisely the reason these extrinsic criteria have been productive of significant criticism. They induce judgments of value which transcend the aims of individual works and thereby permit comparative evaluations which have reference to larger dimensions of life. It was only when the New Critics tried to exclude certain judgments as being "extrinsic" or "unliterary" that they went astray and unnecessarily inhibited the practice of criticism. For as soon as the adjective "literary" is given accurate content in a particular usage, it turns out that the New Critics have been as unliterary as Plato or Tolstoy. In their delusion has lain their strength. Similarly, the significant criticism of the Chicago school has been extrinsic criticism. Its most important critical effort, Booth's ›The Rhetoric of Fiction‹, is an excellent piece of moral-aesthetic extrinsic evaluation. That it claims, quite inaccurately, to be entirely Aristotelian and intrinsic in no way diminishes its importance as a persuasive and important work in the tradition of Plato.

Most evaluation worthy of the name, then, is extrinsic. And the criticism which has been most widely useful and esteemed has combined two kinds of extrinsic standards; it has adduced extrinsic criteria of technical excellence (as in Aristotle), and it has adduced extrinsic criteria concerning the benefit of literature to mankind (as in Plato.). Even Aristotle argued platonically that good tragedy purges the audience of emotions which are deleterious to their happiness and to the good of the state. And even Plato, in ›The Laws‹

---

[11] For documentation of this point, see R. Langbaum, "The Function of Criticism Once More," in *Yale Review*, LIV (1965), pp. 205–18.

and elsewhere, recognized that works of art can be well-made or ill-made, whether or not they are good for the state. But neither the Platonic nor Aristotelian kind of criterion, individually, or as is usual, complexly mixed together, can be deduced from the nature of literature. Both kinds of criterion are grounded in value-preferences which must make their own way in the world.

And in the modern world no single hierarchy of values is privileged. We lack the institutionalized authority or the genuinely widespread cultural consensus which could sponsor truly preferential criteria in literary criticism. Absolute evaluation requires an absolute; it requires a universal church. But the actual world of literary evaluation has been for some time now a protestant world where preferential criteria are in fact only the preferences of a sect. To hope for more absolute sanction is to pursue a will-o'-the-wisp.

Consciousness of this cultural fact can lead to a liberating clarity rather than to pure skepticism. The fact that no system of evaluative criteria can manage to sustain a claim to privilege does not imply that some system of values does not in reality deserve to sustain such a claim. Plato, for instance, could be right that the good of the state is the ultimate value to which all others are subordinated, and he might even be right in his conception of the good of the state. He might also be wrong. Mere men cannot pass that ultimate judgment with absolute certainty. Yet men are obliged to take a stand, and it is well to recognize that any pretense to "purely literary" literary criticism is simply to disguise one's stand even from oneself. For, if there is no privilege in literary evaluation, there is nevertheless objectivity and accuracy, and these reside entirely in the judged relationship between literature and the criteria we choose to apply to it. If our criterion is "maturity," and if we make clear what that criterion means, then our judgment of a work's maturity can be just as valid and absolute as a judgment drawn on the basis of some criterion for which we falsely claim a privileged status. The critic's choice of criteria depends upon the purposes he has in view and ultimately upon his own protestant inward light. But his evaluations upon those criteria can be absolutely accurate.

Thus, there is no valid reason to preserve any affection for the empty shibboleth "literature as literature." Its success in the world has been a measure only of its delusiveness, of its logical meaninglessness. No strategy of thought can ultimately protect the critic or the teacher from his responsibility to draw judgments about the value of literature within any context where it has for him significant value. And beyond this, the critic has a responsibility to knowledge itself: an obligation to know just what his criteria are, to know what he is doing and why.[12]

Emil Staiger

Einige Gedanken zur Fragwürdigkeit des Wertproblems [1969]

Jeder echte Dichter und jeder mit einem gewissen Sinn für künstlerische Qualitäten begabte Leser wird dem Problem der literarischen Wertung mit dem größten Mißtrauen begegnen. Der Liebhaber in ihm protestiert, noch ehe er weiß, wogegen sich der Protest im Einzelnen richten soll. Er hält es für überflüssig, ja sogar für entwürdigend, seine Liebe, seine Bewunderung zu begründen. Fragt die Liebe je nach Gründen? Hat ein Liebender sich je die Schönheit seiner Geliebten durch wissenschaftliche Theorien ausreden lassen? Was kümmert ihn bei der Begegnung seines Gemüts mit einem großen Kunstwerk, in dieser stillsten, gesammeltsten, intimsten Einsamkeit, die es gibt, eine theoretische Darlegung, die jedermann anerkennen, die für jedermann verbindlich sein soll? Die bloße Zumutung ist ihm peinlich. Er sträubt sich gegen die künstliche Scheidung von Betrachtetem und Betrachter, gegen jeden Versuch, das Schöne – oder allgemeiner: das künstlerisch Vollkommene – in einen objektiven, »gleichgültigen« Bereich zu entrücken, und fühlt sich bei den Begriffen Wert und Wertung in der unangenehmsten Weise an Bank und Börse erinnert. Nicht ganz zu Unrecht! Denn auf ein Rechnen, Berechnen und Verrechnen scheint es ja doch abgesehen zu sein, überdies auf den Versuch, das Künstlerische verfügbar zu machen, zu manipulieren und am Ende vielleicht sogar maschinell zu erzeugen.

---

[12] See Wayne Shumaker, *Elements of Critical Theory* (Berkeley, 1952). On this point I agree entirely with Professor Shumaker, who closes his book as follows: "Judgments rendered against any evaluative reference frame, no matter how trivial, will have something of the character of proved fact if only the reference frame is adequately acknowledged. Judgments rendered against concealed standards, however, will always appear arbitrary and, to those unconvinced by rhetoric or authority, meaningless."

Immerhin, wenn man die Frage auf eine liberale Weise stellt, wenn man nur wissen möchte, was man eigentlich beim Lesen und beim Interpretieren in Betracht zieht, was uns bestimmt, überzeugt zu erklären: dies ist ein wohlgeratenes, jenes ein zweifelhaftes, mißratenes Werk – so wird auch der Liebhaber in uns – den kein Literarhistoriker und kein Ästhetiker, der lebendig bleiben will, verleugnen darf – nichts Ernstliches einzuwenden haben. Auf die liberal gestellte Frage versuchen die folgenden Ausführungen eine Antwort zu geben, eine höchst vorläufige Antwort, die nur aus Andeutungen besteht und nichts als eine Skizze sein will.

Es scheint zunächst die *Einstimmigkeit* zu sein, die den Wert einer Dichtung begründet. Wir verstehen darunter das, was eine kunstgerechte Interpretation herausarbeitet: daß nämlich alles, was wir an einem Text bemerken, von *einem* Geist, von *einem* Rhythmus, von *einer* seelischen Gravitation durchwaltet ist.[1] In einer Novelle Kleists zum Beispiel stimmt die verwegene Hypotaxe zu der unbarmherzigen, ja tödlichen Konsequenz des Denkens, den ungeheuerlichen Motiven, mit denen das Leben auf eine Probe gestellt wird, die es nicht besteht, den hastigen und doch ungemein scharfen Vergegenwärtigungen der Dinge, in denen sich der leidenschaftlichste Anteil des Dichters und zugleich die Erkenntnis bezeugt, daß eine wahre Begegnung mit der Fülle des Seins dem Menschen nicht gestattet sei. In einem Gedicht Brentanos wiederum stimmt der Verzicht auf klare Konturen, die Lust an Farben und schillernden Lichtern, an ungreifbar-atmosphärischem Zauber zu der weichen, in sonoren Vokalen schwelgenden Diktion, dem widerstandslosen Gleiten der kurzen, keinerlei Mühe erfordernden Sätze, der Übermacht der Stimmung, dem romantischen Selbstverlust, der als unausweichliches Schicksal empfunden wird.

Das, worin das Mannigfaltige einer Dichtung in dieser Weise übereinstimmt, nennen wir Stil und finden uns dabei durch viele Versuche früher und späterer Zeiten, das Wesen des Schönen zu fassen, bestätigt. Nur wenige seien herausgegriffen, Plotin erklärt:

Κάλλος, ὅταν ἡ τοῦ ἑνὸς τὰ μόρια κατάσχῃ φύσις.[2]
»Wir sprechen von Schönheit, wenn die Natur des Einen die Teile bindet (beherrscht oder durchdringt).«

---

[1] Zu dem Begriff der Einstimmigkeit und der Möglichkeit, sie im Kunstwerk nachzuweisen, vgl. E. Staiger, Die Kunst der Interpretation, Zürich 1955, S. 14ff.

[2] Plotin, Enneaden VI,9, 1, 15.

Und an anderer Stelle:

'Αμερὲς ὂν ἐν πολλοῖς φανταζόμενον.[3]

»Unteilbares, das in Mannigfaltigem in Erscheinung tritt.«

Thomas von Aquino führt unter mancherlei Wesenszügen des Schönen auch die »consonantia«[4] an. Crousaz in seinem ›Traité du beau‹ vom Jahre 1715 definiert das Schöne als »variété réduite à quelque unité«.[5] Goethe spricht von der »Dauer im Wechsel«[6] oder gelegentlich auch von einem »Gesetz, das in die Erscheinung tritt«,[7] was wiederum heißt, daß Eines sich im Mannigfaltigen offenbart. Ähnliches meint Schillers »Freiheit in der Erscheinung«[8] oder Hegels »sinnliches Scheinen der Idee«.[9]

Es versteht sich von selbst, daß alle diese Deutungen weltanschaulich bestimmt sind, also aus ihrem Zusammenhang gelöst und integriert werden müssen, bevor wir uns ihrer bedienen dürfen. Sie sollen uns aber ja auch nicht mehr bedeuten als Hinweise auf den sehr bemerkenswerten Umstand, daß unter ganz verschiedenen Voraussetzungen das Schöne immer wieder als ein Ineinanderspielen des Einen und des Mannigfaltigen aufgefaßt worden ist, man mag das »Eine« nun als Gott, als Idee, als Gesetz oder wie auch immer verstehen. Und eben dieses Ineinanderspielen des Mannigfaltigen und

---

3 Plotin, Enneaden I,6, 3, 9.

4 Thomas von Aquin, Summa Theologiae, II,2, q. 145.

5 Zitiert nach A. Bäumler: Kants Kritik der Urteilskraft, Halle 1922, S. 43.

6 So der Titel des Gedichts, das in der letzten Strophe auf eine Bestimmung des Schönen hinausläuft:

> Laß den Anfang mit dem Ende
> Sich in Eins zusammenziehn!
> Schneller als die Gegenstände
> Selber dich vorüberfliehn.
> Danke, daß die Gunst der Musen
> Unvergängliches verheißt,
> Den Gehalt in deinem Busen
> Und die Form in deinem Geist.

7 Artemis-Ausgabe, IX,669.

8 So vor allem in den an Körner gerichteten Briefen, die in der von Otto Güntter und Georg Witkowski besorgten Gesamtausgabe von Schillers Werken, Leipzig o.J., im 17. Bd., S. 251ff. unter dem Titel ›Kallias‹ veröffentlicht sind.

9 Hegel, Vorlesungen über die Aesthetik, 1. Bd. Stuttgart 1927, S. 160.

des Einen ist es, was als Stil, als Einstimmigkeit die ästhetische Qualität einer Dichtung zu bestimmen oder doch mitzubestimmen scheint.

Doch ist dies wirklich überall und in unzweideutiger Weise der Fall? Wir kennen eine große Zahl von Meisterwerken, die der Anforderung in jedem Sinne genügen. Man denke an Vergils ›Aeneis‹, Dantes ›Divina commedia‹, Racines Tragödien, einige Stücke aus Ibsens Spätzeit, aber etwa auch an die großen Romane Flauberts oder ein Werk wie den ›Nachsommer‹ Stifters, und wird sogleich erkennen, was es heißt, den einen Atem auf so weite Strecken hin durchzuhalten. Auch Shakespeares Trauerspiele und Komödien, mit ihrem Wechsel von Vers und Prosa, von hohen und niederen Tönen, brauchen wir keineswegs auszuschließen. Die größten Gegensätze sind hier aufeinander abgestimmt und heben sich in einer freilich hintergründigen Einheit auf.

Dagegen nun der Goethesche ›Faust‹: Es läßt sich nicht leugnen, daß der Ton schon in den ersten Szenen wechselt, ohne daß der Wechsel durch den Gegenstand begründet wäre. Der Monolog in ›Wald und Höhle‹ ist von einem Geist geprägt, der mit dem Faust der Gretchentragödie kaum etwas zu schaffen hat. Man kann wohl sagen, alles sei schließlich in der einen unverwechselbaren Persönlichkeit Goethes geborgen. Doch damit ist die Behauptung noch nicht widerlegt, daß einzelne Stücke des ›Faust‹ stilistisch so weit voneinander getrennt sind wie etwa der ›Torquato Tasso‹ vom ›Götz von Berlichingen‹ oder von den Fastnachtspielen. Keine künstlerische Erwägung, sondern die Entstehungsgeschichte hat diesen Wandel des Stils, den Goethe selber oft beklagt,[10] verschuldet. Über sechzig Jahre dauert es, bis die Dichtung – immer noch nicht vollendet, aber doch abgeschlossen vorliegt. In dieser Zeit verwandelt sich der Dichter ständig, und es ist ihm verwehrt, mit Wissen und Willen auf eine frühere Stufe zurückzukehren, auch wenn er es hin und wieder versucht und manchmal meint, es sei ihm gelungen.[11]

---

10 Z. B. in den Briefen an Schiller vom 27. Juni 1797, wo er von der »barbarischen Komposition«, und vom 1. Juli desselben Jahres, wo er von den »Luftphantomen« und der »Schwammfamilie« spricht.

11 So während der italienischen Reise in Rom am 1. März 1788, wo es heißt: »Auch was den Ton des Ganzen betrifft, bin ich getröstet; ich habe schon eine neue Szene ausgeführt, und wenn ich das Papier räuchre, so dächt' ich, sollte sie mir niemand aus den alten herausfinden.« Der Spürsinn der Philologen wird hier offenbar unterschätzt.

Was aber vom ›Faust‹, gilt mehr oder minder von allen größeren Werken Goethes. Auch der ›Wilhelm Meister‹ läßt die stilistische Einstimmigkeit vermissen. Sogar bei ›Hermann und Dorothea‹ fällt ein Übergang von den noch an Voß erinnernden ersten Gesängen zu der »edlen Einfalt und stillen Größe« der zweiten Hälfte auf. Und manchmal kann es geschehen, daß selbst ein Gedicht von wenigen Strophen in einen anderen Ton umschlägt wie etwa das ›Mailied‹, das mit Recht als eines der herrlichsten Dokumente des Sesenheimer Aufbruchs gilt, doch mit den »neuen Liedern und Tänzen« am Schluß in die Anakreontik zurückfällt.[12]

Wir sehen also: wenn allein die Einstimmigkeit den ästhetischen Rang einer Dichtung begründet, so schneidet Goethe, der größte deutsche Dichter, schlecht ab, und zwar gerade, weil er der beweglichste, dem Geist des Lebens treueste, wandelbarste ist. Man mag sich – und tut wohl daran – mit der unwiderstehlich innigen Einstimmigkeit von größeren und kleineren Teilen seiner Werke begnügen und diese sogar den unbeirrbaren Träumen oder der ehernen Folgerichtigkeit anderer Dichter vorziehen. Unser erster Vorschlag, den Wert zu begründen, scheint unzulänglich zu sein.

Als unzulänglich erweist ihn aber noch eine weitere Überlegung. Wir dürfen nämlich nicht bestreiten, daß es auch eine künstlerisch

---

[12] Der Stilbruch wird durch die neutrale zweitletzte Strophe etwas verschleiert. Die vier letzten Strophen lauten:

O Mädchen, Mädchen,
Wie lieb' ich dich!
Wie blickt dein Auge!
Wie liebst du mich!

So liebt die Lerche
Gesang und Luft,
Und Morgenblumen
Den Himmelsduft,

Wie ich dich liebe
Mit warmem Blut,
Die du mir Jugend
Und Freud und Mut

Zu neuen Liedern
Und Tänzen gibst.
Sei ewig glücklich,
Wie du mich liebst!

ganz irrelevante Einstimmigkeit gibt, die durchgehaltene Konvention, ein unpersönlicher, durch den Geschmack der Öffentlichkeit, vielleicht auch durch Regelbücher vorgeschriebener Stil. Überall wo der Glaube an eine »Critische Dichtkunst« verbreitet ist, besteht grundsätzlich diese Gefahr. Zahlreiche Dichter der Aufklärung zum Beispiel sind ihr erlegen. Ungezählte Epigramme und Liederchen des achtzehnten Jahrhunderts, viele Bühnenwerke, die Gottsched verpflichtet sind, gleichen sich in stilistischer Hinsicht wie ein Ei dem andern und haben, nach unsern heutigen künstlerischen Begriffen, künstlerisch keinen Wert. Auch billigste Unterhaltungsromane können stilistisch einstimmig sein und nötigen uns dennoch kein ästhetisches Wohlgefallen ab. Daraus ergibt sich, daß wir offenbar nur als Kunstwerk anerkennen, was *individuellen Charakter* hat, was Zeugnis von einer unverwechselbaren Persönlichkeit ablegt und irgendwie einzigartig ist.

Hier hielte es nun freilich schwer, aus früheren Epochen Belege für diese These anzuführen. Bis weit in die Neuzeit hinein gilt es, sofern man sich theoretisch äußert, als selbstverständlich, daß ein Kunstwerk einer Norm entsprechen müsse und nur im Hinblick auf die Erfüllung einer Norm beurteilt werden könne. Daß es damit nicht getan sei, hat freilich schon Madame de Longueville erkannt, als sie, 1656, nach einer Vorlesung des Epos ›La Pucelle‹ Chapelains, bemerkte: »Oui, cela est parfaitement beau, mais il me fait bâiller.«[13]

In Deutschland fordert die Jugend von 1770 stürmisch Originalität, und Friedrich Schlegel begründet in den neunziger Jahren mit dem Begriff des Interessanten das Postulat, das die moderne Kritik bestimmt: daß nämlich eine Dichtung gar nie eigenartig genug sein könne und daß sie vor allem als Ausdruck einer Individualität zu würdigen sei.[14]

Dagegen glaubt sich ein historisch gesinnter Geist auflehnen und bemerken zu müssen, mit diesem Maßstab werde man der Antike, dem Mittelalter und sogar der früheren Neuzeit keineswegs gerecht.

---

[13] Zitiert nach A. Bäumler: Kants Kritik der Urteilskraft, Halle 1922, S. 23.

[14] Vgl. insbesondere das Athenäums-Fragment: »Aus dem romantischen Gesichtspunkt haben auch die Abarten der Poesie, selbst die exzentrischen und monströsen, ihren Wert, als Materialien und Vorübungen der Universalität, wenn nur irgend etwas drin ist, wenn sie nur original sind.«

Er müßte aber doch wohl zugeben, daß es der Hauch eines ungeheuren Einzelnen ist, was etwa den Kern der ›Ilias‹ von der stereotypen kyklischen Epik unterscheidet, daß, von den Lyrikern ganz zu schweigen, auch die attischen Tragiker als Einzelne sichtbar sind und daß wir die Dichter des deutschen Barock, trotz ihrem Eifer, einem Kanon der Poesie gerecht zu werden und in Opitzischem Sinne zu dichten, nicht zuletzt um ihrer individuellen Züge willen schätzen. Man braucht nur etwa Opitz selbst mit Fleming oder Dach zu vergleichen.

Wir werden uns aber auch hüten zu sagen: Je individueller, desto besser! Dem individuellen Ausdruck sind in der Dichtung als solcher Grenzen gesetzt. Zunächst durch die literarische Gattung. Unter »Gattung« verstehe ich hier nicht das »Lyrische«, »Epische« und »Dramatische« im Sinne meiner ›Grundbegriffe der Poetik‹,[15] aber auch nicht die Lyrik, das Epos und das Drama im herkömmlichen Sinn. Da hätten wir uns zuerst auf lange Erörterungen einzulassen, was eigentlich ein Drama, was Lyrik, was ein Roman, ein Epos sei und was man von jeder dieser Gattungen billigerweise fordern dürfe. Ich nehme die Begriffe so einfach, praktisch und konkret wie möglich und verstehe demnach unter »Lyrik« kurze Texte in Versen, unter einem Epos einen langen Text in Versen, unter einem Roman einen solchen in Prosa und unter Dramen Bühnenstücke, sie mögen beschaffen sein, wie sie wollen.[16] So äußerlich und simpel das ist, es genügt für unsere Zwecke durchaus. Denn es reicht hin um einzusehen, daß sich nicht in jeder Gattung alles sagen läßt, was einer Individualität am Herzen liegt. In der Lyrik zum Beispiel kann ich mich nicht auf Schilderungen einlassen, wie sie dem Epos natürlich sind. Der Raum des Gedichts ist viel zu eng, als daß sie zur Geltung kommen könnten. Stimmungszauber oder symbolistische Vertiefung sind unerläßlich, wenn die sichtbare Welt in wenigen Zeilen eine künstlerische Bedeutung gewinnen soll. Dagegen hat sich Gottfried Keller in seiner Lyrik oft versündigt. In einem Epos dagegen ist ein pathetischer Grundton oder stete Gefühlsintensität verfehlt. Man hält das auf die Dauer nicht aus, was, bei aller Bewunderung, jeder Leser von Klopstocks ›Messias‹ erfährt. Bei Bühnenstücken verbietet sich alles, was nicht über die Rampe hinwegkommt, also das Allzu-

---

[15] 1. Auflage, Zürich 1946.

[16] Vgl. dazu ›Andeutung einer Musterpoetik‹ in der Festschrift für Hermann Kunisch, ›Unterscheidung und Bewahrung‹, Berlin 1961.

zarte, Intime, auch die versteckte Anspielung und was sich an Nuancen nur bei aufmerksamstem Lesen erschließt. Fügt sich dergleichen in ein im Übrigen theatersicheres Stück, so wird man es sich als Huldigung an einige Kenner gefallen lassen, wie etwa jene unsäglich zarten Andeutungen seelischer Tiefen, die Hofmannsthal dem schlichten, ja fast primitiven Komödienumriß des ›Rosenkavalier‹ anvertraut hat. Besteht ein Drama aber nur aus solchen Imponderabilien, ist alles verlorene Liebesmüh. Sein Schöpfer hätte besser getan, Gedichte oder Romane zu schreiben.

Gattungsgerecht muß also ein literarisches Werk sein, wenn wir ihm den höchsten Rang zubilligen sollen. Ich sage: den höchsten. Denn wir finden uns hin und wieder gerne bereit, dem Dichter etwas nachzusehen, wenn er uns eine Fülle von Schönheit in einem ungeeigneten Gefäß präsentiert. Vor Goethes ›Torquato Tasso‹ verstummt die dramaturgische Kritik. Die lyrischen Ergüsse in Keats' ›Endymion‹ möchten wir nicht missen. Doch wie dem auch sei: Verstöße gegen die Möglichkeiten einer Gattung bleiben immer bedauerlich. Wir setzen also auch dieses Wertkriterium einstweilen auf unsere Liste.

Dabei bemerken wir bald, daß es wohl noch allgemeiner gefaßt werden muß. Die Dichtung ist ein Sprachkunstwerk. Sie sollte also auch *sprachgerecht* sein. Dies eigens anzumerken, wäre noch vor einigen hundert Jahren keinem Menschen eingefallen. Unsere moderne Sprachskepsis dagegen drängt uns das Problem in seiner ganzen Bedeutung auf. Ich hole etwas weiter aus.

Wir sehen, wie im letzten Jahrhundert zunächst die überlieferte Form des Bühnenstücks fragwürdig wird. Die Psychologie vertieft sich so, daß es immer schwieriger scheint zu glauben, ein Mensch sei darstellbar in dem, was an ihm sicht- und hörbar wird. Auf das Sicht- und Hörbare aber ist das Theater angewiesen. So sehen sich die Dichter genötigt, eine Kunst des Hintergründigen, des Ungesagten, das man aber doch verstehen sollte, auszubilden. Ich weise nur auf Ibsen hin, der es in diesem Verfahren zu einer kaum überbietbaren Meisterschaft gebracht hat. O'Neill behilft sich in ›Strange Interlude‹ mit einer Art Bauchrednerei, durch die der Hörer erfahren soll, was die Gestalten vor den andern oder sogar vor sich selber verbergen. Die Mittel sind bewundernswert, die ein moderner Dramatiker einsetzt, um das beinahe Unaussprechliche mitzuteilen, das er meint. Sie täuschen aber nicht darüber hinweg, daß der Roman sich besser für dergleichen eignen würde. Der Romancier ist nicht auf die Zeit von wenigen Stunden beschränkt. Er kann ausholen, so weit er will, und seine subtile, beinahe unübersehbar verästelte Menschenkenntnis in psychologischen Exkursen oder in minutiösen Schilderungen von Bewußtseinsprozessen an den Mann zu bringen versuchen. Auch der Roman scheint aber bereits an eine Grenze gelangt zu sein, ein Non plus ultra, das durch Werke wie ›Ulysses‹ oder gar ›Finnegan's Wake‹ bezeichnet sei. Die notgedrungen begriffliche, das heißt allgemeine Natur der Sprache wird der Subjektivität, deren Ergründung beabsichtigt ist, nur mit den verwegensten Listen gerecht. Bleibt vielleicht die Lyrik von der Bedrängnis unserer Tage verschont? Auch Lyriker glauben meist nicht mehr, daß sich das Eigenste in einer von vielen Menschen gebrauchten, für viele verständlichen Sprache mitteilen lasse. Sätze, wie sie jedermann bildet, sind gerade nicht geeignet, »meine« Existenz, »meine« einzigartige Innerlichkeit zu erfassen. Dies aber besagt: sobald ich »mich« – das Wort im strengsten Sinne genommen – mitzuteilen versuche, bin ich keiner Mitteilung mehr fähig.

»*Spricht* die Seele, so spricht, ach! schon die *Seele* nicht mehr«. Schiller hat aus dieser Erkenntnis keine Folgen für seine poetische Praxis gezogen, sondern sich an das gehalten, was mitteilbar ist. Heute versucht man, der Not mit jenem Hermetismus abzuhelfen, der schon manchen, der wirklich verstehen möchte, zur hellen Verzweiflung gebracht hat. Das heißt: man drängt als Dichter, also als Schöpfer von Sprachkunstwerken, über die Möglichkeiten der Sprache hinaus und mutet ihr zu, was sie noch nie geleistet hat und nie leisten kann: das schlechthin individuelle Wort. Die Dichtung hebt sich selbst – wenngleich aus nobelsten Motiven – auf. Die Folge ist die Einsamkeit des Unentzifferbaren und am Ende das leere Blatt Papier, das alles Schwebende, weil es sich auf gar nichts festlegt, offen läßt. Wir haben uns so weit wie möglich von jener römischen Art zu sprechen, die Goethe ein »Bepfählen«[17] genannt und als

---

[17] In den ›Materialien zur Geschichte der Farbelehre‹ im Abschnitt ›Julius Cäsar Scaliger‹ heißt es: »Das Griechische ist durchaus naiver, zu einem natürlichen, heitern, geistreichen, ästhetischen Vortrag glücklicher Naturansichten viel geschickter. Die Art, durch Verba, besonders durch Infinitiven und Partizipien zu sprechen, macht jeden Ausdruck läßlich; es wird eigentlich durch das Wort nichts bestimmt, bepfählt und festgesetzt, es ist nur eine Andeutung, um den Gegenstand in der Einbildungskraft hervorzurufen.

Die lateinische Sprache dagegen wird durch den Gebrauch der Sub-

Verdrängung des Lebens durch die Macht der Wörter beklagt hat, entfernt.

Was geht aus dieser Betrachtung hervor? Daß es Weisen des Fühlens und Denkens, der Auffassung des Daseins gibt, die sich für Sprachkunstwerke ohne weiteres eignen und andere, denen das Wesen der Sprache zuwiderläuft und die sich nur auf einem labyrinthischen Umweg oder überhaupt nicht mehr aussprechen lassen. Um dasselbe auf geläufige Art zu sagen: nicht alle Zeiten und innerhalb einer Zeit nicht alle Richtungen, alle Weltanschauungen sind gleichermaßen der Dichtung fähig. Also schiene es wohl möglich, das Problem des Werts auch unter diesem Gesichtspunkt ins Auge zu fassen. In der deutschen Literatur um 1800 ist ohne Zweifel Goethe der Dichter, der dem Wesen der Sprache am besten gerecht wird. Sein organisches Denken begünstigt ebenso die klare und anschauliche Gegenwart, die durch ein einzelnes Wort umrissen wird, wie die Funktionalität der Teile, die Bezüge, in die das Wort im Rahmen eines Satzes tritt. Und das Element der Intimität, in das wir hier alles eingetaucht finden, gewährt zugleich den musikalischen Reizen der Sprache bemessenen Spielraum. Die »nordische Schärfe« Kleists dagegen führt zu einer Hypertrophie der Bezüge als solcher: in den häufigen logischen, konzessiven, konsekutiven, finalen Konjunktionen, der üppigen Interpunktion. Dahinter droht der Gegenstand als solcher manchmal fast zu verschwinden; die Sprache nähert sich von fern dem Extrem der mathematischen Formel. Bei Novalis hat man eine »Schwindsucht«, eine Verflüchtigung der Substantive festgestellt, die sich zuletzt nur noch im Flüstern und Hauchen ganz erfüllen könnte, während in Hölderlins späten Hymnen umgekehrt das einzelne Wort allmählich so belastet wird, daß darüber der Satzzusammenhang verloren zu gehen droht.[18] Heute, mit unserm geschärften Sinn für die Unergründlichkeiten der Seele und unserm Leiden an so vielen verbrauchten Vokabeln, scheinen wir in eine Epoche einzutreten, in der ein Talent sich gegen die Sprache gerade dann am meisten versündigt, wenn der Ausdruck seiner Individualität so wahr wie nur möglich ist. Wie soll sich der Kritiker da ver-

---

stantiven entscheidend und befehlshaberisch. Der Begriff ist im Wort fertig aufgestellt, im Worte erstarrt, mit welchem nun als einem wirklichen Wesen verfahren wird.«

[18] Vgl. dazu Hans Peter Jaeger, Hölderlin-Novalis, Grenzen der Sprache, Zürich 1949.

halten? Er könnte den Dichter nur auffordern, sprachgerecht und unwahr oder wahr zu sein und zu verstummen – es sei denn, er traue ihm zu, die Worte, deren er sich bedient, mit einem so unerhörten Glanz zu begaben, daß alle Skepsis schwände und die Dichtung wieder imstande wäre, eine neue Gemeinschaft zu stiften.

Eine Gemeinschaft! Wir kommen damit zu einem letzten Kriterium. Seit nahezu zweihundert Jahren ist es uns so zur Gewohnheit geworden, von dem Dichter das Interessante, Individuelle zu fordern, daß wir die *gemeinschaftsbildende Macht* der Dichtung nach und nach fast aus den Augen verloren haben oder gründlich mißverstehen, als handle es sich darum, die Menschen mit poetischen Mitteln für bestimmte Zwecke zu gewinnen. Schon den Zweck, den Sinn des Daseins stiften Dichter, die, wie Dante, jenseits aller politischen Grenzen, eine Nation begründet, das heißt, ein Volk auf eine neue Wirklichkeit geeinigt haben. Das liegt auch in dem bekannten, gewiß kaum übertriebenen Satz Herodots, Homer und Hesiod hätten den Griechen ihre Götter geschenkt.[19] Der Umkreis der Verständigung in den höchsten und tiefsten Zonen des Seins, die Akzentuierung der »Realität«, was wesentlich, was unwesentlich, was bedeutsam, was belanglos sei, die Perspektive, unter der ein Volk die Dinge zu sehen gewohnt ist: schon dies ist als die Leistung jener wenigen Genien zu betrachten, mit deren Werken eine neue Epoche der Geschichte anhebt – ähnlich wie mit der Stiftung einer Religion oder eines Gesetzes. Daß eine Dichtung, der man eine solche Macht zutrauen darf, mit ihren Gegenständen einen möglichst weiten Kreis umfassen und mit ihrer Thematik möglichst viele Menschen angehen, daß sie also das Zeug zu repräsentativer Größe haben muß, braucht kaum hinzugefügt zu werden. Fällt dergleichen aber bei einer ästhetischen Würdigung in Betracht? Das könnte wohl nur ein Snob bestreiten. Wir geben diesem gerne zu, daß etwa ein Gedicht von G. M. Hopkins künstlerisch so vollendet sein mag wie die ›Aeneis‹. Wenn er deshalb aber Hopkins neben Vergil stellt, so sprechen wir mit ihm nicht mehr über Literatur. Es ist das *Gewicht* eines Kunstwerks auf der Waage der Weltgeschichte, das wir gleichfalls anerkannt sehen möchten, ohne Rücksicht darauf, was uns gerade heute am meisten gefällt.

Wo sind wir aber nun hingelangt? Wir haben ganz empirisch und ohne jeden Anspruch auf Vollständigkeit gewisse Kriterien auf-

---

[19] Herodot, Buch II, Kap. 53.

gerafft, nach denen man gemeinhin, ohne es immer deutlich zu wissen, den Wert einer Dichtung zu bestimmen versucht: Einstimmigkeit, individueller Charakter, Gattungs- und Sprachgerechtheit, gemeinschaftsbildende Macht, Gewicht. Sollen wir dies nun mit Hilfe eines Punktsystems ineinander verrechnen, derart, daß wir vielleicht der Einstimmigkeit drei Punkte, dem individuellen Charakter etwa fünf zusprechen? Ich fahre nicht weiter. Jede Faser sträubt sich gegen eine solche ästhetische Buchhaltung. Bedenkenswert ist aber der Umstand, daß sie sich gar nicht durchführen läßt und daß es das maximale Werk, das die höchste mögliche Punktzahl erzielen würde, nie gegeben hat und überhaupt nie geben kann. Inwiefern? Undurchführbar ist das Verfahren nur schon deshalb, weil man sich schwerlich über den Rang der Einzelkriterien einigen wird und weil sogar, wenn dies gelänge, die Frage noch immer offen bliebe, wie etwa eine leichte Störung der Einstimmigkeit – man denke an Goethes ›Mailied‹ – zu bewerten sei und wie man allenfalls einen grandios-individuellen Verstoß gegen Gattungsgesetze einzuschätzen habe. Niemand kann einem Leser unseres zwanzigsten Jahrhunderts verwehren, den Ausdruck einer Individualität für wichtiger zu halten als die gemeinschaftsbildende Macht und also etwa einen Dichter wie Heinrich von Kleist Schiller vorzuziehen. Und ebensowenig konnte man es noch Lessing verwehren, wenn ihm die gemeinschaftsbildende Macht mehr als jede andere Qualität am Herzen lag.

Doch das beschäftigt uns nicht so sehr wie die Unmöglichkeit des Maximums. Jedermann wird zugeben müssen, daß sich die individuellen Züge einer Dichtung nur auf Kosten ihrer allgemeinen Bedeutung steigern lassen und umgekehrt. In seiner ganzen Breite ist schon Schiller dieses Problem bekannt. Er hat, wie kaum ein anderer Deutscher, den Willen zur großen Menschheitsdichtung und spürt, wie er dabei das individuelle Interesse einbüßt, das auch nach seiner Überzeugung ein unersetzliches Element der echten Poesie darstellt. In dem Begriff des »interessanten vollendeten Geistes«[20] versucht er, das Widerstrebende zu vereinigen. Wie aber die Vollendung, die er als Erfüllung einer Norm versteht, sich mit dem freien Gewähren des Individuellen verschmelzen lasse oder inwiefern das Individuelle allgemein gültig sein könne, ist eine Frage, mit der selbst dieser Kopf nie ganz ins Reine kommt. Es scheint ja schon unmöglich, ja sogar

[20] Vgl. Friedrich Schiller, Über Bürgers Gedichte. Nationalausgabe Bd. 22, S. 247.

unstatthaft zu sein, den atmosphärischen Reiz des Individuellen in einer Folge von Gesängen, in den Tausenden von Versen eines Epos bewahren zu wollen. Der Zauber nimmt sich wunderbar aus in den wenigen Strophen eines Gedichts von Anakreon, Mörike oder Verlaine. Auf weite Strecken müßte er auch den begabtesten Leser ermüden. Man weiß, daß Croce daraus die strenge Konsequenz gezogen hat, sogar bei Dante nur einzelne Stellen als »Poesia« anzuerkennen und alles Übrige als »Non-Poesia« andern Bereichen zuzuweisen.[21] Wie schwer sich ferner oft die Anforderungen der Sprache als solcher mit dem wahrheitsgetreuen Ausdruck einer Individualität verbinden lassen, haben wir bereits gesehen.

Doch nehmen wir einmal an, ein Dichter nähere sich dem »Maximum«, er bringe die widerstrebenden Kräfte in ein so glückliches Gleichgewicht, daß nichts zu wünschen übrig bleibt, daß auf ästhetischem Feld gleichsam die Quadratur des Zirkels gelingt. Was wäre damit gewonnen, daß wir sagen: das ist ein vollkommenes Werk, ein Werk, das allen unsern Kriterien in unübertrefflicher Weise genügt? In dem wir weder das Individuelle noch das Gültige vermissen, weder über eine Störung der Einstimmigkeit zu klagen noch zu bedauern haben, daß es dem Wesen der Sprache oder der Gattung nicht in jeder Hinsicht adäquat ist? Die bloße Erklärung würde bereits den zugebilligten Rang gefährden. Die so gerühmte Dichtung erschiene als unbedingt verpflichtendes Vorbild. Ein Vorbild aber – das scheint in dem Begriff zu liegen – soll nachgeahmt werden. Der Nachahmung widerstrebt jedoch das individuelle Element, das *ineffabile*, das sich jedem auch noch so begabten Schüler entzieht. An dem vollkommen Schönen bemerken wir demnach die Paradoxie, daß es unnachahmlich zugleich und vorbildlich ist. Wird es dennoch nachgeahmt – sklavisch, nicht in einer echten Fortbildung der Tradition – so bringen die Nachahmungen das Vorbild nach und nach um seinen Kredit. Das Einzigartige, Originelle läßt sich als solches, von der Nachahmung verdeckt, kaum noch erkennen. So fällt es schon im letzten Jahrhundert gerade den besten Kennern schwer, den ›Wilhelm Tell‹ von Schiller in seiner unvergleichlichen, schwer errungenen, mächtigen Simplizität als eines der größten Bühnenwerke aller Zeiten und Völker wahrzunehmen. Die Platitüden Laubes oder Wildenbruchs und die Schar der Vereinstheaterdichter stehen ihnen im Weg – wie der hellenistischen Kunst die schlechten römischen

[21] Benedetto Croce, Saggi Filosofici VIII, La Poesia, Bari 1937.

Kopien oder gar der Gips in unsern archäologischen Instituten. Damit aber noch nicht genug! Die Nachahmung ist notwendig unwahr, eben weil sie nicht aus dem Geheimnis der Individualität hervorgeht oder, was fast dasselbe besagt, weil sie der veränderten historischen Lage nicht gerecht wird und den eitlen Versuch unternimmt, das Rad der Zeit zum Stehen zu bringen. Das war es, was Friedrich Schlegel zu dem komisch-entrüsteten Ausruf bewog: »Der Himmel behüte uns vor ewigen Werken!«[22] Wir stimmen in diesen Ruf nicht ein. Wir sind der Meinung, daß »klassische« Werke – in einem lauteren Sinn des Worts – zu allen Zeiten bewundernswert und insofern auch wünschenswert seien. Wir geben aber zu, daß dieser Wunsch oft nicht nur erfüllbar ist, daß er zu Zeiten sogar mit großem Ernst verschwiegen werden muß. Denn jenes klassische Gleichgewicht, von dem wir einmal annehmen wollen, es nähere sich im Sinne unserer Kriterien dem Maximum, kann, wenn es echtlebendig sein soll, jeweils nur aus einer Überwindung von Extremen und einseitigen Stilrichtungen entstehen. Es ist also nötig, daß das Kunstideal immer wieder verloren geht, daß die Manier, sogar die Barbarei den vollkommenen Stil verdrängt. Denn nur was untergegangen ist, vermag eine Auferstehung zu feiern.

Diesen vom Geist der Geschichte geforderten, unerläßlichen Vorgang könnte ein unbedingt verbindliches, anerkanntes Wertsystem nur stören. Man würde sich nur zögernd von dem entfernen, was die Ästhetik als Höchstes dargestellt und bewiesen hat. Die Nachgeborenen gingen mit schlechtem Gewissen und ohne den Impetus der lebensnotwendigen Verblendung an das von der Stunde gebotene Werk. Doch davor braucht uns nicht bange zu sein. In der ganzen Weltgeschichte finden wir keine Lehre, die von allen, die sie angeht, auf die Dauer anerkannt worden wäre. Was den Menschen nicht fördert, was seine Selbstbehauptung nicht unterstützt, das pflegt er entweder nicht zu verstehen oder, wenn er es noch verstanden hat, in kürzester Zeit zu vergessen. Ein solches Mißverstehen oder Vergessen ist das normale Verhältnis der jüngeren zur älteren Genera-

---

22 In ›Georg Forster, Fragment einer Charakteristik der deutschen Klassiker‹ heißt es: »Zwar in einem gewissen Sinne ... haben alle Europäer keine klassischen Schriftsteller zu befürchten. Ich sage befürchten: denn schlechthin unübertreffliche Urbilder beweisen unübersteigliche Grenzen der Vervollkommnung. In dieser Rücksicht könnte man wohl sagen: der Himmel behüte uns vor ewigen Werken.«

tion. Die jüngere erklärt zwar stets, sie habe die ältere überwunden. Das kann sie aber oft nur sagen, weil sie die Leistung der älteren nicht kennt. Und eben dies scheint auch in unsern ästhetischen Fragen der Fall zu sein. Ich kann nicht finden, daß man in der Begründung der Geschmacksurteile weit über das hinausgelangt sei, was schon um 1800 und in den folgenden Jahrzehnten von den führenden Geistern in England und Deutschland zutage gefördert worden ist. Man hat sich ihnen entfremdet. Man stößt sich an vergänglichen Äußerlichkeiten und idealistischer Systematik, deren Voraussetzungen wir freilich längst nicht mehr zu teilen vermögen. Dabei übersieht man aber auch die unermeßlichen Schätze an streng phänomenologischer Einsicht, die etwa in Schillers oder Hegels ästhetischen Schriften geborgen sind. Diese wieder aufzudecken und uns in neuem, nicht mehr idealistischen Geiste anzueignen, wäre der aussichtsreichste Weg zu einer wohl fundierten Ästhetik. Die Studie, die hier vorliegt, möchte als höchst skizzenhaftes Fragment einer solchen Wiederbesinnung gelten. Sie kümmert sich nicht um die Metaphysik, in deren Dienst die Idealisten auch ihre ästhetischen Forschungen stellten. Sie integriert die Begriffe so, daß ihr Gebrauch kein philosophisches Glaubensbekenntnis mehr erfordert, sondern nur den nüchtern wahrgenommenen Befunden entspricht. Sie kümmert sich aber freilich auch nicht um jene Bedürfnisse unserer Zeit, die fragwürdig, ja verwerflich sein dürften, insbesondere nicht – um damit zur Einleitung zurückzubiegen – um den verhängnisvollen Drang, den persönlichen Einsatz auch in der Begegnung mit der Kunst für entbehrlich zu halten, alles in eine möglichst neutrale Rechenoperation zu verwandeln und, statt vom Schönen angerührt, bewegt, ergriffen, erschüttert zu sein, mit kühlem Blick auf eine Tabelle festzustellen, in welchem Grad eine Dichtung als schön gelten kann.

Das heißt aber wiederum nicht, daß wir die Gründe der literarischen Wertung für durchaus unerfindlich halten. Wir legen uns Rechenschaft ab vom ästhetischen Wohlgefallen und glauben – in bestimmten Grenzen – sagen zu können, worauf es beruht. Wir wissen indes zugleich, daß niemand auf die vorgetragenen Argumente verpflichtet werden kann. Wie Kant dies in der ›Kritik der Urteilskraft‹ umständlich ausgedrückt hat:

»Hier ist nun zu sehen, daß in dem Urteile des Geschmacks nichts postuliert wird als eine solche *allgemeine Stimme* in Ansehung des Wohlgefallens ohne Vermittelung der Begriffe; mithin die *Möglichkeit* eines ästhetischen Urteils, welches zugleich als für jedermann gültig betrachtet werden könne. Das Geschmacksurteil selber *postuliert* nicht jedermanns Einstimmung (denn das kann nur ein logisch allgemeines, weil es Gründe anführen kann); es *sinnt* nur jedermann diese Einstimmung an, als einen Fall der Regel, in Ansehung dessen es die Bestätigung nicht von Begriffen, sondern von anderer Beitritt erwartet.«[23]

Schon der Entschluß, das Kunstwerk, wie es hier geschehen ist, im strengsten Sinne des Worts nur künstlerisch, nicht aber politisch oder moralisch oder religiös zu würdigen, ist ja anfechtbar und oft genug schon angefochten worden von Xenophanes und Platon bis zu führenden Theoretikern der marxistischen Literaturwissenschaft. Von der Verantwortung, die jeder, der urteilt, übernehmen muß, werden wir also nicht entbunden. Dies ganz entschieden auszusprechen, scheint nötig zu sein in einer Zeit, die immer mehr zu dem Glauben neigt, die Wissenschaften seien vor allem dazu bestimmt, dem Menschen seine persönlichen Lasten abzunehmen.

Roman Ingarden

[Ästhetisch wertvolle Konkretisation und analytische Betrachtung des literarischen Kunstwerks] [1968]

Soll die erste schlichte Lektüre des Werkes die Richtlinien für das weitere Erkennen des Werkes im analytischen Verfahren* bestimmen, dann wird der Gang der analytischen Betrachtung von vornherein in seiner Richtigkeit und Zweckmäßigkeit bedroht. Sie kann auf falsche Wege geleitet werden. Diese Gefahr besteht unzweifelhaft wirklich und die bisherigen Schicksale der Literaturforschung zeigen am besten, wie groß die Gefahr einer darin gründenden radi-

[23] Kritik der Urteilskraft, § 8.

* Der vorliegende Abschnitt aus Ingardens Buch ›Vom Erkennen des literarischen Kunstwerks‹ ist der Schlußteil von § 27 im IV. Kapitel über die »Abwandlungen des Erkennens des literarischen Kunstwerks«. Der § 27 behandelt das »vor-ästhetische forschende Betrachten des literarischen Kunstwerks«, während vorher das »ästhetische Erlebnis« (§ 24) und nachher das »betrachtende Erkennen der ästhetischen Konkretisation des literarischen Kunstwerks« (§ 28) untersucht wird (Anm. d. Hrsg.).

kalen Verfehlung der Forschung ist. Es handelt sich da nicht bloß um einfache Unbildung oder zufällige Unfähigkeit der einzelnen Leser. Es handelt sich – was viel schlimmer ist – um Moden in der Weise, die Lektüre durchzuführen, die zu fehlerhaften Konkretisationen der gelesenen Werke führen. Diese Moden hängen oft mit der geistigen Atmosphäre der Zeit (manchmal mit der politischen Lage des Landes oder einer bestimmten Klasse der lesenden Gemeinschaft) zusammen und führen dazu, daß manchmal eine ganze Lesergeneration das betreffende Kunstwerk einfach verfehlt. So ist es z. B., wenn literarische Kunstwerke von vornherein als Werke zur »Erbauung« des Lesers oder als Werke, deren Sinn in der Verherrlichung eines politischen Systems liegen soll, oder endlich als Werke, die uns über die Lebensschicksale des Autors belehren sollen, gelesen und in der Folge *nicht* als Kunstwerke behandelt werden, welche bestimmte ästhetische Werte zu verkörpern und auch dem Leser zu zeigen haben. Wenn auf Grund einer solchen Lektüre, die oft noch durch die jeweils herrschende (falsche) Literaturwissenschaft bestimmt wird, eine analytische Betrachtung des literarischen Kunstwerks durchgeführt wird, so wird sie von vornherein in falsche Bahnen gelenkt und kann uns die eigene Struktur des Kunstwerks selbst sowie die in ihm verkörperten künstlerischen Werte gar nicht enthüllen. Das war auch der Grund, warum hier das Kennenlernen des literarischen Kunstwerks in der schlichten Lektüre einer genauen Analyse unterzogen wurde, damit man sich orientiert, wie kompliziert dieses Verfahren verläuft. Dies war aber nur eine Beschreibung der möglichen Tätigkeiten des Lesers; die Probleme der Rechtmäßigkeit der Lektüre – also die Richtlinien der kritischen Betrachtung der in der Lektüre vollzogenen Erkenntnisoperationen – sollen erst in der Folge besprochen werden. Momentan ist nur anzudeuten, daß die Gefahr, welche der analytischen Betrachtung infolge einer falschen Lektüre des Werkes droht, nur dann wirklich besteht, wenn sie den Ergebnissen einer solchen Lektüre ganz unterworfen wäre, ihr völlig unkritisch gegenüberstünde und unfähig wäre, sich von ihr zu befreien. Dies ist aber gar nicht notwendig und widerspräche auch dem Geist der analytischen Betrachtung, da sie selbst kritisch eingestellt ist und ihre Verfahrensweise mit einer neuerlichen, vorsichtigen und aufmerksamen Lektüre des Werkes beginnt. Aber bereits die erste Lektüre in ästhetischer Einstellung kann man nicht vorsichtig genug durchführen. Außerdem wird diese Lektüre von demjenigen, der an eine analytisch forschende Betrachtung des Werkes herantritt, als durchaus vorläufig behandelt. Sie kann uns dann zwar gewisse Forschungsrichtungen suggerieren, aber sie muß uns gar nicht binden. Wir können also das forschende analytische Betrachten der einzelnen Teile des Werkes relativ selbständig beginnen und uns dabei auch davon überzeugen, ob und in welchem Maß die bereits durchgeführte Lektüre und die dabei erzielte Konkretisation rechtmäßig durchgeführt wurde. Es ist möglich, auf diesem Weg zu erfahren, was an der bereits vollzogenen Lektüre, bzw. Lesart des Werkes zu ändern ist, um eine korrektere Konkretisation zu erlangen. Und die darauf folgende, neuerliche Lektüre kann uns eine vollkommenere Konkretisation des Werkes geben und uns damit gewisse, früher nicht geahnte, ästhetisch relevante Qualitäten enthüllen, nach deren Fundierung wir im Kunstwerk selbst in einer von neuem fortgesetzten analytischen Betrachtung forschen können. So kommt es zu einer mehrfachen Verflechtung der analytischen Betrachtung des betreffenden literarischen Kunstwerks mit mehreren seiner aufs neue unternommenen Konkretisierungen und zu einem genaueren Verständnis der Zusammenhänge, welche zwischen den im Werk auftretenden künstlerischen Mitteln und den in den Konkretisationen zur Erscheinung gelangenden ästhetisch valenten Qualitäten sowie den in ihnen fundierten ästhetischen Werten besteht.

Insbesondere liefert ein derartiger erkenntnismäßiger Umgang mit dem literarischen Kunstwerk das Verständnis dafür, wie zu einem und demselben Werk verschiedene, ästhetisch bestimmte mögliche Konkretisationen gehören, in welchen verschiedene ästhetische Werte zur Erscheinung gelangen, und zwar Werte nicht bloß verschiedener qualitativer Bestimmung, sondern auch verschiedener Höhe. Es kann sich dabei zeigen, daß nicht alle Werte in gleichem Maß eine rechtmäßige Fundierung im betreffenden Kunstwerk haben, oder anders gesagt, daß nicht alle Konkretisationen eine – wie man gewöhnlich sagt – *richtige Interpretation* des betreffenden Werkes sind.

Die analytische Betrachtung des literarischen Kunstwerks kann uns zunächst einen Überblick über die Mannigfaltigkeit der möglichen Interpretationen geben, ohne selbst diese Konkretisationen zu realisieren. In Zusammenhang damit taucht wiederum das schon mehrmals behandelte Problem der Unbestimmtheitsstellen* im lite-

---

* Vgl. ›Vom Erkennen des literarischen Kunstwerks‹ § 11 sowie ›Das literarische Kunstwerk‹ § 38 (Anm. d. Hrsg.).

rarischen Kunstwerk auf, diesmal aber von einem anderen Gesichtspunkt aus.

Bei der Durchführung einer Konkretisation eines literarischen Werkes werden gewöhnlich einige von den Unbestimmtheitsstellen durch eine konkrete Ausfüllung beseitigt oder mindestens wird die Grenze der Variabilität der möglichen Ausfüllungen eingeengt. Jede solche Ausfüllung bildet eine Ergänzung der positiven Bestimmtheiten des Werkes, vor allem in der Schicht der dargestellten Gegenstände.[83] Diese Ergänzung kann künstlerisch belanglos sein, d. h. ohne Bedeutung für die Konstituierung der ästhetisch relevanten Qualitäten. Dann ist sie zwar unschädlich, aber von diesem Standpunkt aus entbehrlich. Sie kann aber auch künstlerisch bedeutsam sein, und zwar in doppelter Richtung: entweder positiv, indem sie zur Konstituierung gewisser ästhetisch relevanter Qualitäten irgendwie beiträgt, die mit den übrigen derartigen Qualitäten in positivem Einklang stehen, oder negativ, indem sie entweder die Konstituierung solcher Qualitäten verhindert oder zur Konstituierung einer solchen Qualität führt, die mit den übrigen ästhetisch valenten Qualitäten einen Mißklang bildet. Sie kann aber noch in zweifachem Sinn für die Gestalt des Kunstwerks schädlich sein. Erstens, weil sie eine Unbestimmtheitsstelle beseitigt, die in der Konkretisation des betreffenden Werkes unausgefüllt bleiben sollte, oder weil sie zwar direkt keinen Einfluß auf den Bestand der ästhetischen wertvollen Qualitäten ausübt und auch selbst wertneutral ist, aber mit den übrigen Bestimmtheiten der dargestellten Gegenstände nicht zusammenstimmt, z. B. nicht im Stil der dargestellten Welt ist.

Vor der analytischen Betrachtung des literarischen Kunstwerks stehen im Zusammenhang damit mehrere Aufgaben, die – soviel ich weiß – bis jetzt von der Literaturwissenschaft völlig übersehen wurden und die mit der künstlerischen Funktion des literarischen Kunstwerks in engstem Zusammenhang stehen. Und zwar:

1. Vor allem ist festzustellen, welche Unbestimmtheitsstellen im betreffenden Werk vorhanden sind. Man darf natürlich nicht meinen, diese Aufgabe könne jemals vollständig erledigt werden. Dies ist aber gar nicht notwendig, da es viele Unbestimmtheitsstellen gibt,

---

83 Sie wird normalerweise implicite vorgenommen, d. h. ohne eine explizierte Erweiterung oder Änderung der sprachlichen Doppelschicht, obwohl das ergänzende Moment irgendwie durch den Leser mitgemeint sein muß.

die im Aufbau des Kunstwerks keine Rolle spielen. Die Analyse der Sinne der Sätze und der Satzzusammenhänge muß so durchgeführt werden, daß sie das Ungesagte oder Verschwiegene spürbar macht und zudem darauf hinweist, welche von den Unbestimmtheitsstellen für den Aufbau des Werkes bedeutsam sind und in ihrer Art geklärt werden müssen. Die Beurteilung, welche Unbestimmtheitsstellen diese Bedeutsamkeit besitzen, ist gewiß nicht leicht und setzt ein gutes Verständnis dessen voraus, was in der sprachlichen Schicht des Werkes wirklich expliziert gesagt wird. Dann fällt auch das auf, was nicht gesagt wird, was der Leser auf Grund des Textes des Werkes allein noch nicht weiß.

2. Den nächsten Schritt bildet die Orientierung darüber, welche Unbestimmtheitsstellen beseitigt werden dürfen, welche dagegen als Unbestimmtheiten des Werkes stehenbleiben sollen. Dies läßt sich sowohl im Hinblick darauf erreichen, daß man bei der Analyse des Textes den Mangel gewisser Informationen über die dargestellten Gegenstände und ihre Schicksale empfindet, indem man nicht alles wirklich ganz versteht. Andererseits übt der Text des Werkes gewisse Suggestionen auf den Leser aus, so daß er manche Unbestimmtheitsstellen beseitigt, während dies bei anderen Unbestimmtheiten, die dann bei der Lektüre achtlos beiseite gelassen werden, nicht stattfindet. Die analytische Betrachtung soll dies nur zu klarem Bewußtsein bringen.

3. Es ist eine Orientierung darüber zu gewinnen, welcher Variabilitätsbereich der möglichen Ausfüllungen der einzelnen Unbestimmtheitsstellen durch den sie bestimmenden Kontext festgelegt wird. Diese Variabilitätsgrenze ist dabei auf doppelte Weise zu betrachten: a) mit Rücksicht auf die Bestimmungen der betreffenden Unbestimmtheitsstelle allein, ohne daß man den weiteren Kontext und die übrigen Unbestimmtheitsstellen berücksichtigt, und b) unter Beachtung dessen, wie die Variabilitätsgrenze der betreffenden Unbestimmtheitsstelle durch die Ausfüllungen der übrigen Unbestimmtheitsstellen und die Forderung der Einstimmigkeit des Textes eingeengt wird.[84] Diese Einengung kann zunächst rein mit Rücksicht

[84] Die Struktur des Textes des betreffenden Werkes ist es, die diese Forderung und ihre Grenzen aufstellt. Nicht alle literarischen Texte müssen streng einstimmig sein, aber dann gibt es – in literarisch gut konstruierten Werken – eine gewisse »Logik« (Konstanz) dieser Unstimmigkeit.

auf die Vermeidung der Unstimmigkeiten und Widersprüche im ästhetisch wertneutralen Skelett des literarischen Kunstwerks betrachtet werden. Die Berücksichtigung der Möglichkeiten der Konstituierung ästhetisch valenter Qualitäten führt zur Notwendigkeit einer weiteren Einengung der Variabilitätsgrenzen der künstlerisch zugelassenen Ausfüllungen der einzelnen Unbestimmtheitsstellen.

Bei der Betrachtung der Variabilitätsgrenze der Ausfüllungen der einzelnen Unbestimmtheitsstellen können zwei Umstände behilflich sein: Erstens, daß die Unbestimmtheitsstellen meist durch gewisse allgemeine Namen und nominale Wendungen bestimmt werden. Der Umfang dieser nominalen Ausdrücke bestimmt unter Berücksichtigung des Kontextes die Variabilitätsgrenze der betreffenden möglichen Ausfüllung. Diese Grenze V ist immer gleich oder größer als 2, denn wenn $V = 1$ wäre, dann wäre es gar keine Unbestimmtheitsstelle, weil dann alles, wenn auch ungenannt, eindeutig bestimmt wäre. Nicht alle Fälle aber, die innerhalb dieser Grenze liegen, sind völlig gleichartig. Der Text, wie schon bemerkt, suggeriert dem Leser bis zu einem gewissen Grad diejenigen Fälle aus dem Bereich der möglichen Ausfüllungen einer Unbestimmtheitsstelle, die naheliegend sind und deren Aktualisierung deswegen bei der Lektüre wahrscheinlicher ist. Diese Fälle müssen bei der analytischen Betrachtung des Werkes berücksichtigt und die Folgen ihrer Aktualisierung für die Gestaltung der Konkretisation durchdacht werden. Die Rolle des Lesers, besonders wenn er sich in ästhetischer Einstellung befindet, bei der Gestaltung der Konkretisation und ihr modifizierender Einfluß darf natürlich nicht vergessen werden. Bei der großen Mannigfaltigkeit der Leser und ihrer Zustände ist dieser Einfluß sehr schwer zu beurteilen. Man muß aber auch beachten, daß der Leser bei der Wahl der Konkretisation in ästhetischer Einstellung unter dem Einfluß der bereits gelesenen Teile des Werkes steht und somit sich dem Geist des Werkes in hohem Maß fügt.

4. Die schwierigste Aufgabe zeigt sich bei der analytischen Betrachtung des literarischen Werkes erst in dem Moment, in dem man erwägen soll, welche ästhetisch wertvollen Qualitäten infolge einer bestimmten Ausfüllung einer Unbestimmtheitsstelle in der Konkretisation konstituiert werden können. Es gibt da verschiedene Möglichkeiten, die vom Forscher vorauszusehen sind. Dies bedeutet, daß er genötigt ist, verschiedene ästhetische Konkretisationen des von ihm erforschten Werkes probeweise zu konstituieren, sie nach den in

ihnen auftretenden ästhetisch valenten Qualitäten zu befragen und sich zugleich zu orientieren, von welchen Ausfüllungen der vorhandenen Unbestimmtheitsstellen ihre Aktualisierung abhängig ist. Er darf mit anderen Worten das betreffende Werk nicht einseitig lesen und die von ihm aktualisierte Konkretisation bevorzugen. Es ist unzweifelhaft, daß diese Aufgabe gewöhnlich nur zu partiell gelöst wird, denn die Mannigfaltigkeit der sich andeutenden verschiedenen Konkretisationen ist sehr groß. Nichtsdestoweniger ist auch eine bloß partielle Lösung dieser Aufgabe für die Erkenntnis der Kunstfertigkeit eines literarischen Kunstwerks außerordentlich wichtig. Die Zusammenarbeit vieler Forscher an demselben Kunstwerk kann hier natürlich sehr wertvoll sein.

Das Studium dieses ganzen Problemzusammenhangs ist noch aus zwei Gründen wichtig: erstens nicht bloß für das Verständnis der künstlerischen Struktur eines individuellen Kunstwerks selbst, sondern auch dann, wenn es sich um die Klärung der allgemeinen Probleme der künstlerischen Leistungsfähigkeit der literarischen Werke einer bestimmten literarischen Gattung (z. B. der Romanliteratur, der Lyrik, des Dramas) oder der verschiedenen literarischen Richtungen oder Stile (z. B. der romantischen Literatur, des positivistischen Naturalismus, der modernen expressionistischen Literatur usw.) handelt. Es taucht nämlich die Frage auf, ob die Mannigfaltigkeit der Unbestimmtheitsstellen sowie die Auswahl ihrer Typen, die sich in einem literarischen Werk befinden, nicht für die betreffende literarische Gattung, bzw. für die betreffende Richtung charakteristisch ist, und ob die Erforschung dieses Problems uns nicht eine wesentliche Ergänzung zur Erfassung des Wesens dieser Gattungen, bzw. literarischer Stile liefern kann, neben der Auskunft, die man auf Grund der vollbestimmten Seite des literarischen Kunstwerks gewinnt. Zu welchen Ergebnissen man dabei käme, läßt sich nicht von vornherein sagen. Es wäre aber interessant, entsprechende Untersuchungen z. B. an der modernen Romanliteratur durchzuführen und in dieser Hinsicht etwa die Romane eines *Zola* mit denjenigen von *Proust* zu vergleichen, den ›Ulysses‹ von *Joyce* mit dem Romanzyklus von *Galsworthy* oder mit den Werken von *Meredith*. Und wie wäre es, wenn man z. B. die Werke Thomas *Manns* etwa mit den Schriften *Faulkners* in dieser Hinsicht vergliche? Gelänge es zu zeigen, daß man in diesen Fällen charakteristische Regelmäßigkeiten in der Behandlung der Unbestimmtheitsstellen im literarischen Kunstwerk entdecken kann, dann wäre es auch möglich, die typischen Mannigfaltigkeiten der möglichen ästhetischen Konkretisierungen der Werke der gewählten literarischen Gattung oder einer literarischen Richtung zu überblicken.

Die zweite wichtige Frage, die sich aufdrängt, bezieht sich auf diejenigen Unbestimmtheitsstellen der einzelnen literarischen Kunstwerke, die in ihren ästhetischen Konkretisationen *nicht* beseitigt werden sollen. Es gibt in jedem literarischen Kunstwerk und insbesondere in der echten reflexiven Lyrik Stellen des Nichtgesagten, des Verschwiegenen, des Unbestimmten, Offengelassenen, die trotz ihrer merkwürdigen Anwesenheit und ihres ebenso merkwürdigen Unbemerktseins und Unbeachtetseins doch eine wesentliche Rolle in der künstlerischen Struktur des Kunstwerks spielen. Aus ihrem Unbeachtetsein, aus ihrem Verbleiben im Dunkel der Peripherie müssen sie bei der analytischen Betrachtung der Werke hervorgeholt werden und es muß zu Bewußtsein gebracht werden, daß ihre künstlerische Funktion zerstört würde, wollte man sie beseitigen und durch solche oder andere Ausfüllungen ersetzen. Mit einer Ersetzung durch positiv bestimmte Angaben gewönne man in diesen Fällen nichts als ein unnötiges Geschwätz und zudem verursachte man noch eine wesentliche Störung des Gleichgewichts dessen im Kunstwerk, was eben bekannt und vollbestimmt ins helle Licht gerückt ist. Der feinfühlige, genügend künstlerische Kultur besitzende Leser geht über derartige Unbestimmtheitsstellen stillschweigend hinweg, und das eben ermöglicht ihm, den vom Künstler beabsichtigten ästhetischen Gegenstand wenigstens in einer gewissen Annäherung zu konstituieren. Der weniger kultivierte Leser, der künstlerische Dilettant, von dem Moritz *Geiger* spricht, den nur die Schicksale der dargestellten Menschen interessieren, achtet das Verbot zur Beseitigung solcher Unbestimmtheitsstellen nicht und macht durch geschwätziges Ergänzen dessen, was nicht ergänzt zu werden braucht, aus gut gestalteten Kunstwerken billige, ästhetisch irritierende Klatschliteratur. Aber hierher gehören auch diejenigen Literaturforscher, die zur feinfühligen, tiefen, aber zugleich nur andeutend reflexiven Lyrik eines *Hölderlin* oder *Rilke* oder – um etwas ganz anderes zu nehmen – eines *Trakl* metaphysische Traktate hinzudichten und dasjenige breit herausschwatzen, was nur als Ausblick, nur als eine Andeutung, eine Vorahnung im Kunstwerk berechtigt ist und so bleiben soll. So muß der Literaturforscher, der eine analytische Betrachtung des literarischen Kunstwerks durchführt, sich selbst Einhalt gebieten, indem er genau beachtet, wo im Werk solche Unbestimmtheitsstellen vorhanden sind, die eben als solche in der Konkretisation belassen werden sollen.

Die Behandlung dieser ganzen Problematik erlaubt dem Forscher vorauszusehen, zu welchen und in welchem Grad ästhetisch wertvollen Konkretisationen das betreffende Werk (unter der Voraussetzung eines empfänglichen und ästhetisch aktiven Lesers) führen kann. Dies erzielt man aber noch immer, ohne die Entscheidung zu treffen, welche von den möglichen Konkretisationen die »richtige« »Interpretation« des betreffenden Werkes bildet, und auch schon ohne gleich den Versuch seiner »Bewertung« (d. h. der Bestimmung seines Wertes) zu unternehmen. Sobald man aber zu der Einsicht gelangt, daß ein bestimmtes Werk verschiedene ästhetisch wertvolle Konkretisationen zuläßt und manche von ihnen dem Leser suggeriert, befindet man sich bereits in derjenigen Phase des Umgangs mit dem dichterischen Werk, in welcher das Problem der Bewertung auftaucht. Wir sind aber hier noch nicht genügend vorbereitet, um dieses Problem aufzurollen und anzugreifen. Momentan ist nur wichtig, uns klar zu Bewußtsein zu bringen, daß diese Bewertung in zwei durchaus verschiedenen Richtungen unternommen werden kann: in bezug auf das literarische Kunstwerk selbst und bezüglich auf seine einzelnen, in ästhetischer Einstellung gewonnenen Konkretisationen. Und zugleich muß man auch klar sehen, daß es sich in jedem dieser Fälle um Werte einer völlig anderen Art handelt, beim Werk selbst um künstlerische Werte und bei den ästhetischen Konkretisationen um ästhetische. Da aber das Werk selbst im konkreten Leib der Konkretisation als Skelett enthalten ist, so kann man sagen, daß in der Konkretisation selbst sowohl die künstlerischen Werte dieses Skeletts als auch die ästhetischen Werte des konkretisierten Ganzen zur Gegebenheit gebracht werden können.[85] Es ist nützlich, den radikalen Unterschied zwischen diesen Werten wenigstens in einigen Worten

---

[85] Es muß zugegeben werden, daß das konkretisierte literarische Kunstwerk noch andere Werte verkörpern, oder besser, zur Erscheinung bringen kann, z. B .moralische und pädagogische Werte, Werte sozialer oder allgemein kultureller Art, und daß es dann im Hinblick darauf andere Funktionen im menschlichen und sozialen Leben erfüllt. Alle diese eventuellen Werte sind aber für das Kunstwerk sekundärer Natur und kommen hier überhaupt nicht in Betracht. Merkwürdigerweise werden aber gewöhnlich diese außerkünstlerischen und außerästhetischen Werte vom Leser und auch von den Kritikern in erster Linie in Erwägung gezogen. Dies hat sehr verschiedene Gründe, die hier nicht behandelt

anzudeuten. Der künstlerische Wert kommt einem Kunstwerk zu, wenn es in sich selbst die unentbehrliche, aber nicht hinreichende Bedingung der Aktualisierung eines von seiner Natur verschiedenen Wertes enthält, nämlich eines ästhetischen Wertes, der an einer Konkretisation des betreffenden Kunstwerks zur Erscheinung kommt. Der künstlerische Wert ist der Wert eines Mittels, eines – wenn man so sagen darf – Werkzeugs, das die Fähigkeit besitzt, unter günstigen Umständen einen ästhetischen Wert zur Erscheinung zu bringen. Diese ergänzende Bedingung der Aktualisierung des betreffenden ästhetischen Wertes – diesen »günstigen« Umstand – seiner Aktualisierung bildet der Betrachter des Kunstwerks, der die Fähigkeiten des Kunstwerks auszunutzen weiß, um seine entsprechende Konkretisation zu aktualisieren, an welcher jener ästhetische Wert seine erscheinungsmäßige Gegenwart erlangt. Er ist in seiner Erscheinungsgegenwart auf doppelte Weise fundiert: in dem entsprechenden Kunstwerk, das mit entsprechenden künstlerischen Werten ausgestattet ist, und in dem Betrachter, der ihn an der Konkretisation unter Mithilfe des Kunstwerks und insbesondere seiner künstlerischen Werte zur phänomenalen Selbstgegenwart bringt. Während der künstlerische Wert ein ausgesprochen relationaler Wert ist, dessen Wertigkeit eben darin liegt, daß dasjenige, zu dessen Aktualisierung er ein unentbehrliches Mittel ist, in sich selbst und für sich selbst – also in diesem Sinn absolut – werthaft ist und dem ihn Mitbedingenden als solchem einen Wert verleiht. Dieser in sich absolute Wert ist eben der ästhetische Wert, dessen Materie (Wertqualität) seinem Wesen nach nur »zu schauen« ist, sich also in einer erscheinungsmäßigen Selbstgegenwart erschöpft.

Bei jedem künstlerischen Wert liegt eine ganz eigentümliche Situation vor: Einerseits scheint es einleuchtend zu sein, daß er, wenn er einem literarischen Kunstwerk zukommen soll, in dessen effektiven Einzelheiten fundiert sein muß, so daß man auf die Rolle des

---

werden können. Nicht zuletzt spielt hier auch der Umstand eine sehr schwerwiegende Rolle, daß sowohl die Leser als auch die sog. Kritiker nicht genügend zum angemessenen Umgang mit der Kunst und mit den ästhetischen Gegenständen erzogen sind. Sie bringen sich das Spezifische der ästhetischen Werte und das Eigentümliche der Kunst nicht klar zu Bewußtsein und retten sich angesichts der zu überwindenden Schwierigkeiten durch eine Flucht vor der Kunst in andere Gebiete, wo es anscheinend nicht so schwierig ist, die Werte zu erkennen und auch anzuerkennen. Aber das ist nur eine scheinbare Rettung.

bewertenden Lesers (insbesondere des »Kritikers«) nicht einzugehen brauchte. Andererseits aber ist dieser Wert durch die ästhetischen Werte der *möglichen* Konkretisationen des betreffenden Werkes mitbedingt. Diese Möglichkeit wird durch das betreffende Werk freilich auf eine unentbehrliche, aber doch nicht hinreichende Weise bestimmt. Die Realisierung dieser Konkretisationen hängt in hohem Maß vom Leser ab, der im allgemeinen nicht gezwungen ist, überhaupt eine Konkretisation des Werkes zu bilden (er kann es z. B. ablehnen, es zu lesen) und sie im individuellen Fall gerade in solchen Bestimmtheiten zu gestalten, daß der vom künstlerischen Wert des Werkes angedeutete ästhetische Wert zur Erscheinung gebracht wird. Ob dem Werk der künstlerische Wert *effektiv* zukommt, ist somit durch das Verhalten des Lesers bedingt. Andererseits – davon wird gleich die Rede sein – ist der Leser auch nicht ganz unabhängig von den Bestimmtheiten des Kunstwerks, wodurch das Maß der Fundierung des künstlerischen Wertes im Kunstwerk vergrößert wird. Der künstlerische Wert beruht darauf, daß im betreffenden Kunstwerk ein gewisser Tatbestand an Eigenschaften vorhanden ist, der in einer bestimmten Konkretisation des Kunstwerks die unentbehrliche ontische Basis für die Konstituierung einer Auswahl von ästhetisch valenten Qualitäten (oder auch formalen Momenten) ist, die ihrerseits das Fundament des in sich qualitativ bestimmten ästhetischen Wertes sind. Den zur hinreichenden Basis des zu konstituierenden ästhetischen Wertes noch fehlenden Faktor muß seinerseits der Leser liefern. Er kann dies manchmal ganz unabhängig vom Kunstwerk tun, er kann aber in dieser Hinsicht von gewissen Eigenschaften des Kunstwerks dazu angeregt werden. Der künstlerische Wert des Kunstwerks liegt also in denjenigen seiner Eigenschaften, vermöge welcher es auf den ästhetischen Betrachter einwirkt und ihn in der Konkretisation zur Konstituierung der noch fehlenden Bestände des ontischen Fundaments des ästhetischen Wertes anregt. Fehlt im Kunstwerk der Bestand an Eigenschaften, welcher ihm diese auf den Betrachter gerichtete Aktivität erlaubt, so ist die Konstituierung des ästhetischen Wertes in einer bestimmten Konkretisation – sofern es zu ihr überhaupt kommt – der Fähigkeit des Betrachters *allein* überlassen, obwohl die unentbehrliche rein ontische Basis des zu konstituierenden ästhetischen Wertes im Kunstwerk vorhanden ist. Fehlt aber auch diese Basis und kommt es trotzdem zur Konstituierung eines ästhetischen Wertes, so ist er eine reine Schöpfung des Betrachters, so sehr er auch an dem ästhetischen Gegenstand erscheinen mag. Er ist auf keine Weise im Kunstwerk fundiert und in diesem Sinn *nicht* »objektiv«.[87]

Es kann natürlich auch Fälle geben, wo im Kunstwerk die unentbehrliche und in dem Sinn hinreichende Bedingung der Konstituierung eines ästhetischen Wertes enthalten ist, daß die Eigenschaften des Kunstwerks auf eine eindeutige Weise den vollen Bestand der ästhetisch relevanten Qualitäten, die einen ästhetischen Wert konstituieren, bestimmen und auch auf eine genügende Weise auf den Betrachter einwirken, so daß dieser im Umgang mit dem betreffenden Kunstwerk gezwungen ist, den durch das Werk vorausbestimmten ästhetischen Wert zu konkretisieren und damit auch zur Erscheinung zu bringen. Dann ist dieser Wert, ungeachtet dessen, daß seine Aktualisierung von der Aktivität des Betrachters abhängt, im Kunstwerk fundiert und ist in diesem Sinn »objektiv«.

Nun, der erste Schritt zur Bewertung eines Kunstwerks hinsichtlich seines künstlerischen Wertes besteht darin, in der forschenden Betrachtung unter Berücksichtigung einer Reihe seiner Konkretisationen denjenigen Bestand an Eigenschaften zu suchen, in welchem die Basis für einen möglichen ästhetischen Wert enthalten sein kann. Und wenn man diesen Bestand bereits gefunden hat, so ist noch zu fragen, welchen Charakter dieser Bestand als Fundierung des Wertes hat, d. h. welche von den soeben unterschiedenen Möglichkeiten besteht. Es unterliegt keinem Zweifel, daß sich vor dem Forscher sehr mannigfache Sachlagen eröffnen, die sehr schwierig zu behandeln sind, insbesondere deswegen, weil sehr viele verschiedene Situationen in bezug auf den Charakter der Fundierung des Wertes zu beurteilen sind. Es ist große Vorsicht und auch große Geduld geboten, sich voreiliger Entscheidungen zu enthalten. Denn wenn man die Frage nach dem Wert und nach dessen Begründung aufwirft, erhebt sich gewöhnlich ein lauter Schrei nach den sogenannten »Kriterien« des Wertes, bzw. des Wertvollseins. Man fordert, daß man solche ganz allgemeinen »Kriterien« der »Objektivität« des Wertes angibt. Und zugleich behauptet man von vornherein, daß es *keine* solchen unfehlbaren Kriterien gäbe, daß sie sich von einer Epoche zur anderen, von einem Kulturkreis zum anderen, ja sogar von einem Menschen zum anderen änderten und daß es somit keine gültigen Kriterien und auch keine »objektiven« Werte gäbe usw.

---

87 Vgl. dazu meinen Artikel ›Betrachtungen zum Problem der Objektivität‹, Zeitschrift für philosophische Forschung, 1967, Heft I und II.

Ich möchte hier keine Zeit damit verlieren, gegen diese weit verbreiteten Meinungen zu polemisieren. Ich glaube, daß wir sachlich noch viel zu wenig vorbereitet sind, und zwar sowohl in den verschiedenen Kunstgattungen, als auch in der Kenntnis der einzelnen Kunstwerke sowie endlich der an ihnen erscheinenden Werte, um die Frage nach den *materialen* »Kriterien« überhaupt anzuschneiden. Ich glaube, daß man ein immer genaueres und tieferes analytisches Erkennen der Kunstwerke und insbesondere der literarischen Kunstwerke gewinnen muß, um in dieser schwierigen Frage vorwärtskommen zu können.

Ein anderes Problem, auf das ich hier noch hinweisen möchte, bezieht sich auf den Grund der Bestimmung der Höhe des künstlerischen Wertes eines literarischen Kunstwerks. Wovon hängt sie ab? Es handelt sich natürlich nicht um eine willkürliche Entscheidung darüber, welchen Wert man für höher oder niedriger halten will oder zu halten habe. Es handelt sich darum, welcher objektive, im Werk selbst oder mit den von ihm bestimmten möglichen Konkretisationen verbundene Tatbestand über die Höhe des künstlerischen Wertes enscheidet. Dann liegen verschiedene mögliche Beantwortungen dieser Frage nahe. Sollte man nicht meinen, der künstlerische Wert eines bestimmten literarischen Kunstwerks sei desto höher, je zahlreicher und wertvoller die möglichen, »richtigen« ästhetischen Konkretisationen desselben sind? Das Werk birgt dann im Keim die Mannigfaltigkeit hoher ästhetischer Werte, und die Fähigkeit, alle diese Werte vorauszubestimmen und ihnen zu ihrer erscheinungsmäßigen Aktualisierung zu verhelfen, scheint mit ihrer Mannigfaltigkeit zu wachsen. Und dieses Vermögen ist ja nichts anderes als der künstlerische Wert selbst. Man sagt auch gewöhnlich: wirklich »große« literarische Werke seien eben diejenigen, die in verschiedenen kulturellen Epochen immer wieder aufs neue auflebten und neue Erfolge erlebten. Die großen griechischen Tragiker, die ›Ilias‹, die Werke *Shakespeares,* die Lyrik *Goethes* usw. – das sind Werke, die in immer neuen Kulturepochen andere Konkretisationen erleben, an denen auch neue ästhetische Werte zur Erscheinung gelangen, wobei diese Neuheit die Identität der Werke nicht bedroht. Indessen ruft gerade der Umstand gewisse Bedenken gegen diese Auffassung des künstlerischen Wertes hervor, daß je zahlreicher die Mannigfaltigkeit solcher möglichen verschiedenartigen Konkretisationen eines Kunstwerks wird, es desto weniger in sich selbst eindeutig bestimmt zu sein scheint und desto zahlreichere Unbestimmtheitsstellen und potentielle Elemente in sich zu enthalten scheint. Seine Beteiligung an der Bildung der Konkretisationen und der in ihnen konstituierten ästhetischen Werte wird dann unbedeutend und sinkt immer mehr herab. Die Verantwortung für die Aktualisierung dieser Werte lastet aber in hohem Maß auf den Lesern, bzw. auf den Betrachtern des Werkes.[88] So scheint auch die Höhe der künstlerischen Werte, die in derartigen Werken auftreten, nicht besonders groß zu sein. Man muß aber hier die doppelte Rolle des künstlerischen Wertes beachten, einerseits in der ontischen Fundierung der ästhetisch valenten Qualitäten und der in ihnen gründenden ästhetischen Werte, andererseits in der Ausübung der Einwirkung auf den Leser, um ihm eine Konkretisation zu suggerieren. Insofern also im Hinblick auf das erste zugegeben werden kann, daß die »großen« Kunstwerke einen relativ kleinen Anteil an der Konstituierung der ästhetischen Werte haben, die in ihren mannigfachen Konkretisationen erscheinen, so muß doch ihre künstlerische Bedeutsamkeit in der Weckung des Interesses und der Aktivität der Leser in der Gestaltung immer neuer Konkretisationen hoch eingeschätzt werden.

Die Meisterschaft mancher literarischer Kunstwerke kann auch darin liegen, daß sie eben nur sehr wenige ästhetisch hochwertige Konkretisationen zulassen. Das Kunstwerk ist in seiner Struktur innerlich so geschlossen, daß es nur relativ wenig Unbestimmtheitsstellen und potentielle Momente hat, an denen es ergänzt und aktualisiert werden kann. Es ist auch innerlich so streng gebaut, daß die Variabilitätsgrenzen der Ausfüllungen einzelner Unbestimmtheitsstellen sich gegenseitig bedingen und einengen, so daß die Zahl der zugelassenen wertvollen Konkretisationen stark absinkt. Es können

88 Wenn man die heutige Lyrik liest, hat man den Eindruck, daß die Dichter der Meinung sind, ihr Werk, soweit es nur möglich ist, unbestimmt sein lassen zu müssen, damit der Leser erst einen möglichst weiten Bereich zugelassener Konkretisationen zur Verfügung hat, die er nach seinem Willen so oder anders gestalten kann. Dies fing in Deutschland bereits mit Stefan *George* an, als er in seinen Gedichten alle Interpunktionszeichen wegließ, um ja den Leser in seiner Freiheit, das Gedicht zu deuten, nicht zu beschränken. Die jetzige Lyrik geht in dieser Richtung unvergleichlich weiter, indem man z. B. auf die Ausbildung korrekter, voller Sätze oft verzichtet, um dem Leser die Freiheit einer ihm genehmen Ergänzung des Gedichtes zu belassen. Der schematische Charakter des literarischen Werkes wird da manchmal bis an die Grenze des Absurden getrieben.

nur sehr wenige Veränderungen in den Konkretisationen vorgenommen werden, wenn der hohe ästhetische Wert des Ganzen nicht darunter leiden soll. In der innigen Geschlossenheit des Aufbaus liegt zugleich der hohe künstlerische Wert des Kunstwerks sowie auch der ästhetische Wert seiner wenigen Konkretisationen. Und dieser Wert ist dann nicht niedriger als der Wert jener Werke, die sehr viele verschiedene wertvolle Konkretisationen zulassen.

Im Zusammenhang mit dem eben Gesagten eröffnet sich die Möglichkeit einer anderen Auffassung von der Höhe des künstlerischen Wertes. Und zwar soll man sie nicht in der Relativierung auf die durch das betreffende Werk bedingten ästhetischen Werte suchen, sondern im Hinblick auf die eigene Kunstfertigkeit des Werkes, auf die Vollkommenheit der künstlerischen Technik, woraus sich dann seine eventuelle Wirksamkeit auf den Leser oder seine Fundierungsfähigkeit der ästhetisch wertvollen Qualitäten ergibt. Diese Kunstfertigkeit ist als ein besonderes Gepräge des Aufbaus des Kunstwerks zu bewundern.

Wir sehen also, daß die Höhe des künstlerischen Wertes eines literarischen Kunstwerks auf verschiedene Weise verstanden werden kann und daß sie auch bei verschiedenen Werken anders bestimmt ist. Es handelt sich nur darum, daß man immer klar weiß, welcher Art der Wert im betreffenden Fall ist und worin er gründet. Auch dieser Umstand muß uns dazu bewegen, keine allgemeinen »Kriterien« von vornherein aufzustellen, sondern die einzelnen Kunstwerke ganz vorurteilslos zu betrachten und sich von ihnen belehren zu lassen. Dann wird sich auch der Zusammenhang zwischen den künstlerischen Werten und ihrem ontischen Grund, der in verschiedenen Fällen verschieden sein kann, langsam klären.

Das ist eine Sachlage, mit welcher der literarische Kunstwerke analytisch betrachtende Forscher rechnen muß. Es steht ihm zu, in dem gerade untersuchten Kunstwerk einerseits diejenigen Elemente und Momente zu suchen, welche die Mannigfaltigkeit der ästhetisch wertvollen »richtigen« Konkretisationen intentional bestimmen, andererseits aber auch diejenigen Eigenheiten des Werkes zu entdecken, in welchen die Art und die Kraft des Einwirkens auf den Leser, im Geist bestimmt geartete Konkretisationen zu aktualisieren, ihren Grund haben. So wie die Rücksicht auf die möglichen Konkretisationen den Forscher über das literarische Kunstwerk selbst zu einem Ausblick auf diese Konkretisationen hinführt, so führt ihn andererseits die Rücksicht auf die Wirkungsfähigkeiten des Kunstwerks in Richtung auf den möglichen Leser und seine verschiedenen Verhaltensweisen dem literarischen Kunstwerk gegenüber hin, so sehr der Forscher in beiden Fällen auf bestimmte Seiten und Gestaltungen des Kunstwerks selbst konzentriert sein mag. Und diese Konzentration ist am größten dort, wo wir die »Kunstwertigkeit« des Kunstwerks enthüllen und sie in ihrer Eigenheit erfassen wollen. Das ist die komplizierte Situation, vor welcher die analytische, vorästhetische Betrachtung literarischer Kunstwerke steht, wenn sich für sie die Frage nach der Entdeckung des künstlerischen Wertes des Kunstwerks abzuzeichnen beginnt. In den zahlreichen Studien zur sog. »literarischen Wertung«, die in den letzten Jahren erschienen sind, hat – wie mir scheint – niemand diese Situation klar gesehen. Sie muß sowohl ganz allgemein, als auch im Einzelfall zuerst analysiert werden, *bevor* man an die Durchführung einer »literarischen Wertung« eines Werkes selbst herantritt. Wie aus den zuletzt angestellten Erwägungen hervorgeht, sind wir noch nicht genügend vorbereitet, an das Problem der »literarischen« und auch der »ästhetischen« Wertung literarischer Kunstwerke schon jetzt heranzutreten. Momentan müssen wir sogar die Frage offen lassen, ob jene »literarische Wertung« eine besondere *Erkenntnis*operation oder eine Verhaltensweise ist, die über die Sphäre des Erkennens hinausgeht und in das Gebiet eines besonderen Fühlens führt. Es kann damit – wie es scheint – noch eine verschiedene Bewandtnis haben. Es gibt möglicherweise verschiedene Typen und Weisen der »Wertung«. Die einen fallen in das Gebiet einer besonderen Art des Erkennens, während die anderen in völlig anderen Verhaltensweisen des ästhetischen Empfängers bestehen. Sobald wir aber an das Problem der Wertung, bzw. des Werterfassens eines literarischen Kunstwerks herantreten, können wir uns mit dem bloß vorästhetischen analytischen (eventuell auch synthetischen) Betrachten des Werkes nicht zufrieden geben und müssen das Problem der Erfassungsweise der ästhetischen Konkretisationen des literarischen Kunstwerkes angreifen.

Max Wehrli

Fortschritt in der Dichtung?

[1969]

Fortschritt in der Dichtung – das Thema hat viele Aspekte, scheint aber im Eigentlichsten keinen Sinn zu haben. Man möchte es zunächst ausweichend, vom Rande her ins Auge fassen: etwa nach der möglichen Stellungnahme des Dichters zum Gedanken oder Tatbestand menschlichen Fortschritts überhaupt fragen oder hinweisen auf offensichtliche Fortschritte im Bereich des Verstehens dichterischer Phänomene durch Leser, Kritiker und Wissenschafter (wo ja, in einem technisch-empirischen Sinn, zweifellos eine Erweiterung und Differenzierung nicht von der Hand zu weisen ist) oder sich der Darstellung der konkreten Auseinandersetzungen um Rang und Tendenzen der Dichtung von heute zuwenden. Ein grundsätzliches Vorgehen wird freilich nicht um die Frage herumkommen: Was hat das dichterische Ereignis an sich mit dem Forschritt zu tun?

Wenn es menschliche Leistungen gibt, die je schon vollendet sind, die gar nicht perfektioniert werden können, dann sind es die Leistungen der Kunst. Am Beginn der abendländischen Literaturgeschichte steht Homer, und wer wäre nicht froh, wenn die Sonne Homers auch uns noch leuchten würde. Und weiter noch: schon vor Homer finden wir in den Josephsgeschichten des Alten Testaments einen Menschheitsroman, der auch von Thomas Mann nicht überwunden werden kann – womit natürlich nichts gegen Thomas Mann, sondern nur etwas gegen die Kategorie eines dichterischen Fortschritts gesagt ist. Selbst anonyme Dichtung primitiver Kulturstufen kann, soweit sie wirklich Dichtung ist, nicht geringeren Wert besitzen als irgendein Werk hochentwickelter Zivilisation. Fortschritt kann nur dort herrschen, wo es sich im Laufe eines zeitlich-geschichtlichen Prozesses um die Kumulation und Steigerung von Eigenschaften, insbesondere technischem Wissen und Können, handelt; wieweit davon bei der Literatur zu reden ist, wird uns später noch zu beschäftigen haben. Zunächst aber scheint es geradezu der Qualitätsmaßstab dichterischer Werke zu sein, wieweit sie sich der Zeitlichkeit und Geschichtlichkeit (also auch Fortschritt oder Niedergang) entziehen können und entzogen haben. Kunst ist als solche alterslos – es scheint geradezu das Kennzeichen, ja der Sinn eines dichterischen Werks zu sein, daß es – wenn es wirklich ein solches ist – immer schon vorweg am Ziel ist, abgelöst und selig in ihm selber ruhend. Wenn es einmal die künstlerische Transfiguration des vergänglichen Lebensstoffes geleistet hat, reicht es in einen Raum des Jenseitigen, Überzeitlichen: »Einzig das Lied überm Land heiligt und feiert.« Wie kein zweiter hat Rilke von der Kunst schlechthin die Überwindung der Zeit und der Vergänglichkeit erwartet. Man redet denn auch wertend und preisend von zeitloser Dichtung, von unsterblichen Dichtern und gelangt so zu einer Art Raum der Zeitlosigkeit, in welchem die ewigen Monumente der Weltliteratur wie in einem Pantheon der Menschheit versammelt sind. Damit verbunden ist die Vorstellung von den dichterischen Klassikern, der hohen Versammlung jener, die es erreicht haben, in jene literarische Walhalla zu gelangen, wogegen alles andere, was gedacht und gedichtet wurde, wie ein Katarakt der Eitelkeit und Vergeblichkeit mit der Zeit vergeht und vergessen wird.

Doch gerade hier wird man stutzig. Es ist natürlich mit jener Zeitlosigkeit und Klassizität, näher besehen, prekär bestellt, und vielleicht verrät gerade dieser Wunschtraum der Überzeitlichkeit, wie sehr wir samt unserer Literatur der Zeit anheimgegeben sind. Gewiß eignet dem Kunstwerk, soweit es ein illusorisches Gebilde, ein imaginatives Ganzes, ein werkhaftes Gefüge ist, der Charakter des Abgelösten, Fertigen, und, wenn man so sagen kann, einer relativen Absolutheit. Aber deswegen ist es noch lange nicht »aere perennius«. Es bleibt ja auf die Aneignung durch Leser angewiesen, die es immer neu und anders verstehen. Der menschliche Ruhm ist bekanntlich die Summe aller Mißverständnisse, dichterische Zeitlosigkeit meist eine Fable convenue, die nur von einer verschwindend kleinen Zahl von Lesern effektuiert wird. Jenes Pantheon ist, näher besehen, oft nichts anderes als die träge Konvention unserer Schulbücher und Studienpläne. Wer hat, mit Ausnahme von Professoren und Schülern, schon selbst Aischylos, Petrarca oder Wolfram gelesen? Und zudem steht nirgends geschrieben, daß die Quantität der räumlichen oder zeitlichen Verbreitung eines Werks seinen Rang bestimme; man würde damit die Literaturgeschichte geradezu darwinistisch zum Feld einer natürlichen Zuchtwahl machen.

Die Berufung auf zeitlose Weltliteratur oder auf den Kanon einer jeweils klassischen Dichtung erfolgt im übrigen meist dann, wenn ein Ungenügen mit der Gegenwartsliteratur oder der Gegenwart überhaupt herrscht, hat also den verdächtigen Charakter einer Laudatio temporis acti. Gerade darin, daß nicht nur ein Fortschritt geleugnet, sondern sozusagen ein erfolgter Rückschritt behauptet wird, enthüllt sich ein Leiden an der Wirkung von Zeit und Geschichte, gerade darin wird zugegeben, daß die Dichtung, die Literatur, was sie selbst wie auch ihr Verständnis betrifft, in Bewegung ist, der Zeit und der Geschichte unterworfen bleibt. Dieser Erfahrung vom Auf und Ab der Literaturgeschichte werden wir nur gerecht, wenn wir die tiefe Geschichtlichkeit jeder Kunst anerkennen, ihr notwendiges Angewiesensein auf das Hic et nunc des Dichters wie seines Publikums. Dichter und Publikum sind ja selbst unabtrennbare Dimensionen des Werkes; und dieses Werk ist nicht denkbar ohne andere Werke, ohne den Zusammenhang, den wir Literatur nennen und der sich nur als wandelbarer, geschichtlicher darstellt. Wesentlicher als die postulierte Absolutheit des »zeitlosen« Kunstwerks ist, daß es nur als ein jeweils aktuelles wirklich existiert, daß es damit offen und wandelbar ist, und vor allem auch, daß es im zeitlichen Leben der Kultur seine Funktionen hat, in seiner Entstehung wie in seiner Existenz und Wirkung. Wir kommen so zwar (vorläufig!) noch nicht zum Problem eines Fortschritts in der Literatur, aber doch zum Phänomen einer Bewegung der Literatur, der Dichtung in der Zeit; unser Problem stellt sich mindestens zunächst dar als die Erfahrung der Geschichtlichkeit des literarischen Lebens. Und es ist nötig, zunächst nur einmal diese Erfahrung – eine Erfahrung des Auf und Ab – näher ins Auge zu fassen und damit allerdings auch die mindestens subjektiv gegebenen Aspekte eines eventuellen Fort- oder Rückschritts zu beschreiben. Eine zweite Frage wird sein, wieweit sich eine solche Erfahrung auch konkret, objektiv und verbindlich ausdrücken und belegen läßt.

Man kann dabei, glaube ich, zwei gegensätzliche, im Gegensatz aufeinander bezogene Erfahrungen oder Haltungen feststellen. Zunächst einmal, wenn man von der Wunschvorstellung zeitlos-weltliterarischer Klassik herkommt, hat diese Haltung einen negativen Akzent: die maßgebende Dichtung, der Kanon des literarischen Lebens, ist nicht gegenwärtig, sondern vergangen; der Maßstab wird in einer immer zurückliegenden Klassik wesentlich retrospektiv erkannt: in der Klassik um 1800, in der Renaissance, im Altertum, Rom, Athen bis zurück zu Homer. Die Bewegung der Zeit führt von diesen ursprunghaft-zeitlosen Maßstäben weg, der Betrachter erfährt sich als Spätling oder gar Epigonen, und er mißtraut der Möglichkeit, daß die Zukunft je ein Neues und Unerhörtes bringen könnte. Auf der anderen Seite – sei es in andern Epochen oder bei andern

Zeitgenossen derselben Epoche – steht dagegen, vielleicht gerade aus demselben Ungenügen heraus, der Typus eines Verhaltens, das alles von der Zukunft erwartet und insofern nun wirklich an einen Fortschritt glaubt, im deutlichsten Fall so sehr, daß nur im Avantgardismus, dem stetigen »seiner Zeit voraus sein«, das Heil erwartet wird. Vereinfachend kann man also in der Beurteilung des literarischen Geschehens und im subjektiven Ethos des Schaffenden selbst von den beiden gegensätzlichen Lagern der Epigonen und der Avantgardisten sprechen, vorsichtiger vielleicht von Klassizisten und Modernisten, von Abgeklärten und Engagierten, von Konservativen und Revolutionären. Jede geschichtliche Bewegung stellt sich dar als Auseinandersetzung zwischen den Kräften des Beharrens und der Neuerung. Damit stehen wir nun aber erst recht wieder vor dem Fortschrittsproblem auch in Sachen der Literatur (und der Dichtung), oder wir begegnen doch unausweichlich einem Fortschrittsdenken, welches das literarische Geschehen begleitet – und da stellt sich ein heute recht aktuelles und virulentes Diskussionsthema.

Es sei zuerst die Erscheinung und Erfahrung des Epigonentums etwas näher umschrieben.[1] Das Wort wird sehr verschieden verwendet; seit Immermann dient es zur Charakteristik der nachklassischen, nachgoethischen Situation im neunzehnten Jahrhundert, wurde dann aber auch auf andere Epochen übertragen, vor allem den Beginn des deutschen Spätmittelalters im nachklassischen dreizehnten Jahrhundert. Wir fassen es ganz allgemein, um bloß die Situation des Spätgeborenen, des Zurückblickenden, des Traditionsbestimmten und Traditionsbeladenen zu bezeichnen. Allerdings hat das Wort, zumal in unserer fortschrittssüchtigen Zeit, einen vorwiegend negativen Klang. Der Epigone ist nicht nur spät, sondern zu spät gekommen, es mangelt ihm die eigene Kraft, er ist ein Opfer der Geschichte, zwischen Stuhl und Bank gefallen; das Los des Epigonen ist es, »im weiten Zwischenreich« zu wohnen und den alten Zitronenschalen noch einmal ein Tröpfchen auspressen zu müssen –

1 Spätzeiten und Spätzeitlichkeit. Vorträge, gehalten auf dem II. Internationalen Germanistenkongreß 1960 in Kopenhagen. Herausgegeben von Werner Kohlschmidt. Bern–München 1962. – Tradition und Ursprünglichkeit. Akten des III. Internationalen Germanistenkongresses 1965 in Amsterdam. Herausgegeben von Werner Kohlschmidt und Herman Meyer. Bern–München 1966. Darin: Claude David, Über den Begriff des Epigonischen.

so hat bekanntlich Gottfried Keller, zwischen Romantik und neuer sozialer Wirklichkeit, das Epigonentum beschrieben. Doch darf man ruhig auch einmal die mögliche Würde, ja vielleicht die Chance eines solchen Epigonentums andeuten, die Chance, Erbe zu sein. Dankbarkeit und Verehrung für große Vorbilder, ohne die kein Mensch existieren kann, sind an sich noch kein Zeichen der Schwäche. Es waren nicht die schlechtesten Zeiten der europäischen Literatur, in denen kein anderer Ehrgeiz bestand, als Treuhänder des antiken Erbes zu sein. Gegenüber Homer, Sappho und Sophokles sind sämtliche europäischen Dichter Epigonen. Aber auch die Bescheidenheit einer Haltung, die sich dem Reichtum des Überlieferten gegenüber keine arrogante Selbständigkeit anmaßt, besitzt ihre Würde. Das Mittelalter, dem man im Ganzen seinen Traditionalismus und seine Autoritätsgläubigkeit ankreidet, dem sogar in der Theorie jede Originalität verdächtig war, hat es sich dennoch keineswegs versagt, ganz neue Wege zu gehen. Man hat sich zwar, mit einer mittelalterlichen Formel aus der Schule von Chartres, als Zwerg gefühlt, aber als Zwerg auf den Schultern eines Riesen und somit dennoch mit weiterem Blick. Im Grunde macht ja erst die dubiose Genielehre des späten achtzehnten Jahrhunderts einen solchen Traditionalismus verdächtig. Spätzeit, abendliche Stimmung ist auch im einzelnen Menschenleben eine natürliche Etappe; fast jeder Mensch ist im Alter sein eigener Epigone, und doch braucht Altersdichtung keineswegs epigonisch zu sein. Auch der Spätling, der mit Hofmannsthal »ganz vergessener Völker Müdigkeiten nicht von seinen Lidern abtun kann«, hat doch die künstlerische Chance einer elegischen Verwandlung und Lösung seines Schicksals. Auch die epigonische Situation verbietet nicht, daß (fast unvermerkt) ein ursprüngliches dichterisches Ereignis sich vollzieht – man kann auch mit dem Rücken voran in die Zukunft schreiten. Grillparzer, Stifter, Conrad Ferdinand Meyer lassen sich in mancher Hinsicht als lebensschwache Epigonen bezeichnen – nach ihrer geschichtlichen und seelischen Situation, nicht aber nach dem Gelingen, der Kraft und Wirkung, nach der Ursprünglichkeit ihres Werks. Eine zunächst so retrospektive, konservative Gruppe wie die der Neuromantiker hat in mancher Hinsicht für ihre Zeit auch wieder avantgardistischen Charakter. Aufs Ganze gesehen bedarf die Literaturgeschichte gerade für ihr Fortschreiten der Kräfte des Restaurativen, der Erinnerung und Besinnung; eine Zukunft setzt ja eine Vergangenheit voraus. Es ist gar nicht so leicht zu sagen, wo jeweils »vorne« ist. Die Frage wird vom künstlerischen Rang, nicht von der geschichtlichen Situation entschieden.

Insofern kann sich das Epignonentum unvermerkt selber aufheben. Doch liegt natürlich die bewußte und programmatische Reaktion auf eine als epigonisch, traditionsbeladen und verkalkt empfundene Lage nahe. Nicht nur im neunzehnten Jahrhundert, auch etwa im Spätmittelalter und vielleicht gerade auch heute treibt das Bewußtsein der epigonischen Situation selber ein zunächst forciertes Streben nach Originalität hervor. Goethe hat schon 1812 den Begriff des forcierten Talents dafür geprägt und damit alle, die künftig auf manieristische, interessante, groteske oder sonst sucherisch-experimentelle Weise ein Neues kreieren, verdächtig gemacht. Dennoch: wie immer das Ergebnis rangmäßig sein mag, eine Partei der Progressiven, sei sie es faktisch oder bloß ideologisch, wird als Alternative zum Epigonentum deutlich.

Wiederum ist unter diesem Progressiven sehr Verschiedenes zu verstehen; wir meinen damit zunächst nur eine betonte Zuwendung zur Gegenwart und Zukunft, sei es von seiten eines einzelnen Temperaments oder einer Epoche oder einer Autorengruppe (gerade die Progressiven pflegen sich ja gern zu Stoßtrupps, zu Avantgarden zu verbinden).

Ein ganz Natürliches steht am Anfang, nämlich die legitime Selbstverständlichkeit, mit der sich jedes unmittelbare Leben als frei, ursprünglich und neu fühlt und begreift. Insbesondere jedes dichterische Schaffen ist, auch wenn es sich noch so sehr als Nachahmung definieren mag, im Aufbruch zu einem Künftigen, ist unterwegs, zielgerichtet und von sich selbst überzeugt. Vor aller Genielehre begleitet das Gefühl der Frische und Neuheit wohl jedes dichterische Schaffen. Jeder hat das Recht, sich am Morgen eines neuen Tages zu sehen. Insofern kann der Begriff des Fortschritts als eine Art subjektives Vorzeichen des literarischen Geschehens verstanden werden; auch wo sich dieses als Wiedergeburt, und das heißt ja schließlich Wiederholung und Nachahmung, auffaßt, kann dieses Progressionsgefühl sehr stark sein: man denke gerade ans Zeitalter der Renaissance. Ganze Epochen können sich im Banne einer solchen Entelechie fühlen: das achtzehnte Jahrhundert ist nicht nur die Zeit eines allgemeinen, sturen Fortschrittglaubens; in Deutschland bedeutet es spezieller auch das Klima für die Entstehung der klassischen Literatur, und über das bloße subjektive Zeitgefühl hinaus darf man doch wohl von einer hinreißenden Zielstrebigkeit, einem Aufstieg, einer Progression der Literatur des achtzehnten Jahrhunderts sprechen.

Fragwürdiger wird es nun, wenn diese Progressivität zur Ideologie, zum Programm wird, wenn der Dichtung nun nicht nur an sich spontane Ursprünglichkeit, sondern ein grundsätzlich revolutionärer Charakter, ja schließlich revolutionäre Funktionen im allgemeinen Kulturzusammenhang zuerkannt werden. Auch dies ist im neunzehnten Jahrhundert, in Reaktion auf die Zeit Goethes, der Restauration und Romantik, der Fall gewesen. Wie Holthusen[2] kürzlich gezeigt hat, ist der Begriff »avantgarde« um 1840 in Frankreich im ursprünglich militanten Sinn geprägt worden, zur Bezeichnung einer literarischen Vorhut, die revolutionär für die kommende sozialistische Ordnung kämpft. Das meint nicht mehr irgendeine Modernität, die sich wie noch bei Schlegel mit der Tradition, mit der Antike polarisieren ließe, sondern – um das heutige Schlagwort zu brauchen – ein Engagement politisch-sozialer Art zugunsten einer radikal-neuen Zukunft, einen Idealstaat der klassenlosen Gesellschaft oder sonst eine Utopie. Peter Brang zeigt im Rahmen dieser Vorlesungen, wie sehr die russische Literaturtheorie vom Fortschrittsgedanken bestimmt und wie eng sie damit einer politisch-sozialen Ideologie verbunden ist.*

Nun ist es fast eine Selbstverständlichkeit, daß Dichtung unmöglich in sich selbst existieren kann, daß sie vielmehr stets über sich hinaus wirkt und in einer moralischen, sozialen, religiösen Verantwortung steht – auch wenn es nur die Moral der Wahrhaftigkeit und das Ethos der künstlerischen Selbstzucht wäre. In dieser Weise ist Kunst freilich immer engagiert. Demgegenüber ist der Begriff des Engagements in konkretem Sinn sozialrevolutionär gemeint, und er findet auch in der Literaturwissenschaft seine methodische Entsprechung in einer soziologischen Literaturbetrachtung, soweit diese praktisch meist von einem milden Marxismus bewegt ist. Dabei kann das Gedeihen der Kunst grundsätzlich vom sozialen Fortschritt

---

[2] Hans Egon Holthusen, Kunst und Revolution. In: Avantgarde, Geschichte und Krise einer Idee. Herausgegeben von der Bayerischen Akademie der schönen Künste. München 1966. Vgl. Akzente 1964, S. 397.

* Brang, Peter: Fortschrittsglauben in Rußland einst und jetzt, in: Das Problem des Fortschrittes – heute, hrsg. v. R. M. Meyer, Darmstadt 1969, S. 29–53 (Anm. d. Hrsg.).

abhängig gemacht werden, oder sie erhält selbst die Aufgabe, den sozialen Fortschritt zu fördern. Das Wertmaß der Dichtung ist dann der Grad ihrer Progressivität, das heißt eben praktisch des sozialen Engagements.

Nun sind die Grenzen einer solchen Kunst bekanntlich sehr bald erreicht. Was an marxistisch-offizieller Dichtung produziert worden ist, dürfte meistens nicht einmal überzeugte Marxisten überzeugt haben; der vielberedete sozialistische Realismus spricht keineswegs für die Theorie einer solchen engagierten Kunst. Der Dichter kann und vor allem will nicht auf die Freiheit, auf eine Autonomie seines Schaffens verzichten. Der Konflikt zwischen künstlerischer und politischer Raison wird nur allzubald ausbrechen. Bert Brecht ist wohl kaum qua Marxismus ein großer Dichter – auch wenn sein Engagement echt sein mag. Man hat im Gegenteil den Eindruck, daß die marxistischen Kategorien als Arbeitshypothese oder Vorwand für neue, unter Umständen recht artistische Formen der Kunst dienen. Zum mindesten ist es viel zu kurz gegriffen, wenn in einer inhaltlichen Aktualität, einem zeitgeschichtlichen Engagement irgendwelcher Art die Rechtfertigung von moderner Kunst gesucht wird. Manche Vietnam- oder Atombombenlyrik von heute ist da meistens nur gut gemeint. Vor allem zeigt sich ja auch eine schwer zu übersteigende Grenze solcher Dichtung: sie ist eben leider immer noch nur »Dichtung«. Und wenn man schon engagiert sein will, so wäre eine Maschinenpistole oder eine Geldsendung vielleicht doch ein zweckmäßigeres Mittel zum Zweck als ein lyrisches Gedicht. So fehlt denn heute auch nicht die politische Bankrotterklärung der Dichtung selbst. Der Erzähler und Lyriker Günter Herburger schrieb kürzlich im ›Spiegel‹: »Hat man das Kursbuch 9, herausgegeben von Hans Magnus Enzensberger, gelesen, so kommt einem Belletristik völlig belanglos vor. Wir haben, diese Dokumentation in der Hand, keine Zeit mehr für Aesthetik« – und offenbar auch keine Zeit mehr, das Wort »Aesthetik« richtig zu gebrauchen. Man kennt das aus Brechts heute überall zitiertem Gedicht ›An die Nachgeborenen‹: »Was sind das für Zeiten, wo / ein Gespräch über Bäume fast ein Verbrechen ist, / weil es ein Schweigen über so viel Untaten einschließt.«

Nun ist es für einen Dichter nicht leicht, seine sogenannte Belletristik oder eben »Aesthetik« aufzugeben und zur politischen oder kriegerischen Tat zu schreiten. Ganz abgesehen davon, daß es auch für den bemühtesten Engagierten heute nicht leicht ist, im undurchsichtigen Spiel der Mächte die richtige Partei zu ergreifen und am richtigen Ort konkret einzuwirken. Der Ausweg besteht darin, daß die revolutionäre Funktion des Dichters verallgemeinert und perpetuiert wird – man spricht nicht mehr von einem konkreten Ziel, sondern geheimnisvoll von einer »qualitativen Veränderung«, die der Dichter bewirken will. Eine ursprünglich echte utopische Hoffnung verschwindet, Fortschrittsglaube wird ersetzt durch die beständige Revolution und Opposition um ihrer selbst willen. Und hier kommen nun all jene Formulierungen, die heute als Heuschreckenwolke von Schlagwörtern herumziehen: die Aufgabe der Dichtung sei die Erzeugung von Schocks, die Zerstörung von Tabus, das Schöpferische sei wesensmäßig revolutionär, es gelte den Kampf gegen das Establishment, der Künstler sei von Natur und Aufgabe her verräterisch, böse, illoyal und nonkonformistisch. So hat sich etwa auch unser Landsmann Otto F. Walter als Leiter eines avantgardistischen Verlages kürzlich vernehmen lassen. Wohin die Fahrt geht, kann und darf da nicht mehr gefragt werden. Und es kann da keine Normen irgendwelcher Art geben, nach denen der Rang des einzelnen Werks oder die Richtung eines literaturgeschichtlichen Verlaufs zu beurteilen wäre. Adorno sagt einmal, im Ruf der Menschen nach Normen und Leitbildern spiegle sich »bloß die Schwäche ihres Ichs gegenüber Verhältnissen, über die sie nichts zu vermögen meinen, und die blinde Macht des nun einmal so Seienden. Die dem sogenannten Chaos von heute beschwörend einen Kosmos von Werten entgegenstrecken, bekunden nur, wie sehr dies Chaos bereits zum Gesetz ihres eigenen Handelns und ihrer Vorstellung geworden ist.«[3] Es bleibt also bei der unberechenbaren schöpferischen Freiheit des Dichters auch gegenüber einem konkreten Engagement, es bleibt bei der Autonomie des Künstlers und damit dem einzigen Tabu, das die Tabuzerstörer meist zu verschonen pflegen. Gewiß ist die ständige Öffnung der Horizonte eine Aufgabe und eine Wirkung der Kunst. Die Geschichte etwa des europäischen Romans vermag diesen dichterischen Abenteuerweg großartig zu zeigen. Hans Robert Jauss sieht auch die gesellschaftsbildende Funktion der Dichtung in der beständigen Antizipation noch unverwirklichter Möglichkeiten; der »vertraute Horizont literarischer Erwartungen« wird durchbrochen, ein neues »Weltverständnis« zuhanden des Lesers präformiert. Literaturgeschichte deckt die Funktion auf, die der Literatur »in der

---

[3] Theodor W. Adorno, Ohne Leitbild. In: Parva aesthetica. Edition Suhrkamp 201, 1967, S. 14.

Emanzipation des Menschen aus seinen naturhaften, religiösen und sozialen Bindungen zukam«.[4] Auch da ist freilich zu befürchten, daß der Emanzipations- oder Fortschrittsgedanke einer reinen Formalisierung verfallen kann; Veränderung ist um der bloßen Veränderung willen gesucht, Emanzipation im Sinne leerer Selbstbestätigung. Holthusen hat aus einem Manifest Walter Höllerers, eines führenden Impresarios der heutigen Avantgarde, einen hübschen stilistischen Beleg für diese Gefahr zitiert: es solle (in einem Heft der ›Akzente‹) »die Rede sein ... von Veränderung in der Literatur, in der möglicherweise die heute entscheidenden Veränderungen der vom Bewußtsein erfaßbaren Realität Gestalt anzunehmen beginnen und die damit, unmißverständlich, auch Veränderung ansteuert«.[5] Da beißt sich die Schlange der Veränderung in den eigenen Schwanz.

Der Begriff Veränderung bleibt jedenfalls ungenügend, um ein literaturgeschichtliches Geschehen als notwendig oder gar sinnvoll zu erweisen. Auch darf man vermuten, daß man auch mit schlechter Literatur, und vor allem mit dieser, die Gesellschaft und die Welt rasch verändern kann. Es bleibt uns nichts, als auf unseren Ausgangspunkt, den Begriff der Geschichtlichkeit und Zeitlichkeit der Literatur, zurückzukommen und zu versuchen, das Wesen der literaturgeschichtlichen Bewegung etwas näher zu bestimmen.

Hier freilich geraten wir in die Unabsehbarkeit geschichtsphilosophischer Theorien, denn das literarische Geschehen könnte ja nur von der Gesamtbewegung einer umgreifenden menschlichen Geschichte her bestimmt werden. Gerade in dieser Weite aber werden alle Theorien über Sinn und Organisation des Geschichtsverlaufs spekulativ, willkürlich und letzten Endes leer. Wenn heute schon der Fortschritt der Menschheit zum Paradies der klassenlosen Gesellschaft nicht mehr glaubwürdig ist, so sind erst recht Hegels Entwurf von der Geschichte als Selbstverwirklichung des Geistes oder selbst Herders Vision von der Entwicklung der Humanität um ihre Überzeugungskraft gekommen. Damit ist natürlich aber auch die umgekehrte Konzeption, Weltgeschichte als sukzessiver Zerfall vom goldenen Zeitalter herab ins Elend der Gegenwart und den kommenden Untergang, etwa durch den Knalleffekt der Atombombe, gegen-

---

4 Hans Robert Jauss, Literaturgeschichte als Provokation der Literaturwissenschaft. Konstanzer Universitätsreden, 3. Konstanz 1967, S. 18, 39, 63, 66, 72 u. a.

5 Holthusen, a.a.O., S. 41.

standslos; die Rückschrittslehre ist nicht besser als die Lehre vom automatischen Fortschritt, und auch das Reden vom schicksalhaften Kultur- oder auch Literaturverfall setzt sich dem Verdacht aus, ein bloßer pessimistischer Mythus zu sein.

Noch immer spricht man freilich auch in der Literaturgeschichte, mit einem letztlich biologischen Begriff, von »Entwicklung«, und man glaubte damit einmal, den Fortschrittsgedanken überwunden oder zeitgemäß gemacht zu haben. Wie weit der Entwicklungsgedanke, im Sinn der Verwirklichung einer Entelechie, in den andern Kulturgebieten trägt, sei hier nicht diskutiert; in der Literaturgeschichte wird man nur in sehr übertragenem Sinn von Entwicklungen, von Blütezeiten, Endstadien und so weiter reden dürfen. Das Wilhelm-Scherersche System der Literaturgeschichte als einer Abfolge von Blütezeiten im Rhythmus von je sechshundert Jahren Abstand war wohl nie mehr als ein Aperçu. Die Literaturgeschichte folgt nicht den Gesetzen irgendeiner naturhaften Entfaltung vorgegebener Möglichkeiten, sondern ist ein Geschehen der Tradition; sie lebt im freien Spiel der Entscheidungen und Überraschungen und ist niemals nur ein schicksalhaftes Nacheinander, sondern kennt ja eine Präsenz des Vergangenen, den freien Rückgriff auf weit zurückliegende Epochen, wie etwa, immer wieder, das klassische Altertum.

Solche geschichtsphilosophischen Mythen, heißen sie nun Fortschritt, Entwicklung oder wie immer, sind schon darum problematisch, weil die Geschichtlichkeit ja zunächst eine Kategorie der menschlichen Existenz darstellt. Was Geschichte objektiv als Verlauf und Ordnung ist, läßt sich an sich, ohne Rücksicht auf die Einzelexistenz, nicht sagen. Geschichte ist für den Menschen primär seine Geschichtlichkeit. Gemeint ist damit sein Ausgespanntsein zwischen Vergangenheit und Zukunft, sein Unterwegssein, und zwar so, daß er eine unumkehrbare Richtung nach vorn erfährt, aber niemals am Ziel sein und dieses Ziel auch niemals benennen kann. »Sinn« der Geschichte ist zunächst, nach der alten Wortbedeutung des Wortes »Sinn«, nichts anderes als Richtung, als Weg. Auch hat die Einzelexistenz, für die der Tod das einzig Gewisse und das unausweichliche Ziel seines Fortschreitens ist, ja nur als Einzelexistenz teil an einer umgreifenden Geschichtsordnung, sie hat ja keine Möglichkeit, persönlich ins Paradies zurückzukehren oder auf das tausendjährige Reich zu warten; sie kann also jene Mythen nur in einem existenziellen Sinn verwirklichen. Alle Deutung des großen Geschichtsverlaufs bleibt perspektivisch auf das Dasein des einzelnen geschichtlichen Menschen bezogen und wird desto vager und unverbindlicher, je weiter der Kreis der Betrachtung gezogen ist. Primär hat der Dichter nicht eine revolutionäre Weltveränderung zu leisten, sondern höchstens das Abenteuer seiner eigenen Kunst – und soweit er dieses Abenteuer besteht, ist er bereits auch progressiv.

Dann freilich, vom Lichtkegel des einzelnen Werks, der einzelnen dichterischen Existenz aus, ist es sehr wohl möglich, einen umgreifenden sinnvollen Zusammenhang zu erkennen, einen Sinn, der allerdings gemäß den Bedingungen des geisteswissenschaftlichen Verstehens immer auch die geschichtliche Situation des Betrachters mit zum Ausdruck bringt. Es wäre lächerlich abzustreiten, daß sich zum Beispiel in der Werkfolge eines Dichters ein sinnvoller, nicht umkehrbarer, vielleicht auch fortschreitender Prozeß vollzieht, daß das Œuvre des Dichters seine artikulierbare Geschichte hat. Und unbestreitbar haben auch bestimmte literarische Gruppen, in der Kadenz ihrer Leistungen, in der Veränderung ihres literarischen Bewußtseins und literarischen Stils, einen sinnvollen, kontinuierlichen Gang – wir sprachen schon von dem erstaunlichen Phänomen der Entstehung der deutschen Klassik. Hier erst sind wir im übergeordneten literaturgeschichtlichen Bereich, bei geschichtlichen Reihen, bei Gruppenstilen, wo allenfalls im üblichen Sinn von Progreß oder Rückschritt gesprochen werden kann, freilich ohne daß dabei die Bezogenheit auf das einzelne Kunstwerk und den Standpunkt des Betrachters aufgehoben wäre. Hier gibt es aber doch konkrete Vorgänge, die im Zusammenhang der Fortschrittsfrage interessieren müssen. Es sind sozusagen die objektiven Entsprechungen dessen, was sich in den Haltungen des Epigonentums und des Avantgardismus zunächst als Einstellung des Bewußtseins gezeigt hat. Dafür empfehlen sich allerdings neutralere Bezeichnungen, die dem Wesen der Literatur besser entsprechen.

Versuchsweise sei vom Phänomen der Integration beziehungsweise des Verfalls oder der Desintegration gesprochen. Das »Ganze«, das Integrum, auf das sich diese Wörter beziehen, ist dabei das der Literatur als eines jeweiligen umfassenden kulturellen Gebildes. Was man eine Literaturblüte zu nennen pflegt, ist – im europäischen Hochmittelalter, im französischen siebzehnten, im deutschen achtzehnten Jahrhundert – gekennzeichnet durch das Zusammenspiel verschiedenster Möglichkeiten, Formen, Gattungen, Gehalte des dichterischen Lebens, die doch alle eben wirklich in einem großen Zeitstil konzertieren, eine ganze Gesellschaft, ja eine Nation repräsentieren und darüber hinaus Reichtum, Tiefe, Intensität des Menschlichen zur Sprache kommen lassen. Der Literaturhistoriker kann zeigen, wie sich ein solches Ganzes integriert, wie literarische Gattungen ausgebildet und aufeinander bezogen werden, wie immer mehr Bewußtseinselemente oder Weltbereiche sagbar werden, wie eine Formensprache – von der Grammatik bis zur Metrik, von der Metaphorik bis zur Rhythmik – ausgeprägt und differenziert wird. Man darf dabei die sprach- und dichtungstechnischen Errungenschaften keineswegs gering schätzen. Es hat in der deutschen Literaturgeschichte Zeiten gegeben, die tatsächlich nicht mehr wußten, wie man einen sprechbaren Vers bauen sollte, und die es als ungeheure Befreiung empfanden, als zum Beispiel Malherbe oder Opitz endlich die nötigen Anweisungen geben konnten, oder ähnlich, als es gelang, die antiken Versmaße deutsch nachzubilden; wie sehr im modernen Roman etwa die technischen Möglichkeiten der Bewußtseinsdarstellung oder der Zeitbehandlung faszinieren, ist bekannt. Unter Berufung auf Paul Valéry hat Adorno mit einem gewissen Recht gemeint, man solle nicht gleich nach Ewigkeitswerten rufen, sondern die technisch-handwerklichen Dinge, die Werkstatt würdigen, weil hier am unmittelbarsten die ethischen Werte erscheinen, in der Form selbst. An den Dichterbriefwechseln des neunzehnten Jahrhunderts fesseln heute oft weniger die weltanschaulichen Bekenntnisse als die Werkstattgespräche; bei der fachmännischen Diskussion ihrer technischen Probleme sind manche Dichter echter als beim »Gehalt«.

Allerdings läßt sich gerade hier auch verfolgen, wie Integration ins Gegenteil umschlagen kann, oder genauer: wie es nur zur Akkumulation statt zur Integration der Mittel kommt. Mancher moderne Kritiker seufzt darüber, wie viele der heutigen Autoren mit allen Wassern gewaschen scheinen, ohne doch im Ganzen zu überzeugen. Mit der Verselbständigung der technischen Mittel kann sich gerade eine Desintegration ankündigen. Die Erscheinungen des Manierismus beruhen ja zum großen Teil auf einer Verselbständigung sprachlich-formaler Elemente, die nicht mehr in einem Ganzen sinnbezogen sind beziehungsweise umgekehrt einen drohenden Sinnverlust, eine Beziehungslosigkeit zum Ausdruck bringen wollen. Damit soll wiederum nicht gesagt sein, daß manieristische Dichtung als solche qualitativ minderwertig sei – wir billigen dem einzelnen Werk in jeder literaturgeschichtlichen Situation die Möglichkeit künstlerischer Vollendung zu. Jede Zeit, jeder Dichter ist gottunmittelbar; Fischart etwa ist eine einsame Größe in der fast vollkommenen literarischen Trostlosigkeit des späteren sechzehnten Jahrhunderts. Nur wird im Bereich solcher Desintegration die Gefahr wohl größer oder doch sichtbarer, daß die Sprache inflationär wird, nicht hält, was sie verspricht, daß sich Bluff oder Unsinn esoterisch gibt. Verfall dessen, was man als Literatur im lebendigen Sinn bezeichnet, kann auch unmittelbar im Hinblick auf die tragende Gesellschaft bestimmt werden: eine hochgezüchtete, spezialisierte dichterische Sprache kann zur Geheimsprache separater Gruppen, Eliten oder bloßer Cliquen werden; oder es kann die sprachlich dichterische Welt einer legitimen Elite, wie etwa die hochmittelalterliche Ritterdichtung, in tiefere Schichten absinken und hier zu einem uneigentlichen Ausdruck sich verflachen: der Minnesang wird Volkslied, der Ritterroman zum billigen Volksbuch. Eine geradezu räumliche Form des Verfalls ist die Provinzialisierung – eine literarische Hochsprache (grammatisch wie stilistisch verstanden) zerfällt in einzelne lokale Traditionen: der Fall des deutschen Spätmittelalters. Ein Problem übrigens auch, das den deutschschweizerischen Autoren (zu Recht oder zu Unrecht) zu schaffen macht, seit die europäische Gemeinschaft des achtzehnten und zum Teil auch noch des neunzehnten Jahrhunderts faktisch in die Brüche gegangen ist.

Ist es möglich, von diesen Überlegungen aus das »Problem des Fortschrittes – heute« für die moderne Literatur zu umschreiben? Man wird auf eine einfache Formel, die nur eine falsche Verallgemeinerung wäre, verzichten müssen. An sich scheinen alle Vorbedingungen einer literarischen Blüte gegeben: eine gewaltige technische Erleichterung der Kommunikation zwischen Orten und Zeiten, Zugang breitester neuer Schichten zur Literatur, Verschwinden sozialer Trennwände zugunsten einer einheitlichen Wohlstandsgesellschaft unter einheitlichen Lebensformen; unerhörte Möglichkeiten literarischer Ausstrahlung und Diskussion durch Buchgemeinschaften, Taschenbücher, Massenmedien und so weiter. Zugleich aber – (das ist kaum zu sagen nötig) – gerade durch diese neuen Möglichkeiten zunächst mindestens ein Gewirr der Stimmen, eine Verfälschung und Verzerrung des Literaturgesprächs durch Propaganda, industrielle Produktion des Buches, hemmungslosen Appell an fragwürdige Interessen und Instinkte.

Ein abschließendes Lamento über die Gegenwartsliteratur wäre unangebracht, denn es würde eine unhaltbare Theorie über Fortschritt und Rückschritt voraussetzen. Anzudeuten war nur, wie eng im geschichtlichen Leben die Bewegungen der Integration und die des Verfalls durcheinandergehen oder wohl genauer: miteinander verhängt sind. Von Fortschritt gar oder von Rückschritt zu sprechen, ist immer nur in bezug auf einen kleinen Ausschnitt und vor allem in bezug auf technische Möglichkeiten erlaubt. Die Geschichte als Ganzes bleibt offen und komplex, jede Isolierung ist zugleich eine Verzeichnung des Bildes im Ganzen. Wir haben kein Recht zu Prophezeiungen, zu Frohlocken oder Klagen, wenn wir nicht irgendeinem Fatalismus – des Fortschritts oder der Dekadenz – huldigen wollen. Es wäre eine viel nützlichere Arbeitshypothese, von einer Konstanz der kulturellen Energien auszugehen. Oder anders gesagt und noch einmal: die Bewältigung und Leistung dessen, was man als Fort- oder Rückschritt in die Weltgeschichte projiziert, kann zuerst nur im geschichtlichen Hic et nunc des einzelnen menschlichen Daseins und dichterischen Werks erfolgen. Ohne Stoiker zu sein, darf man sich an den alten Paul Fleming halten:

Was klagt, was lobt man doch? Sein Unglück und sein Glücke
Ist ihm ein jeder selbst. Schau alle Sachen an:
Dies alles ist in dir. Laß deinen eitlen Wahn,
Und eh du fürder gehst, so geh in dich zurücke.
Wer sein selbst Meister ist und sich beherrschen kann,
Dem ist die weite Welt und alles untertan.

Jochen Schulte-Sasse

Autonomie als Wert.

Zur historischen und rezeptionsästhetischen Kritik eines ideologisierten Begriffes [1975]

»Es gibt eine Reihe von Kriterien«, so behaupteten Edgar Mertner und Herbert Mainusch 1971 in einem amtlichen Gutachten, »die es ermöglichen, ein literarisches Kunstwerk vom Nichtkunstwerk zu unterscheiden. Zu diesen Kriterien gehört beispielsweise die dem Kunstwerk eigentümliche Autonomie, die es unmöglich macht, daß das Kunstwerk in den Dienst einer politischen oder weltanschaulichen Lehre tritt.«[1] Erstaunlich an diesem herkömmlichen Lehrsatz

[1] In einer Stellungnahme vom 19. Februar 1971 vor der Bundesprüfstelle

literarischer Wertungstheorien, dessen historisch unreflektierte und somit unkritische Tradierung personell und institutionell immer noch abgesichert ist, ist seine mangelnde Differenziertheit. Da wird aus einem offensichtlichen Merkmal ästhetischer Texte, nämlich aus ihrer fehlenden Diskursivität und formbestimmten Ausdrucksweise, der Schluß gezogen, daß Kunstwerke sich nicht nur direkt, sondern auch indirekt einer (im weiteren Sinne) politischen Indienstnahme entziehen. Da wird nur ungenau überprüft, ob im (nicht nur literarischen, sondern allgemein semiotischen) Anspielungshorizont seiner Entstehungszeit ein Text nicht über Sekundärbezüge, d. h. über Personenkonstellationen und Handlungsstrukturen, über Symbolketten usw., politische Relationen zu seinem Kontext erstellt, die dem ehrfurchtsvollen Blick einer bewahrenden Spätzeit entgehen oder unbewußt bleiben, weil sie inzwischen – ideologisch verzerrt – als quasiästhetische internalisiert worden sind.

Autonomieästhetische Wertungstheoretiker meinen aus ihrem Basissatz von der Zweckfreiheit der Kunst einen uneinholbaren Vorteil ziehen zu können: sie nehmen für sich in Anspruch, methodisch reiner und gegenstandsadäquater zu verfahren, indem sie alle außerästhetischen Gesichtspunkte beiseite zu schieben vorgeben, um sich allein auf ästhetische, auf medienspezifische zu konzentrieren. Einer möglichen rezeptions- bzw. kommunikationstheoretischen, d. h. die Autonomie sprachlicher Kunstwerke transzendierenden Begründung literarischer Wertung würden sie entgegenhalten, sie vermenge ästhetische und außerästhetische Aspekte und werde so der Eigenart des Ästhetischen nicht gerecht. Wollen wir die literarische Wertungstheorie wie -praxis auf eine neue Grundlage stellen, müssen wir uns dieser autonomieästhetischen Herausforderung stellen. Uns obliegt mithin der Nachweis, daß jener Ansatz sich ganz und gar nicht Außerästhetischem, insbesondere ideologisch motivierter Interessenverquickung, entzieht, sondern letztere mit seinem Anspruch lediglich verschleiert. Erst wenn dieser Nachweis glückt, sind autonomie- und rezeptionsästhetische Ansätze vergleichbar und Entscheidungen im Hinblick auf ihre historische wie methodische Praktikabilität und Legitimität möglich.

---

für jugendgefährdende Schriften. Zitiert nach Jörg Einecke: »Über die Tätigkeit der Bundesprüfstelle für jugendgefährdende Schriften. Eine Untersuchung unter dem Aspekt des Kunstschutzes.« In: »Zeitschrift für Literaturwissenschaft und Linguistik« 2 (1972) H. 6, S. 50.

Ein solcher Nachweis ließe sich induktiv im Hinblick auf literarische Werke selbst denken. Man könnte im Anschluß an Behauptungen wie der von Mertner und Mainusch nachweisen, daß die sekundären, sich nicht diskursiv niederschlagenden, aber nichtsdestoweniger semiotisch wirksamen Verflechtungen zwischen Texten und (im weitesten Sinne politischen) Kontexten bis in die ästhetischen Herzregionen von Kunstwerken hineinreichen und somit aus einer ästhetischen Betrachtungsweise nicht ausblendbar sind. Ein solcher Nachweis läßt sich aber auch denken im Hinblick auf das ästhetische und poetologische *Reden* von Autonomie. Dieses Reden hat, bevor seine Anlässe ideologisch verdeckt und rezeptionsgeschichtlich verzerrt worden sind, aktuelle historische Beweggründe gehabt. Im folgenden wird versucht, die Spannung zwischen autonomie- und rezeptionsästhetischer Begründung literarischer Wertvorstellungen, zwischen vergangener und gegenwärtiger Aktualität dieser Ansätze als historische Spannung darzustellen. Als Ausgangspunkt bietet sich die Ästhetik jenes Denkers der deutschen Klassik an, der sich immer wieder bemüht hat, die spezifische Autonomie literarischer Werke und ihre geschichtsbildende Funktion zu bestimmen, die Ästhetik Schillers. Wir werden dabei nicht um einen längeren Exkurs zur politischen Motivation ästhetischer Denkweisen Schillers herumkommen.

I

Im sechsten seiner ästhetischen Briefe kommt Schiller auf ein historisches und gesellschaftspolitisches Phänomen zu sprechen, für das Marx später Begriff und Theorie der Entfremdung systematisch entwickelt hat. »Auch bei uns«, so beklagt Schiller die Folgen der Arbeitsteilung, »ist das Bild der Gattung in den Individuen vergrößert aus einander geworfen – aber in Bruchstücken, nicht in veränderten Mischungen, daß man von Individuum zu Individuum herumfragen muß, um die Totalität der Gattung zusammenzulesen. [...] wir sehen nicht bloß einzelne Subjekte, sondern ganze Klassen von Menschen nur einen Teil ihrer Anlagen entfalten, während daß die übrigen, wie bei verkrüppelten Gewächsen, kaum mit matter Spur angedeutet sind. [...] Ewig nur an ein einzelnes kleines Bruchstück des Ganzen gefesselt, bildet sich der Mensch selbst nur als Bruchstück aus; ewig nur das eintönige Geräusch des Rades, das er umtreibt, im Ohre, entwickelt er nie die Harmonie seines Wesens, und anstatt die Menschheit in seiner Natur auszuprägen, wird er bloß zu einem

Abdruck seines Geschäfts, seiner Wissenschaft.«[2] Die von Schiller so vehement beklagte, durch die Entwicklung arbeitsteiliger Produktionsweisen hervorgerufene Entfremdung der Menschen von sich selbst, der er als Schriftsteller ja ebenfalls unterworfen war und die im Verlauf des 18. Jahrhunderts zur gesellschaftspolitischen Isolierung der Schriftsteller als für die Allgemeinheit nicht mehr repräsentativer Spezialisten führt, wird von einer Reihe sich vor allem als marxistisch verstehender Autoren als historische Ursache dafür angegeben, daß seit dem 18. Jahrhundert Dichter und Dichtungstheoretiker literarische Werke als »autonom« betrachten. Einer als entfremdet erlebten Wirklichkeit gegenüber, so heißt es, könne sich der Künstler nur als Genie, als Außenseiter der Gesellschaft definieren – könne er sein Werk nur als antinom begreifen, indem er der »formale[n] und ästhetische[n] Seite eine umso beherrschendere Rolle« zumesse[3] und der Kunst einen gesellschaftlichen Status zuweise, »der in der Negation von gesellschaftlichem Status selbst besteht«.[4]

Die Geschichte des ästhetischen Autonomiebegriffs spiegelt so für viele Autoren die Geschichte sich verschärfender allgemeingesellschaftlicher Entfremdung. Kunst und Wirklichkeit seien in den vergangenen zwei Jahrhunderten zunehmend stärker auseinandergetreten, weil es Schriftstellern und Literaturtheoretikern immer weniger gelungen sei, ihren Gegensatz zu versöhnen; die objektiven Entfremdungsweisen *in* der Gesellschaft sollen sich dialektisch in subjektiv-künstlerischen Entfremdungen *von* der Gesellschaft niedergeschlagen haben.

Schiller scheint für einen solchen historischen Erklärungsvorschlag die besten Belege zu liefern. Er leidet nachweislich unter dem, was wir heute als gesellschaftliche Entfremdung fassen, pocht eindringlich auf die Autonomie des Kunstwerks und stellt sich und sein Schaffen entschieden der gesellschaftlichen Realität entgegen. »Es ist im buch-

---

2 »Schillers sämtliche Werke«. Säkular-Ausgabe. Hrsg. von Eduard von der Hellen. Stuttgart und Berlin o.J. Bd. 12. S. 17–19 [fortan als SA zitiert].

3 Rolf Gutte: »Marxistische Literaturbetrachtung«. Phil. Diss. Marburg 1951. S. 23.

4 Berthold Hinz: »Zur Dialektik des bürgerlichen Autonomie-Begriffs«. In: Michael Müller u.a., »Autonomie der Kunst – Zur Genese und Kritik einer bürgerlichen Kategorie«. Frankfurt a.M. 1972. S. 173.

stäblichsten Sinne wahr«, so schreibt er am 3. August 1795 an den Komponisten Reichardt, »daß ich gar nicht in meinem Jahrhundert lebe; und ob ich gleich mir habe sagen lassen, daß in Frankreich eine Revolution vorgefallen, so ist dies ohngefähr das wichtigste was ich davon weiß.« Drei Monate später, am 4. November, heißt es in einem Brief an Herder: »Es läßt sich, wie ich denke, beweisen, daß unser Denken und Treiben, unser bürgerliches, politisches, religiöses, wissenschaftliches Leben und Wirken wie die Prosa der Poesie entgegengesetzt ist [...] Daher weiß ich für den poetischen Genius kein Heil, als daß er sich aus dem Gebiet der wirklichen Welt zurückzieht.« Diesen Brief Schillers an Herder als Kronzeugen aufrufend, meint Hans-Wolf Jäger auch und gerade im Hinblick auf Schiller von einer »a- oder antipolitischen Klassik« sprechen zu können[5] – eine Charakterisierung, in deren Gefolge, wenn sie zuträfe, auch das klassische Autonomiekonzept als apolitisches zu deuten wäre.

Um die ursprüngliche Politizität dieses Konzeptes detailliert und konkret nachweisen zu können, ist es nötig – anknüpfend an eine Äußerung des vorkantischen Schiller –, ein wenig auszuholen. In seinem Aufsatz ›Die Schaubühne als eine moralische Anstalt betrachtet‹ (1784) zeichnet Schiller ein zumindest für seine Jünglingsjahre überraschend optimistisches Bild von den politischen Zuständen der feudalabsolutistischen Staaten seiner Zeit: »Menschlichkeit und Duldung fangen an, der herrschende Geist unserer Zeit zu werden; ihre Strahlen sind bis in die Gerichtssäle und noch weiter – in das Herz unsrer Fürsten gedrungen.« Der Feudalabsolutismus, so scheint Schillers politische Überzeugung dieses Aufsatzes zusammengefaßt werden zu können, wird durch eine bereits eingeleitete Vermenschlichung der Herrschenden reformiert. »Wie viel Anteil an diesem göttlichen Werk gehört unsern Bühnen?«, so Schillers rhetorische Frage, die er durch Hinweise auf die »wollüstigen Tränen« der Zuschauer und auf die »Menschlichkeit und Sanftmut«, die die Schaubühne durch jene »in unser Herz« pflanze, zu beantworten sucht.[6]

Schiller ist in diesen Zeilen traditionellen, nämlich aufklärerisch-empfindsamen Denkmodellen verpflichtet. Obwohl der empfindsamen Dramaturgie eine bewußte sozialpolitische Programmatik

---

[5] Hans-Wolf Jäger: »Politische Kategorien in Poetik und Rhetorik der zweiten Hälfte des 18. Jahrhunderts«. Stuttgart 1970. S. 28.

[6] SA, Bd. 11, S. 97f.

fast durchweg abgesprochen worden ist,[7] gilt diese Verpflichtung auch für die bei Schiller beobachtbare enge Verknüpfung von empfindsam-dramaturgischen und politischen Überlegungen. Für diese ästhetik- wie sozialgeschichtlich folgenschwere Behauptung seien kurz einige Belege angeführt. In einer 1765 in Karlsruhe erschienenen Schrift ›Von der Zärtlichkeit‹ versucht ein anonymer Autor das Programm einer empfindsamen, auf »sympathetischen Neigungen« seiner Mitglieder aufbauenden Gemeinschaftskultur zu entwickeln. Er bezieht dabei ähnlich wie Schiller auch Regenten in sein Denkmodell einer durch allgemeinmenschliche Dispositionen fundierten Gemeinschaftsbildung ein und erblickt politische Wirkungen der zu begründenden empfindsamen Gemeinschaftskultur besonders darin, daß die Zärtlichkeit »den Höhern von seiner Höhe herunter [führt], aber nur so, daß neben der Ehrfurcht unsere Liebe ihn desto eher erreichen kan: sie erhöhet zugleich den Stand des Niedrigen, und setzt ihn bey uns in einige Hochachtung«. Der Anonymus meint, die alle Stände umgreifende empfindsame Gemeinschaftskultur hebe die Standesunterschiede in moralischer Hinsicht auf und nur ein Fürst, dessen Herz vor »feinern Empfindungen verschlossen, und von aller Zärtlichkeit entfernt« sei, könne »eine Geissel der Nationen [...], ein Zerstörer der Länder« und ein »Tyrann« sein.[8] Hier drückt sich ein bürgerlich-emanzipatorisches Programm aus, das in der zweiten Hälfte des 18. Jahrhunderts das gesellschaftliche Bewußtsein der literarischen Intelligenz Deutschlands bestimmt hat und in den Augen seiner Verfechter geeignet war, ohne revolutionäre Aktion und durch bloße Moralisierung soziale Benachteiligungen aufzuheben.

Die Blütezeit dieser aufs Allgemeinmenschliche rekurrierenden, gegen soziale Privilegien gerichteten moralisierenden ›Unterwanderungsstrategie‹ liegt in den auslaufenden fünfziger und den sechziger Jahren. 1759 schreibt der erfolgreiche Staatsrechtler und Politiker Friedrich Carl Moser: »Es ist ein wesentlicher Unterschied zwischen einem Landes-Fürsten und Landes-Vater. Jenes wird man durch die Ordnung und Rechte der Geburt, dieses durch Tugend, und Ausübung seiner Pflichten. Jene seynd die Besitzer des Vermögens ihrer

[7] Vgl. z. B. Peter Szondi: »Die Theorie des bürgerlichen Trauerspiels im 18. Jahrhundert«. Frankfurt a. M. 1973. S. 167.

[8] »Von der Zärtlichkeit«. In: »Carlsruher Beyträge zu den schönen Wissenschaften«. Hrsg. von Friedrich Molter. Bd. 3 (1765) S. 126f.

Unterthanen, diese die Fürsten ihrer Herzen.«[9] Der Fürst mit Herz, der wegen seiner moralischen Eigenschaften die Herzen seiner Untertanen besitzt und der auf Grund dieser Eigenschaften dem absolutistischen, moralisch ungebundenen Souverän entgegengesetzt ist – das ist nicht nur ein Wunsch- und Leitbild weltfremder Schriftsteller, sondern eine konkrete Forderung von im öffentlichen Leben stehenden Politikern, eine Forderung, deren politische Implikation allerdings nicht als sozialrevolutionär im heutigen Sinne verstanden werden darf. Denn man dachte noch nicht in sozialen Klassen, sondern in Kategorien des Allgemeinmenschlichen und der Moral und war von der Aktualität und Praktikabilität des Humanisierungsprogramms auch und gerade für den politischen Bereich überzeugt, was zu einem politisch versöhnlichen, durch ständeübergreifende bzw. -aufhebende Moralisierungsstrategien zu verwirklichenden Gesellschaftsmodell führen mußte. Der Wiener Literaturkritiker Joseph von Sonnenfels beispielsweise, der, »wo andre den Großen, den Mächtigen, den Reichen sehen, nur den Menschen, nur ihn« sehen will, entwirft 1766 einen sozialutopischen Staat, »wo der Adel auf seine Würde eifersüchtig, sich von neuen Leuten nicht übertreffen lassen will, und gemeine Bürger durch selbstbesessene Eigenschaften die Würde des Adels zu verdunkeln suchen! Glückliches Volk, wo nichts edel ist als die Tugend, nichts Pöbel ist, als das Laster«.[10] Hinter dieser Sozialutopie steht der politische und historisch-konkrete Anspruch des moralischen Räsonnements einer literarischen Öffentlichkeit, sich die Politik, das politische Handeln zu unterwerfen. Sonnenfels und seine Zeitgenossen dachten nicht aus politischer Inkonsequenz, sondern mangels historischer Erfahrung bzw. Enttäuschung viel zu optimistisch, als daß sie gleich zu klassenantagonistischen Parolen gegriffen hätten. Ihr erster Entwurf einer Emanzipation unterprivilegierter Schichten sah zunächst mit typisch aufklärerischem Optimismus die Unterwanderung und gewaltlose Aufhebung sozialer Ungerechtigkeiten durch moralische Besserung herrschender Individuen und damit eine *indirekte*, d. h. moralische und nicht politische, im Laufe der Geschichte einzulösende Aufhebung ständischer Interessengegensätze vor. Daß die zu morali-

---

[9] Friedrich Carl Moser: »Der Herr und der Diener«. Frankfurt a. M. 1759. S. 13f.

[10] Joseph von Sonnenfels: »Der Mann ohne Vorurtheil«. Bd. 2. Wien 1766. S. 620 und S. 626.

sierenden Individuen nicht aus gesellschaftlichen Zusammenhängen isolierbare Einheiten sind, sondern daß ihr Handeln möglicherweise durch standesspezifische Interessenstrukturen bestimmt ist und somit eine Veränderung gesellschaftlicher Strukturen eventuell die *Voraussetzung* für die Veränderung der Individuen bildet, diese Einsicht lag offensichtlich außerhalb der durch den Entwicklungsstand der gesellschaftlichen Praxis eingeschränkten Denkmöglichkeiten der Zeit. So gingen die Zeitgenossen nicht von der Möglichkeit oder gar Notwendigkeit einer *kämpferischen* Umwandlung der bestehenden Verhältnisse aus; sie bauten vielmehr eine Opposition zweier Welten (Ideal und Wirklichkeit) als handlungsanleitende Denkform auf, aus der dann ein gegensatzversöhntes Zukunftsmodell als konkrete Utopie entsprang.

Den Hiatus zwischen Ideal und Wirklichkeit, zwischen harmonischer Zukunft und widersprüchlicher Gegenwart sollten die (nicht als destruktiv, sondern als produktiv verstandene) Kritik politischer Mißstände und die Wirkungen der Kunst überbrücken helfen. Im *ästhetischen* Bereich wuchs dem Trauerspiel eine besondere Aufgabe zu. Es sollte durch Gefühlswirkung, durch Mit-Empfindung, durch identifikationsstiftende Rührung im Rahmen des Theaters für wenige Stunden jeweils eine auf das bloße Menschsein reduzierte Gemeinschaft verwirklichen, die als *gesellschaftlich* konstitutive lediglich im Ideal antizipiert werden konnte. Nur auf dem Hintergrund dieser antizipatorischen, sozialutopischen Funktion nicht einzelner Stücke, sondern des *Mediums* Theater wird Schillers hymnische Lobpreisung dieses Mediums verständlich, mit der er seinen Schaubühnen-Aufsatz ausklingen läßt. Im Theater, so Schiller, werden »Menschen aus allen Kreisen und Zonen und Ständen [...] durch *eine* allwebende Sympathie verbrüdert, in *ein* Geschlecht wieder aufgelöst [...]. Jeder einzelne genießt die Entzückungen aller, die verstärkt und verschönert aus hundert Augen auf ihn zurückfallen, und seine Brust gibt jetzt nur *einer* Empfindung Raum – es ist diese: ein *Mensch* zu sein.«[11] Wie viele seiner Zeitgenossen sah Schiller die politische Bedeutung des Theaters darin, daß es »alle Stände und Klassen in sich vereinigt und den gebahntesten Weg zum Verstand und zum Herzen hat«[12] und dadurch jenes gesellschaftspolitische Humanisierungsprogramm unterstützt, das soziale Gegensätze durch moralische Aushöhlung dieser Gegensätze abbauen will.

---

[11] SA, Bd. 11, S. 100.

[12] SA, Bd. 11, S. 98.

Die politisch motivierten, wenn auch in ihrer Brisanz mitunter geschichtsphilosophisch abgeschwächten Überzeugungen des Schaubühnen-Aufsatzes halten sich auch in Schillers kantischer und nachkantischer Phase durch. In dieser Phase übernimmt er lediglich Begriffe und Denkweisen der dualistischen Anthropologie Kants und versucht mit Hilfe dieses Ansatzes, seine gesellschaftspolitischen Grundanschauungen präziser und differenzierter zu fassen. Als Ausgangspunkt dient ihm dabei die Zweiteilung menschlicher Vermögen, die Teilhabe des Menschen an zwei Welten, dem ›mundus intelligibilis‹ und dem ›mundus sensibilis‹. Zwischen diesen beiden Welten sind drei Verhältnisse denkbar: »Der Mensch unterdrückt entweder die Forderungen seiner sinnlichen Natur, um sich den höhern Forderungen seiner vernünftigen gemäß zu verhalten; oder er kehrt es um und ordnet den vernünftigen Teil seines Wesens dem sinnlichen unter und folgt also bloß dem Stoße, womit ihn die Naturnotwendigkeit gleich den andern Erscheinungen forttreibt; oder die Triebe des letztern setzen sich mit den Gesetzen des erstern in Harmonie, und der Mensch ist einig mit sich selbst.« Interessant ist nun an solchen anthropologischen bzw. ethischen Ausführungen, daß sie Schiller als Modell dienen, an dem er seine gesellschaftspolitischen Vorstellungen erläutert. Er tut dies selbst dort immer wieder, wo Gesellschaftspolitisches nicht eigens thematisch wird. In ›Über Anmut und Würde‹ beispielsweise folgt den soeben zitierten Sätzen über die Verhältnisse menschlicher Vermögen untereinander: »Das erste dieser Verhältnisse zwischen beiden Naturen im Menschen erinnert an eine Monarchie, wo die strenge Aufsicht des Herrschers jede freie Regung im Zaum hält; das zweite an eine wilde Ochlokratie, wo der Bürger durch Aufkündigung des Gehorsams gegen den rechtmäßigen Oberherrn so wenig frei als die menschliche Bildung durch Unterdrückung der moralischen Selbsttätigkeit schön wird, vielmehr nur dem brutaleren Despotismus der untersten Klassen, wie hier die Form der Masse, anheimfällt.«[13] Die anzustrebende politische Freiheit dagegen liege »zwischen dem gesetzlichen Druck und der Anarchie mitten inne«.

Die dritte, von Schiller offensichtlich allen anderen vorgezogene und in dieser Textstelle etwas knapp abgehandelte Regierungsform hatte er wenige Seiten zuvor mit ausführlicheren Bemerkungen bedacht. Dort bittet er den Leser ohne jede sich aus dem thematischen

---

[13] SA, Bd. 11, S. 213 und S. 215.

Zusammenhang ergebende Notwendigkeit um Erlaubnis, seine ästhetischen Überlegungen »durch eine bildliche Vorstellung« erläutern zu dürfen: »Wenn ein monarchischer Staat auf eine solche Art verwaltet wird, daß, obgleich alles nach eines einzigen Willen geht, der einzelne Bürger sich doch überreden kann, daß er nach seinem eigenen Sinne lebe und bloß seiner Neigung gehorche, so nennt man dies eine liberale Regierung. Man würde aber großes Bedenken tragen, ihr diesen Namen zu geben, wenn entweder der Regent seinen Willen gegen die Neigung des Bürgers, oder der Bürger seine Neigung gegen den Willen des Regenten behauptete; denn in dem ersten Fall wäre die Regierung nicht *liberal*, in dem zweiten wäre sie gar nicht *Regierung*.«[14] Es wird deutlich, daß Schiller anthropologische und ethische Vorstellungen zum Modell nimmt, um seine gesellschaftspolitischen Überzeugungen gedanklich in den Griff zu bekommen. Wir müssen hier darauf verzichtet, im einzelnen nachzuweisen, daß Schiller bei der Bestimmung seiner beiden ersten Regierungsformen vom aufgeklärten Absolutismus seiner Zeit und von der Schreckensherrschaft der Jakobiner ausging. Interessanter und wichtiger für unseren Zusammenhang ist es, der Frage nachzugehen, was genau Schiller unter einem liberalen oder, wie er ihn später nannte, ästhetischen Staat verstand und wie er sich seine politische Realisierung vorstellte. Zunächst muß erstaunen, daß er sich diesen Staat unverkennbar nicht als bürgerlichen, sondern als monarchischen Staat dachte. Ihm schwebte offensichtlich eine Gesellschaft vor, in der zwar monarchische Herrschaftsstrukturen erhalten bleiben, in der aber durch Moralisierung aller Staatsbürger der Wille der Beherrschten mit dem Willen der Herrschenden übereinstimmt. In idealistischem Gewande bricht hier jenes aufklärerische Humanisierungsprogramm durch, das ich oben skizziert habe und das nicht die *realen* Standesunterschiede aufheben, sondern diese durch den Erfolg des Moralisierungskampfes politisch zur Bedeutungslosigkeit herabstufen und damit entpolitisieren will. Daß die politische Verwirklichung einer solchen Staatsform, die zunächst ja lediglich als konkrete Utopie existiert, historisch möglich, ja notwendig ist, dafür meint Schiller logische Gründe und historische Mittel angeben zu können.

Die (anthropo-)logische Voraussetzung seines Geschichtskonzeptes bildet wiederum der menschliche Vermögensdualismus und die

---

[14] SA, Bd. 11, S. 211f.

im einzelnen wie in der Gattung liegende Bestimmung, sich von einem sinnlichen zu einem vernünftigen Wesen zu veredeln, und zwar so, daß sich auf einem höheren Entwicklungsstand Sinnlichkeit und Vernunft wechselseitig aufheben. Der erwachende »Trieb[ ] nach Wahrheit und Simplizität« liege »wie die moralische Anlage, aus welcher er fließet, unbestechlich und unaustilgbar in allen menschlichen Herzen«.[15] Aufgabe der einzelnen ist es nun, diesem Trieb zum Durchbruch zu verhelfen und damit, um einen bei Schiller immer wieder vorkommenden Ausdruck zu verwenden, ihr »Individuum zur Gattung zu steigern«.[16] Dieser Ausdruck bedarf einer Erläuterung: Schiller nennt die Sinnlichkeit des Menschen seinen subjektiven, die Vernunft seinen objektiven und generischen Teil. Letztere kann er deshalb als objektiv und generisch verstehen, weil er voraussetzt, daß es hinsichtlich der (theoretischen wie praktischen) Vernunft weder individuelle noch historische Unterschiede zwischen den Menschen gibt. Die Verschiedenheiten im Tun und Wollen der Subjekte resultieren für ihn allein aus ihrer *sinnlichen* Natur; politische Interessengegensätze sind demnach nicht Ausdruck gesellschaftlicher Zusammenhänge, sondern der individuellen Sinnlichkeit der Menschen. Sie sollten nicht durch politisches Handeln ausgetragen, sondern durch die Moralisierung der Individuen aufgehoben werden. Gelingt dies, so fallen, indem sich die Individuen zur Gattung steigern, alle politischen Interessengegensätze fort.

Es wird ersichtlich, wie Schiller auf diesem anthropologischen wie ethischen Hintergrund die politisch zu erstrebende Staatsform definieren muß: der positive Staat ist Repräsentant des Allgemeinmenschlichen, d. h. des objektiven und generischen Teils des Menschen, des vernunftgeleiteten Menschen. Da die moralische Läuterung, die Steigerung zur Gattung, Aufgabe jedes einzelnen Individuums selbst ist, kann Schiller folgern: »eben deswegen, weil der Staat eine Organisation sein soll, die sich durch sich selbst und für sich selbst bildet, so kann er auch nur insoferne wirklich werden, als sich die Teile [d. h. die einzelnen Staatsbürger] zur Idee des Ganzen [d. h. zum Vernunftmäßigen] hinauf gestimmt haben.«[17] Bemerkenswert an diesem gesellschaftspolitischen Konzept ist wiederum, daß Schiller nicht ernsthaft erwägt, ob nicht zunächst die gesellschaftlichen *Voraussetzungen* geschaffen werden müßten, auf Grund deren die Individuen ihre moralischen Anlagen entwickeln

---

[15] SA, Bd. 12, S. 180. [16] SA, Bd. 12, S. 6. [17] SA, Bd. 12, S. 13.

können. Zwar fragt er im neunten seiner ästhetischen Briefe: »Alle Verbesserung im Politischen soll von Veredlung des Charakters ausgehen – aber wie kann sich unter den Einflüssen einer barbarischen Staatsverfassung der Charakter veredeln?«, aber in seiner Antwort diskutiert er nicht ernstlich gesellschaftlich geregelte Sozialisationsweisen und die Abhängigkeit gesellschaftlich relevanter Moralität und Humanität von diesen Sozialisationsformen. Bereits im siebten Brief hatte Schiller betont, daß »der Staat, wie ihn die Vernunft in der Idee sich aufgibt, anstatt diese bessere Menschheit begründen zu können, [...] selbst erst darauf gegründet werden« müßte. Und bei dieser Überzeugung bleibt er durchweg: für ihn ist ausgemacht, daß jeder gesellschaftspolitische Fortschritt nur durch Humanisierung und Moralisierung von einzelnen zu erreichen ist und daß die quantitative Zunahme moralischer Individuen notwendigerweise in eine qualitative Veränderung von Staatsformen umschlagen wird. Daß eine klassen- oder schichtenspezifische Interessenverwurzelung der Herrschenden diesen qualitativen Umschlag zum Guten verhindern könnte, dieser Gedanke ist für Schiller offenbar noch nicht aktuell. Sein politisches Konzept bleibt mit dieser Grundüberzeugung voll im Banne aufklärerisch-emanzipatorischer Humanisierungsstrategien, wenn auch der ursprüngliche Optimismus dieses Konzeptes in einigen Einzelzügen gebrochen scheint. Denn Lessing, Sonnenfels, Moser und ihre Zeitgenossen gingen noch von der Existenz einer politisch relevanten Zahl humaner Individuen aus, die – beispielsweise in der Gestalt der Freimaurerbünde – als Kristallisationskerne einer allgemeinen gesellschaftlichen Moralisierung wirken sollten, während Schiller den Gegensatz von Moral und Unmoral nicht *zwischen* Individuen sieht, sondern *in* die einzelnen Individuen *hineinlegt* und somit nicht einmal anzunehmen braucht, daß der Moralisierungsprozeß in sozial spürbarer Form bereits eingeleitet ist. Er kann dies tun, ohne daß sein geschichtsphilosophisch verankerter Zukunftsoptimismus dadurch angetastet würde, weil er in der praktischen Vernunft der Menschen eine allgemeine und unaufhebbare Bestimmung angelegt sieht, sich zu veredeln. Den gesellschaftlichen Entwicklungsstand und die moralische Kraft seiner Gegenwart konnte Schiller durch diesen Ansatz wesentlich pessimistischer einschätzen als seine Vorläufer. Daß er hierzu eine Notwendigkeit sah, kann sicher nicht nur seiner Enttäuschung an der Französischen Revolution zugeschrieben werden, sondern wird auch eine Folge der von Valjavec beschriebenen Ernüchterung sein, die das Verhalten einiger deutscher Fürsten schon vor 1789 bei deutschen Schriftstellern hervorgerufen hatte, ohne daß Schiller allerdings aus dieser Ernüchterung ähnlich radikale Konsequenzen gezogen hätte wie Georg Forster.

Der klassische Autonomiebegriff nun ordnet sich lückenlos in den skizzierten gesellschaftspolitischen Kontext ein. Er entstammt der Moralphilosophie und meint dort zunächst die Unabhängigkeit des menschlichen Willens von sinnlichen Bedürfnissen bei moralischen Handlungen. Der Wille ist autonom, wenn er sich selbst bestimmt, d. h., wenn er sich von sinnlicher Motivation unabhängig zeigt: Autonomie- und Freiheitsbegriff konvergieren. Schiller meint nun, Autonomie und Freiheit in *übertragenem* Sinne auch Natur- und Kunstgegenständen zusprechen zu können. Denn: »Entdeckt nun die praktische Vernunft bei Betrachtung eines Naturwesens, daß es durch sich selbst bestimmt ist, so schreibt sie demselben [...] *Freiheitähnlichkeit* oder kurzweg *Freiheit* zu. Weil aber diese Freiheit dem Objekte von der Vernunft nur geliehen wird, *da nichts frei sein kann, als das Übersinnliche, und Freiheit selbst nie als solche in die Sinne fallen kann*, – kurz – da es hier bloß darauf ankommt, daß ein Gegenstand frei *erscheine*, nicht wirklich *ist*: so ist diese Analogie eines Gegenstandes mit der Form der pr(aktischen) Vernunft nicht Freiheit in der Tat, sondern bloß *Freiheit in der Erscheinung, Autonomie in der Erscheinung.*«[18] Schönheit nun ist für Schiller nichts anderes als Freiheit bzw. Autonomie in der Erscheinung. Ihr Prinzip ist zwar, wie Körner an Schiller schrieb, »bloß subjektiv; es beruht auf der Autonomie, welche zu der gegebenen Erscheinung *hinzugedacht* wird«.[19] In seinem Antwortbrief vom 18. Februar 1793 stimmt Schiller aber seinem Freunde darin zu, daß »in den Objekten selbst etwas angetroffen werden« müsse, was dieses Hinzudenken möglich macht. Wir können den Sachverhalt für unseren Zusammenhang verkürzen: Kunst ist eine Vergegenständlichung der moralischen Autonomie des Menschen. Als Freiheit in der Erscheinung, als vergegenständlichte Autonomie wirkt sie positiv auf die konkreten gesellschaftlichen Individuen zurück, indem sie diese läutert, d. h. ihre Sinnlichkeit und ihre Vernünftigkeit ästhetisch versöhnt und damit die Voraussetzung schafft für die Existenz eines liberalen Staates. Schiller denkt auf diese Weise die Autonomie der Kunst mit ihrer

---

18 »Briefwechsel zwischen Schiller und Körner«. Hrsg. von Klaus Leo Berghahn. München 1973. S. 162.

19 Ebd., S. 163.

sozialen Funktion zusammen. Er bestimmt sie »als eine notwendige Bedingung der Menschheit«[20] auf ihrem politischen Weg zum liberalen Staat, in dem die sozialen Nachteile realer Herrschaftsstrukturen durch ästhetische Humanisierung der Staatsbürger unterlaufen bzw. in eine qualitative Veränderung der Gesellschaft umgeschlagen sein werden. Gleichzeitig *antizipiert* das vollkommene Kunstwerk den liberalen Staat. Es bringt – mit den Worten Körners im Brief vom 21. Oktober 1793 – als »objektive Einheit [...] die Erscheinung einer Welt im Kleinen hervor«. Diese Welt im Kleinen soll genau jene Versöhnung zwischen seinen Teilen und seiner Ganzheit aufweisen, wie sie im 18. Jahrhundert für den zu schaffenden liberalen republikanischen Staat zwischen den Staatsbürgern und den Herrschenden angestrebt wurde. Weil die autonome Kunst als (ihrem Anspruch nach in die politische Wirklichkeit hineinwirkendes) Modell eines autonomen Staates diente, verbinden sich in Schillers Schriften beide Bereiche bildlich und gedanklich. Selbst der unpolitischere Körner zeigt sich vom bürgerlich-emanzipatorischen Zusammenhang des ästhetischen Denkens infiziert: er meint im zitierten Brief, daß im Kunstwerk »das freie Spiel der einzelnen Kräfte zu einer Idee zusammenstimmt, wie der Wille der Bürger eines republikanischen Staats«. Solche Vergleiche sind nicht willkürlich; sie signalisieren, daß und warum Dichtung das prototypische Medium bürgerlichen Emanzipationswillens werden konnte und die klassische Ästhetik in mancher Hinsicht wie eine einzige Metapher für politische Denkweisen wirkt.

Von einer Negation des gesellschaftlichen Status der Kunst und der Entwicklung einer autonomen Kunst als linearer Widerspiegelung einer Entfremdung zwischen Kunst und Wirklichkeit kann deshalb im Hinblick auf das 18. Jahrhundert pauschal noch nicht die Rede sein. Kunst soll als autonome die Vergegenständlichung einer nichtentfremdeten Ganzheit sein und als solche »das Hauptmittel, um die Zerreißung und Verzerrung des Menschen durch die kapitalistische Arbeitsteilung innerlich zu überwinden«.[21] Sie soll als nichtentfremdete Ganzheit in die Wirklichkeit hineinwirken, indem sie historische Subjekte zur harmonischen Ausbildung ihrer Fähigkeiten anhält. Das ästhetische und gesellschaftspolitische Konzept der deut-

---

20 SA, Bd. 12, S. 38.

21 Georg Lukács: »Das Ideal des harmonischen Menschen in der bürgerlichen Ästhetik«. In: G. L., »Probleme des Realismus«. Berlin 1955. S. 51.

schen Klassik spiegelt hier affirmativ die bürgerliche Freiheitsideologie und den ökonomischen Liberalismus wider. Denn »bürgerliche Freiheitsideologie« meint ja im Prinzip nichts anderes als die Überschätzung der individuellen Spontaneität und der angeborenen Möglichkeiten des Menschen sowie die Mißachtung der verhaltensformenden Kraft gesellschaftlicher Zusammenhänge. Sie orientiert ihr Gesellschaftsverständnis am Modell des freien Marktes und übersieht als »bürgerliche Illusion von der Freiheit, die Freiheit und Individualismus – Determinismus und Gesellschaft entgegenstellt, die Tatsache, daß die Gesellschaft das Instrument ist, womit der Mensch, das unfreie Individuum, seine Freiheit in der Gemeinschaft verwirklicht, und daß die Voraussetzungen einer derartigen Gemeinschaft die Voraussetzungen der Freiheit sind«.[22]

Diese Zusammenhänge zwischen dem klassischen Autonomiebegriff, dem bürgerlichen Freiheitsbegriff und dem aufklärerisch-emanzipatorischen Humanisierungsdenken muß man sich vergegenwärtigen, wenn man Überzeugungen wie die von Mertner und Mainusch, die eingangs zitiert wurden, daß nämlich »die dem Kunstwerk eigentümliche Autonomie« eines der wichtigsten Kriterien literarischer Wertung sei, historisch orten und bewerten will. Für Schiller war der ästhetische Wert einer Dichtung nicht zu lösen von ihrer sozialen Funktion. Dies wird beispielsweise deutlich, wenn er in ›Über naive und sentimentalische Dichtung‹ den Wert der Idyllendichtung diskutiert. Dieses Genre strebt nach der Definition Schillers nicht nur wie jede Dichtung die ästhetische Versöhnung von Sinnlichkeit und Vernunft, von Ideal und Wirklichkeit an, sie stellt sie auch *inhaltlich* als realisiert vor – allerdings als in der Vergangenheit realisiert. Schiller meint nun, daß eine solche Projektion von gesellschaftlicher Harmonie in die Vergangenheit nicht handlungsanleitend in die politische Gegenwart zurückwirken könne und dieser Umstand »den ästhetischen Wert [!] solcher Dichtungen um sehr viel vermindert«.[23] Der ästhetische Wert eines Genres erscheint hier an ein inhaltliches Moment gebunden. Die soziale Funktion autonomer Kunst freilich ist für das klassische Denken im allgemeinen nicht an inhaltliche, sondern an formale Momente gebunden – Momente, die besonders kompakt in folgender Textstelle aus Wilhelm

[22] Christopher Caudwell: »Bürgerliche Illusion und Wirklichkeit«. München 1971. S. 67f.

[23] SA, Bd. 12, S. 224.

von Humboldts ›Über Goethes Hermann und Dorothea‹ vereinigt sind. Der wahre Dichter wird, so heißt es dort, »das Ganze und nicht bloss einzelne Theile schildern, den Gegenstand zeichnen, nicht die Empfindung erregen müssen. Zwar thut er diess letztere doch und will es auch thun, allein nur durch den Eindruck des Ganzen, nicht durch den Effect einzelner Theile, nur durch den Gegenstand selbst, nicht unmittelbar durch einzelne ihm abgewonnene Züge«. Der Dichter habe »seine Pflicht erfüllt, sobald er nur das Gemüth des Lesers in der Freiheit erhält, in der es an keinen einzelnen Gegenstand, nicht einmal an eine einzelne Classe derselben gebunden ist [...] Je höher wir uns über unsrem Gegenstand befinden, um ihn in seinem Ganzen zu übersehen, desto freier erhalten wir uns von seiner Herrschaft, aber desto inniger durchdringt uns das Gefühl seines Zusammenhanges und seiner Gesetzmäßigkeit«.[24] In diesen wenigen Zeilen sind die wichtigsten Kriterien traditioneller Wertungstheorien versammelt: die Geschlossenheit und damit die Autonomie ästhetischer Texte sowie die hiermit korrespondierende Freiheit und Distanz des idealen Rezipienten den Teilen der Dichtung gegenüber. Beide Kriterien sind u. a. ein Resultat ihrer sozialen Funktion: nur das geschlossene, ganzheitliche Kunstwerk kann ein Modell jenes liberalen Staates sein, in dem Herrschende und Beherrschte in gleicher Weise harmonisieren wie das Ganze und seine Teile im Kunstwerk. Und nur für freie, gesellschaftsunabhängige Individuen kann dieses Modell eine soziale Funktion übernehmen.

Es wird auf dem Hintergrund dieser Prämissen auch deutlich, warum Schiller und seine Zeitgenossen jenen Rezipienten, die sich der genüßlichen, publikumswirksamen Trivialliteratur zuwandten, kein *soziales* Verständnis entgegenbringen konnten, sondern ihre Lektürewahl *moralisch* verurteilen mußten.[25] Denn orientiert sich das Verständnis ästhetischer Rezeptionsvorgänge am Modell des freien Marktes, dann sind Lektüreentscheidungen willentliche und freie Bekenntnisse autonomer Individuen zu ästhetischen Werten. Ästhetischer Genuß muß dann als moralische Leistung, Trivial-

---

24 Wilhelm von Humboldt: »Werke«. Bd. 2. Hrsg. von Andreas Flitner u. Klaus Giel. Darmstadt 1961. S. 167 und S. 317.

25 Vgl. hierzu ausführlicher Jochen Schulte-Sasse: »Literarischer Markt und ästhetische Denkform. Analysen und Thesen zur Geschichte ihres Zusammenhangs«. In: »Zeitschrift für Literaturwissenschaft und Linguistik« 2 (1972) H. 6, S. 11–32.

literatur und ihre Lektüre als »ästhetische Unsittlichkeit«[26] gedeutet werden. Schiller schwankt allerdings mehrfach in seiner Beurteilung des Publikums. Kompromißlose moralische Verurteilungen wechseln mit Einsichten in die Entfremdungssituation des Publikums und sein legitimes Verlangen nach Unterhaltung. In solchen Schwankungen spiegeln sich Brüchigkeiten und Unzulänglichkeiten des ideologischen Entwurfes wider, die im Laufe ihrer Wirkungsgeschichte und in veränderten historischen Kontexten noch stärker hervortreten mußten – beispielsweise wenn auch heute noch Wertungstheorien in klassisch-romantischer Tradition ein ästhetisches Versagen individualisieren, das nur als Resultat eines kollektiven und sozialgeschichtlichen Prozesses adäquat begriffen werden kann.

Die historische Legitimität und Aktualität klassisch-romantischer Wertungskriterien ist eng verbunden mit der historischen Legitimität des bürgerlichen Humanisierungsdenkens. Schon im Hinblick auf die neunziger Jahre fragt es sich, ob die illusionär-idealistische Perspektive des traditionellen Moralisierungsdenkens nicht bereits historisch überholt war und zur offenen oder versteckten Affirmation politischer Zustände neigte. Der Historiker Fritz Valjavec weist darauf hin, daß die Kritik der literarischen Intelligenz am aufgeklärten Fürstentum schon seit den siebziger Jahren eine neue Qualität gewonnen hatte und nicht mehr nur produktiv und auf politische Harmonie angelegt war.[27] Schiller jedoch hält, als sich einige seiner Zeitgenossen die Einsicht erobern, daß politische Reform nicht *nur* durch Moralisierungsbemühungen zu erreichen ist, sondern daß allererst die gesellschaftlichen Voraussetzungen für die Entfaltung der moralischen Anlagen der Individuen geschaffen werden müssen,[28] unbeirrt an der Überzeugung fest, daß sich gesellschaftspolitische Bemühungen nur und ausschließlich auf *Individuen* zu richten haben. Er verliert jedoch, anders als seine späteren Adepten, nie das *kritische* Moment seiner Utopie eines liberalen Staates aus den Au-

---

26 »Friedrich Schlegel: Seine prosaischen Jugendschriften. 1794–1802«. Bd. 1. Hrsg. von Jacob Minor. Wien ²1906. S. 16.

27 Fritz Valjavec: »Geschichte der abendländischen Aufklärung«. Wien u. München 1961. S. 130f.

28 Vgl. z.B. Georg Forster: »Philosophische Schriften«. Hrsg. von Gerhard Steiner. Berlin [Ost] 1958. S. 211f. und S. 215, wo Forster mit recht nüchternem Blick die klassen- bzw. schichtenspezifische Interessenverwurzelung der Fürsten herausstellt und damit dem politischen, optimistischen Harmoniedenken der Aufklärung den Boden entzieht.

gen; das gesellschaftspolitische wie das ästhetische Ideal soll, zumindest seinem Anspruch nach, als radikales Postulat in die negative Wirklichkeit zurückwirken. Wenn Emanuel Geibel ein halbes Jahrhundert später die bei Schiller noch geschichtsphilosophisch aufgehobene Spannung zwischen Ideal und Wirklichkeit radikalisiert und das autonome Kunstwerk, das »sich selber genug« sei,[29] als wesensverschieden der Wirklichkeit gegenüberstellt und den Dichtern angesichts der 48er Revolution zuruft »Zur Tempelwacht seid ihr berufen, / Und auf den Höhn ist euer Stand. [...] / Rein sollt ihr sein an Herz und Händen, / Ihr seid ein priesterlich Geschlecht«, dann fragt es sich, ob, wenn Geibel sich in solchen Zusammenhängen auf Schiller zu berufen pflegt, ein bloßes Rezeptionsversagen vorliegt oder ob seine Flucht in den schönen Schein und die ästhetische Innerlichkeit nicht die historische Konsequenz eines überholten, aber wirkungsgeschichtlich immer mächtiger werdenden Ideologieentwurfes ist.

II

Am 10. November 1859 hält Jakob Grimm in einer feierlichen Sitzung der Königlichen Akademie der Wissenschaften eine ›Rede auf Schiller‹, die als die bemerkenswerteste Rede des Schillerjahres gilt. Er preist dort die geschichtliche Bedeutung der »Poesie als einen der mächtigsten Hebel zur Erhöhung des Menschengeschlechts, ja als wesentliches Erfordernis für dessen Aufschwung«; im Schöpfer der Poesie sieht er die »volle Natur des Volks, welchem er angehört«, ausgeprägt, weshalb die Nachwelt in ihm ihren Genius verehre.[30] Fragen der literarischen Wertung beginnen nicht erst mit der Wertschätzung der *einzelnen* Kunstwerke, sondern bereits mit der Wertbesetzung von *Medien.* Grimm teilt die hohe Wertschätzung der Poesie mit der kritischen Öffentlichkeit des späten 18. Jahrhunderts. Für diese war Poesie nicht nur ein Medium unter anderen, sondern die emanzipative Ausdrucksbewegung par excellence. Dichtung konnte diese zentrale Geltung erobern, weil die Emanzipationsvorstellung der literarischen Intelligenz des 18. Jahrhunderts in mehr oder weniger variierter Weise an ein nicht rational realisierbares Programm

---

29 Emanuel Geibel: »Was ich vom Kunstwerk will? Daß es schön und sich selber genug sei« (»Gesammelte Werke«. Bd. 5. München 1884. S. 82).

30 »Schiller – Zeitgenosse aller Epochen«. Hrsg. von Norbert Oellers. Frankfurt a. M. 1970. S. 440.

der Persönlichkeitsentfaltung gebunden war und allein Dichtung geeignet schien, die die Klassen transzendierende ästhetische und indirekt moralische bzw. soziale Wirkung zu erzielen. Die hohe Wertschätzung des Mediums Dichtung war historisch an das politische Harmoniedenken der literarischen Intelligenz und damit an einen Gegensatz von Kunst und Wirklichkeit gebunden, der aus sich heraus die zukünftige Aufhebung dieses Gegensatzes hervortreiben sollte. Kunst und Kritik schienen die Garanten einer zukünftigen Einlösung des politischen Programms einer Emanzipation aller.

Entscheidend an diesem Modell war die kritische Öffnung zur Zukunft, zur Utopie. In Grimms Rede jedoch hat die Poesie diese ihre dynamische, zukunftsgerichtete soziale Funktion eingebüßt. Grimm geht von etwas Statischem aus, von dem Vergangenheits- und Vorbildcharakter der Poesie, die die volle Natur eines Volkes verkörpere und an deren vorbildlicher Größe sich ein Volk geistig aufschwingen könne; Dichtung wird so zum bürgerlich-nationalen Selbstfindungsmedium, dem sein kritischer, über seine Zeit hinausdrängender Stachel gezogen ist. Ihr zugeordnet wird die Germanistik als Selbstfindungswissenschaft, die zwar Ehrfurcht vor der Vergangenheit lehrt, aber die kritische Dimension dieser Vergangenheit kappt.

Die formale Beibehaltung, aber ideologische Umpolung des für Schillers Geschichtsphilosophie so konstitutiven Gegensatzes von Kunst und Wirklichkeit bei Grimm macht deutlich, daß die Wirkungsgeschichte klassisch-ästhetischer Denkweisen nicht einfach dadurch umschrieben werden kann, daß »das klassische Kunstideal immer inhaltsärmer und konventioneller«[31] wurde. Nicht begriffliche Entleerung als Folge eines Bewußtseinsschwundes gesellschaftlicher Zusammenhänge ist für diese Wirkungsgeschichte symptomatisch, sondern ideologische Indienstnahme wirkungsmächtiger Denkformen. Dies wird etwa an folgendem Beispiel deutlich, das einer der vielen popularisierenden Poetiken des 19. Jahrhunderts entnommen ist. Viele Kunstwerke, so schreibt 1840 August Knüttell die klassische Ganzheits- und Einheitsforderung fort, »sind darum keine Kunstwerke, weil in ihnen keine *Einheit* festgehalten ist, indem sie [...] zwar eine Reihe von Begebenheiten darstellen, sie aber nicht durch ein geistiges Band unter einander verbinden und in eine ge-

---

[31] Norbert Mecklenburg: »Kritisches Interpretieren. Untersuchungen zur Theorie der Literaturkritik«. München 1972. S. 76.

meinschaftliche Hauptbeziehung bringen«. Die Abstraktheit dieses Wertkriteriums versucht Knüttell durch eine wertende Kurzinterpretation von Chamissos ›Der Stein der Mutter, oder die Guahiba-Indianerin‹ aufzulösen: »Die Schönheit unterlag in diesem Gedichte der eisernen Wirklichkeit [...]. Es ist Lebenswahrheit in dieser Erzählung, denn so ist es in der Welt zugegangen und so geht es leider noch zu, aber die höhere Wahrheit, in welcher Schönheit ist, fehlt dieser poetischen Darstellung. Wenn einst jeder Schleier von unserm Auge genommen sein und das ganze Leben in seinem großen Zusammenhange aufgedeckt vor unsern Augen liegen wird: dann wird auch diese Begebenheit ihren versöhnenden Aufschluß erhalten. Für das Leben lehrt uns das der fromme Glaube, in der Kunst aber muß es dargestellt und gezeigt werden, und da dies in dem Gedichte nicht der Fall ist, so kann es kein Kunstwerk sein.«[32] Indem Knüttell den Gegensatz zwischen Kunst und Wirklichkeit nicht mehr geschichtsphilosophisch aufzuheben sucht, sondern radikalisiert, verleiht er ihm politisch affirmierende Züge. Er kann sich dabei u. a. auf Friedrich Rückert berufen, dessen Verse »Nur das ist Himmelskunst, die mich versöhnt! / Die mir die Welt, mich vor mir selbst verschönt« ihm als ästhetische Kronzeugen dienen.

Die Kappung der kritischen Zukunftsperspektive des klassischen Kunstidealismus blieb dauerhaft. Sie *mußte* es bleiben, da das kritische Potential des klassischen Kunstideals an die historische Legitimität des bürgerlichen Harmoniedenkens gebunden war und somit die oben zwar nicht historisch, aber exemplarisch entwickelte Verkümmerung dieses Potentials kein geschichtlich zufälliges und aufhebbares Rezeptionsversagen war bzw. ist. Der Tradierung klassisch-ästhetischer Wertvorstellungen haftet aus eben diesem Grunde im 19. und 20. Jahrhundert nicht so sehr formale Konventionalität als vielmehr politische Affirmität an. Dies gilt insbesondere für die die autonomieästhetischen Wertungstheorien unseres Jahrhunderts charakterisierende Verbindung von Aussagen zur Geschlossenheit von Dichtung und ihrer sogenannten Lebenstiefe: »[...] der Wirklichkeitsbezug zeigt sich da [im Sprachkunstwerk] in Lebensfülle, die Verwesentlichung als das Offenbaren des Ewigen, des Seins, das Menschliche als das Tiefe und Ergreifende und die wirkende Gestalt

32 August Knüttell: »Die Dichtkunst und ihre Gattungen. Ihrem Wesen nach dargestellt und durch eine nach den Dichtungsarten geordnete Mustersammlung erläutert«. Breslau 1840. S. 18 und S. 21.

als jene In-Sich-Geschlossenheit, die in höchster Vollendung alles in sich hat und nicht mehr nach außen«, sondern nur noch »in höhere Sphären« weist.[33] Die Aufgaben literarischer Wertung sind auf solchem ideologischen Hintergrund leicht zu definieren: Sie hat eine »Erziehung zur Kunst« zu leisten, die »den Menschen aus seiner Befangenheit in sich selbst« löst, »ihn zur Begegnung mit echtem Sein« befähigt und »mit solcher Begegnung freier und reicher und schöpferischer« macht.[34] Die Leichtigkeit, mit der hier zur kritischen Skepsis aufgerufenen Wissenschaftlern Begriffe wie ›ewig‹, ›menschlich‹ und ›echtes Sein‹ aus der Feder fließen, ist allein wirkungsgeschichtlich zu erklären. Das naturrechtlich abgestützte Pochen auf Gleichheit im 18. Jahrhundert mußte von dem die soziale wie menschliche Gleichheit begründenden Allgemeinmenschlichen reden und dies als ewig interpretieren. Es strebte, um die Mängel bestehender Gesellschaftssysteme zu überwinden, die Ausbildung harmonischer Persönlichkeiten an, die den Kristallisationskern einer gewaltlosen Staatsumwälzung bilden sollten. Dieser historische Hintergrund schlägt auch noch durch, wenn ein Volkspädagoge *unseres* Jahrhunderts die Wirkung der Dichtung in einer »Beglückung« sieht, »die sich aus der Weitung des geistigen Horizonts ins allgemein Menschliche und Welthafte« ergebe, und eine »Kulturaufgabe« darin erblickt, »dem Menschen ganz schlicht die Begegnung mit dem guten Schrifttum« zu vermitteln; denn alles andere bleibe »Schicksal, Fügung oder Gnade, sowohl das Bildungswerden, das sich an die Begegnung knüpft, wie ein negativer Ausgang solcher Bemühungen. Wir können diese Arbeit nur im Glauben an die guten Kräfte im Menschen und in der Hoffnung auf den glücklichen Gang der Dinge tun.«[35] Nur sollte man einem Autor *unserer* Zeit die Moralisierung und Individualisierung ästhetischen Verhaltens, die völlige Abstrahierung von Marktgesetzlichkeiten und den durch sie gestifteten Zusammenhängen und Abhängigkeiten sowie von sozial geregelten Verhaltensnormen nicht in gleicher Weise historisch nachsehen wie den individualisierenden Wertungstheorien des 18. Jahrhunderts,

[33] Herbert Seidler: »Die Dichtung. Wesen, Form, Dasein«. Stuttgart 1959. S. 36 und S. 72.

[34] Wolfgang Kayser: »Vom Werten der Dichtung«. In: W. K., »Die Vortragsreise«. Bern 1958. S. 70.

[35] Joseph Peters: »Unterhaltungsliteratur und Kitsch pädagogisch und schrifttumspolitisch gesehen«. In: »Probleme der Jugendliteratur«. Ratingen 1956. S. 281 und S. 304.

die ein historisch progressives, bürgerlich-emanzipatorisches Denken auf ihrer Seite hatten. Der von ökonomischen, politischen und soziokulturellen Zusammenhängen abstrahierende Volkspädagoge unseres Jahrhunderts praktiziert einen elitären Geistesaristokratismus, eine ins Kulturelle sublimierte ›Tellerwäscherideologie‹, die zur Beruhigung des sozialen Gewissens auf die dichotomische Anthropologie des deutschen Idealismus zurückgreift und das Pendant zum ökonomischen Mythos vom jederzeit möglichen sozialen Aufstieg abstrakter Individuen bildet. Da dieses Konzept offensichtlich eine Internalisierung wirkungsmächtiger und herrschaftsrelevanter Normen begünstigt, kann man von ihm auch nur jene Beschäftigung mit Trivialliteratur erwarten, die mit personalisierendem und moralisierendem Zeigefinger auf das »Schlechte« verweist und aus ihrem plakativen Widerwillen einen Aufschwung zum »Höheren« entwickelt: »Zeigen einige Hefte und Bücher schon in der Aufmachung, daß es ihnen um nichts als vordergründige Zerstreuung, um Ausmalen sentimental-kitschiger Gefühlsseligkeiten oder gar um Darstellung von Sexualitäten, Brutalitäten oder verzerrten Weltbildern geht, dann erübrigt sich jeder weitere Schritt einer Wertung durch eingehende Deutung.«[36] Eine die individualisierende Perspektive des 18. Jahrhunderts nicht einfach fortschreibende Literaturwissenschaft fordert freilich nicht eine Deutung im Sinne immanenter, gehaltvoll-elitärer Reflexion über Formen und Inhalte, die hier offenbar als einzige Alternative zur Nichtbeachtung vorschwebt und die sich im Hinblick auf Trivialliteratur tatsächlich noch weniger »lohnen« würde als im Hinblick auf wertmäßig anerkannte Literatur. Sie strebt eine Analyse anonymer Marktbedingungen sowie der Verstrickung von Rezipienten und ihrer Bedürfnisse in diese Bedingungen an.

Autonomieästhetische Wertungstheorien unterliegen einem Prozeß der Verdinglichung ästhetischer Werte, der zu einer Verschleierung des sozialen Vereinbarungscharakters dieser Werte führt. Für Herbert Seidler beispielsweise, der 1969 noch behaupten konnte, daß die Literaturwissenschaft eine »verhältnismäßige Klarheit [...] über die Begriffe im allgemeinen Bereich des Wertens« erreicht habe, ist der ästhetische Wert »eine Erfahrungsgewißheit, er ist etwas an sich; wir schaffen ihn nicht im Bewußtsein, wir erfassen oder ver-

---

[36] Harro Müller: »Jugendschriften und ihre literarische Wertung«. In: »Westermanns Pädagogische Beiträge« 20 (1968) S. 289.

fehlen ihn. Der Wert ist immer schon da, bevor man ihn erlebt.«[37] Diese individualisierende Abstraktion von sozialgeschichtlichen Zusammenhängen ist für traditionelle Wertungstheorien charakteristisch, argumentieren diese nun im einzelnen völkisch-mythisierend (Petersen, Petsch), werkimmanent (Kayser), ontologisierend (Emrich) oder phänomenologisch (Hass, Wutz, Seidler). Sie unterliegen allesamt jenem Prozeß der Verdinglichung, den Herbert Marcuse treffend so beschrieben hat: »Die reine Abstraktheit, auf welche die Menschen in ihren gesellschaftlichen Beziehungen reduziert sind, erstreckt sich auch auf den Umgang mit den ideellen Gütern. [...] Wie jedes Individuum unmittelbar zum Markte ist (ohne daß seine persönlichen Eigenschaften und Bedürfnisse anders relevant werden als warenmäßig), so auch unmittelbar zu Gott, unmittelbar zu Schönheit, Güte und Wahrheit. Als abstrakte Wesen sollen alle Menschen an diesen Werten in gleicher Weise teilnehmen. Wie in der materiellen Praxis das Produkt von den Produzenten sich trennt und in der allgemeinen Dingform des ›Gutes‹ sich verselbständigt, so verfestigt sich in der kulturellen Praxis das Werk, sein Gehalt zu einem allgemeingültigen ›Werte‹. Die Wahrheit eines philosophischen Urteils, die Güte einer moralischen Handlung, die Schönheit eines Kunstwerks sollen ihrem Wesen nach jeden ansprechen, jeden betreffen, jeden verpflichten. Ohne Unterschied des Geschlechts und der Geburt, unbeschadet ihrer Stellung im Produktionsprozeß haben sich die Individuen den kulturen Werten zu unterwerfen.«[38] In der verdinglichten Wertform der autonomieästhetischen Wertungstheorien spiegelt sich die Warenform als allgemeine Dingform des ›Gutes‹. Sie hat im ideologischen Bereich die Funktion, Normen von der absoluten Unmittelbarkeit und Chancengleichheit der Individuen zu internalisieren, eine Funktion, die nur scheinbar dem elitären Geistesaristokratismus der traditionellen Wertungstheoretiker widerspricht. Denn wenn beispielsweise Seidler schreibt: »Ein consensus omnium als Instanz für Wertentscheidungen würde zu köstlichen Ergebnissen führen. Majorität hat in Sachen des Werterlebens nichts zu sagen«,[39] dann wird mit diesem wissenschaftlich wertlosen Rück-

[37] Herbert Seidler: »Zum Wertungsproblem in der Literaturwissenschaft«. In: H. S., »Beiträge zur methodologischen Grundlegung der Literaturwissenschaft«. Wien u. a. 1969. S. 11.

[38] Herbert Marcuse: »Kultur und Gesellschaft«. Bd. 1. Frankfurt a. M. 1965. S. 62.

[39] Seidler (= Anm. 37), S. 12.

zug ins geistige Elitentum auf die personale Verantwortung beim Aufstieg vom Schlechten zum Guten hingewiesen und der vorhandene Lektüre- und Rezeptionsunterschied nicht bildungs- und sozialgeschichtlich erklärt, sondern als historisch-konkret zu erklärender hinwegeskamotiert.

Die Literaturwissenschaft konnte sich den Einsichten der Sozialwissenschaften, daß nämlich Werte weder objektiv noch subjektiv, weder zeitlos gültige Wesenheiten noch allein subjektive Chimären, sondern durch Sozialisation internalisierte Sinnvorstellungen sind, die aus wertorientiertem Handeln hervorgehen und für historisch und soziologisch faßbare Gruppen intersubjektiv gelten, entziehen, weil sie ihrem Gegenstand seit je einen besonderen ontologischen Status zuschrieb und die Ideologiehaltigkeit und Historizität dieser Zuschreibung nicht durchschaute. Denn die ungeschichtliche Verdinglichung des Wertes ist nur die Kehrseite einer ebenso ungeschichtlichen Verdinglichung der Bedeutungsstruktur des Kunstwerkes. Das wertvolle Kunstwerk soll »eine von den Entstehungsbedingungen losgelöste, erlebnistranszendente Objektivation des Geistes« sein, die – so die auch schon vor der bekannten Diskussion zwischen Martin Heidegger und Emil Staiger beliebte Mörike-Formel – »selig in sich selbst« ruhe.[40] Recht deutlich formuliert Herbert Seidler in seinem Wertungsaufsatz die sprachwissenschaftlichen Voraussetzungen, die in eine solche Bestimmung des Kunstwerks einfließen: »In der Dichtung ist der Verweisungscharakter, den die Sprachgebilde, besonders die Worte kraft ihrer Bedeutung haben, ausgeklammert, d. h. die Sprachgebilde in einer Dichtung verweisen nicht auf etwas außerhalb, sondern bauen eine eigene, ganz auf den Kräften der Sprache ruhende Welt auf«.[41] Wir können hier nicht auf die linguistische Unmöglichkeit eines solchen Text- und Werkbegriffes und auf die Konsequenzen einer auf diese Weise ihren Gegenstand modellierenden Perspektive eingehen.[42] Hier soll lediglich festgehalten werden, daß dieser von allen linguistisch und semiotisch beschreibbaren Text-

---

[40] Julius Petersen: »Die Wissenschaft von der Dichtung. System und Methodenlehre der Literaturwissenschaft«. Berlin 1939. S. 259.

[41] Seidler (= Anm. 37), S. 22f.

[42] Vgl. hierzu Jochen Schulte-Sasse, Wolfgang Karrer u. Georg Behse: »Theorie literarischer Texte und Methoden des Zugangs« (in: »Die Literatur«. Freiburg u. a. 1973. Bes. S. 394–414), und Jochen Schulte-Sasse: »Literarische Struktur und historisch-sozialer Kontext. Zum Beispiel Lessings ›Emilia Galotti‹« (Stuttgart 1974).

Kontext-Interferenzen abstrahierende Werkbegriff sozialgeschichtliche Konstellationen des 18. Jahrhunderts ins Methodologische sublimiert. Das Postulat einer autonomen Kunst war, wie wir oben gesehen haben, eine historisch besondere Antwort auf gesellschaftspolitische Konstellationen des 18. Jahrhunderts. Diese Antwort ist von der Germanistik, anknüpfend an sicher nicht leugbare Merkmale der Konsistenz und relativen Geschlossenheit von Dichtung, zum Wesen der Kunst verallgemeinert und damit ihrer historisch-konkreten Legitimation beraubt worden.

Analysen von Trivialliteratur zeigen, daß deren Helden Verkörperungen des bürgerlichen Ideologems von autonomen, von gesellschaftlichen Determinationen freien Individuen sind und daß in ihr originär gesellschaftliche Probleme personalisiert und individualisiert werden. Die sozialintegrative Funktion dieser Literatur liegt darin, daß sie Wertorientierungen verinnerlicht und Interpretationsschemata ausbildet, mit deren Hilfe sich Individuen einreden können, für das ihnen Widerfahrende in jeder Hinsicht selbst verantwortlich zu sein. Hieran wird deutlich, daß hohe Literatur und Trivialliteratur prinzipiell die gleiche Funktion für ihre Konsumentenkreise erfüllen können. Während jedoch die Trivialliteratur ihren Konsumenten die sozial relevanten Denk- und Handlungsmuster in direktem inhaltlichen Zugriff vermittelt, erreicht dies die hohe Literatur wesentlich subtiler, nämlich über – sich in den Wertungstheorien spiegelnde – Textverarbeitungsstrategien, die das »Hohe« als das Hehre hinstellen, das sich dem persönlich Würdigen erschließt. Die reflexive Verkümmerung dieser verinnerlichten Haltung kann man am Kulturbewußtsein des (von sich selbst entfremdeten) Kleinbürgertums beobachten, dem die volle Internalisierung der Wertorientierungen nicht mehr gelingt, das sie aber als aufstiegsorientierte Klasse aus Prestigegründen äußerlich übernimmt und nach jedem »Bildungserlebnis« und ohne Bezug zum Erlebten nur zu sagen weiß: »Das war Kunst; das hat sich gelohnt.« Mit der ideologiekritischen Sichtung und historischen Herleitung dieser Textverarbeitungsstrategien wird deutlich geworden sein, daß auch ästhetisches Verhalten Vorgang in einem System sozialen Handelns ist und autonomieästhetische Wertkriterien Resultat dieses Verhaltens sind.

Die autonomieästhetische Wertungstheorie verliert damit den von ihr selbst als uneinholbar eingeschätzten Vorteil, durch vorgebliche Abstraktion von allen außerästhetischen Gesichtspunkten methodisch reiner und gegenstandsadäquater zu verfahren. Zwar ist Seidler darin zuzustimmen, daß »die Wertungen in einer Wissenschaft [...] soweit wie möglich dem Bereich subjektiver Meinungen entzogen und strengen wissenschaftlichen Grundsätzen unterworfen werden« müssen,[43] aber dieses Ziel ist eben nicht, wie Seidler meint, in ahistorischer Subjekt-Objekt-Konfrontation von Interpret und zeitlos-gültigem Kunstwerk erreichbar. Der hier durchschlagende historische Objektivismus hat immer wieder dazu geführt, daß zeitgebundene Wertungen unbewußt in wissenschaftliches Arbeiten einfließen und so, indem die historisch-perspektivischen Voraussetzungen des eigenen Tuns nicht mit reflektiert werden, die angestrebte Objektivität gerade verhindert wird. Der methodisch einzig mögliche Ausweg aus diesem Zirkel ist nicht das Insistieren auf der Trennung von ästhetischen und außerästhetischen Wertungen, sondern die bis zur Bewußtwerdung fortgetriebene Radikalisierung des Subjektiven. Nur so kann, wenn überhaupt, die außerästhetische Motivation ästhetischer Wertungen einer reflexiven Kontrolle unterworfen werden.

Sozial- und damit auch Denk-, Sprach- und Wertstrukturen weisen häufig eine extreme Beharrungstendenz auf, und zwar selbst dann noch, wenn sie das Stadium ihrer historischen Legitimität und ihrer ursprünglichen Motivation überlebt haben. Diese Beharrungskraft ist nicht so sehr ein historisch zufälliges Resultat der eingefahrenen Konventionalität solcher Normen und der Unbeweglichkeit ihrer Träger als vielmehr ihrer Eignung, auch nach der Veränderung ihrer ursprünglichen Entstehungsbedingungen noch politisch relevante Interpretations- oder Rollenschemata zu internalisieren. Hier hat Rezeptionsgeschichte in der literarischen Wertung ihren methodischen Stellenwert. Sie ist diejenige Geschichte, die nicht einfach Wertungspositionen der Vergangenheit auf einen chronologischen Faden zieht, sondern, indem sie sich im Sinne von Jürgen Habermas mit der Kraft der Selbstreflexion verbindet, einen historisch-kritischen Dialog entfaltet, der herrschende Textverarbeitungsstrategien sozialgeschichtlich (erklärend) und ideologiekritisch (das Erklärte negierend) sichtet. Sie eröffnet durch dieses Verfahren die Chance, Wertungsstrategien als Resultat einer historischen Spannung zwischen ihrer Entstehungs- und Entwicklungsgeschichte zu sehen, sie an ihren historischen Ort zurückzubinden und sich dadurch von

---

[43] Seidler (= Anm. 37), S. 6.

ihrem Herrschaftsanspruch zu befreien. – Indem die rezeptionsgeschichtliche Aufarbeitung traditioneller Wertungspositionen beispielsweise die Indienstnahme klassischer Wertkriterien für eine kulturelle, politisch affirmative ›Tellerwäscherideologie‹ nachzeichnet, diskutiert sie ihren Gegenstand im Zusammenhang einer Emanzipation von Herrschaft. Sie greift damit, wie oben deutlich geworden sein dürfte, den ursprünglichen Beweggrund klassischer, besonders Schillerscher Wertdiskussionen wieder auf.

Die Bedeutung der rezeptionsästhetischen Perspektive für die literarische Wertung erschöpft sich jedoch nicht in der ideologiekritischen Aufarbeitung der Wirkungsgeschichte klassisch-ästhetischer Wertkriterien bzw. der mit diesen korrespondierenden literarischen Leserrollen.[44] Ein konsequent rezeptionsästhetischer Ansatz geht auch von einem neuen, nämlich funktionalen Text- bzw. Werkbegriff aus. Er faßt Literatur nicht als objekt-, sondern als gebrauchsgebunden; er dynamisiert den traditionellen Werkbegriff und betrachtet literarische Werke als variable Kommunikationsmittel, als ›faits sociaux‹, deren Bedeutungsstruktur handelnde Subjekte allein im Rahmen ihrer geschichtlich variablen semantisch-semiotischen Möglichkeiten auffüllen können. Im Gegensatz zum traditionellen Werkbegriff, der seinen Gegenstand aus seinem jeweiligen historischen Kontext isoliert und ihn dadurch verdinglicht, faßt der rezeptionsästhetische Werkbegriff seinen Gegenstand nicht nur als Funktion der besonderen Beschaffenheit der Zeichenmaterialität des Werkes, sondern gleichermaßen als Funktion der konkreten kommunikativen Situation, in der er rezipiert wird. Es ist offensichtlich, daß dieser Werkbegriff Konsequenzen haben muß für Theorie und Praxis literarischer Wertung. Denn die traditionelle Wertungstheorie konnte literarische Werte ja nur deshalb als zeitlos betrachten, weil sie in ihnen anhängende Qualitäten einer gleichfalls zeitlos-identischen literarischen *Bedeutungs*struktur sah. Doch wenn – wie die Diskussion der letzten Jahre gezeigt hat – der Leser sich nicht in

[44] Im folgenden wird, um den Gedankengang des Essays abzurunden, in aller Kürze eine Diskussion gestreift, deren Höhe die Bücher von Norbert Mecklenburg (= Anm. 31), Günter Waldmann (»Theorie und Didaktik der Trivialliteratur. Modellanalysen, Didaktikdiskussion, literarische Wertung«. München 1973) und Götz Wienold (»Semiotik der Literatur«. Frankfurt a. M. 1972) repräsentieren. Zum funktionalen Werkbegriff des folgenden vgl. insbesondere Jurij M. Lotman: »Die Struktur des künstlerischen Textes«. Frankfurt a. M. 1973.

geschichtsenthobener Subjekt-Objekt-Distanz literarischen *Bedeutungen* zuwenden kann, dann vermag er dies auch nicht mit literarischen *Werten* zu tun. Mit anderen Worten: er wird nicht einfach geschichtsresistente ästhetische Werte *abrufen*, sondern von einem normbesetzten Kontext her ästhetischen Objekten in gleicher Weise Werte *zuschreiben*, wie er dies mit kontextuell normierten Bedeutungen tut. Jan Mukařovský, der wohl als erster auf diese Zusammenhänge aufmerksam gemacht hat, betont, daß sich diese »Wandelbarkeit des ästhetischen Werts« nicht »aus einer ›Unvollkommenheit‹ des künstlerischen Schaffens oder Wahrnehmens ergibt, aus der Unfähigkeit des Menschen, das Ideal zu erreichen«, sondern daß sie »zum Wesen des ästhetischen Werts« gehöre, »der Prozeß ist und nicht Stand, *energeia* und nicht *ergon*«.[45]

Freilich geschieht diese variable Wertzuweisung nicht in sklavischer Abhängigkeit von historisch-konkreten Kontexten, von in sich geschlossenen Sprachspielen; sie ist vielmehr bestimmt durch die wirkungsgeschichtliche Spannung zwischen vergangenen und gegenwärtigen Wertzuweisungen. Erst der Freiraum, den diese Spannung eröffnet, bietet die Chance, literarische Werte als Verfestigungen vergangener Geschichtskonstellationen, die in die Gegenwart fortleben, zu erkennen; erst dieser Freiraum bietet die Möglichkeit zu historischer Distanzierung der Werte, in deren Verlauf sie sowohl akzeptiert als auch verworfen werden können. Denn rezeptionsästhetische Wertung fragt in dialogischer Auseinandersetzung mit der Wertungsgeschichte eines Werkes auch nach dem ursprünglichen semantisch-axiologischen System, das den entstehungsgeschichtlichen Aspekt seines Wertes bestimmt, und nach denjenigen axiologischen Systemen, die seinen Wert wirkungsgeschichtlich variiert haben. Rezeptionsästhetisch fundierte Wertung ist geschichtlich aufgefächerte Wertung: sie wertet ihren Gegenstand im Hinblick auf seinen ursprünglichen politisch-sozialen wie ästhetischen Kontext und im Hinblick auf seine wertmäßige Funktion in allen nachfolgenden Kontexten. Sie analysiert die semantisch-axiologischen Systeme nicht als abgeschlossene Sprachspiele, sondern reflektiert die historischen Spannungen, die sich zwischen ihren entstehungs- und wirkungsgeschichtlichen Aspekten ergeben. Auf diese Weise versucht sie, nicht wie die ihren Gegenstand verdinglichende traditionelle Werttheorie

---

45 Jan Mukařovský: »Kapitel aus der Ästhetik«. Frankfurt a. M. 1970. S. 77.

die Last der historisch verzerrten, weil nur noch affirmativen Rede vom Harmonischen, Autonomen oder Ewigen mit sich herumzuschleppen, sondern diese Rede und Kunstwerke, auf die diese Rede anwendbar ist, an ihren historischen Ort zu stellen und sie im Koordinatensystem dieses Ortes zu werten. Norbert Mecklenburg hat in diesem Zusammenhang darauf hingewiesen, daß, solange die für Dichtung und ihre Bewertung »konstitutive Spannung von Geschichtlichkeit und Gegenwärtigkeit nicht zugunsten einer abstrakten Zeitlosigkeit aufgelöst wird«, die Frage nicht abzuweisen sei, »wie Dichtung sich zu Fortschritt verhalte«.[46] Er zieht daraus für die Literaturkritik die Konsequenz, daß sie »Fortschritt als Kriterium negativ« anwenden müsse: »Die Idee eines kritischen Kanons wäre am ehesten zu retten, wenn dieser als ein Kanon von ›Verboten‹ aufgefaßt würde. Der geschichtliche Rang eines Werkes bestimmt sich auf solche Weise nicht nach einem progressiven Literatur- oder Gesellschaftsprogramm, sondern zunächst nach dem, was geschichtlich nicht mehr möglich ist.« Er meint allerdings, daß die »Negation des unmöglich Gewordenen« nicht nur auf neue, sondern auch auf jene alten Werke zu beziehen sei, »die den gegenwärtigen Zustand [...] aufgrund veränderter Verhältnisse nicht mehr erreichen«.[47] So zustimmenswert Mecklenburgs Ansatz einer bestimmten Negation literarischer Bedeutungen und Werte generell ist: hier freilich schlägt m. E. ein falscher Aktualitätswille durch. Denn die alten Werke, die den gegenwärtigen Zustand nicht erreichen, werden ja allenfalls mit historisch falschem Bewußtsein als gegenwärtige rezipiert. Literarische Wertung hat die Aufgabe, sie als vergangene Werke und Werte, die in einer jeweils spezifischen Spannung ihrer Entstehungs- und Wirkungsgeschichte stehen, bewußtzumachen. Kritische Literaturwissenschaft abstrahiert niemals von dieser Spannung, kann also auch niemals eine *abstrakte*, plan auf die jeweilige Gegenwart hin angelegte »Negation des unmöglich Gewordenen« durchführen. Sie lehrt im Idealfall das Vergangene als ehemals Aktuelles und als fortwirkendes Zeugnis dieser Aktualität durchschauen.*

---

46 Mecklenburg (= Anm. 31), S. 108.

47 Ebd., S. 110f.

* Der in der Tradition der kritischen Hermeneutik formulierte Ansatz Mecklenburgs und der zuvor skizzierte semiotische Ansatz bleiben hier unvermittelt nebeneinander stehen. Die Semiotik interessiert sich zunächst ja nur für den sprachlichen Status von Kunstwerken, der ihr

ohne Bezug auf den seinerseits semiotisch analysierbaren Kontext nicht zu bestimmen ist, während der kritisch-hermeneutische Ansatz Aussagen über den sozialphilosophischen Status von literarischen Werken und Kunst überhaupt impliziert, d. h. Kunst im Hinblick auf die in ihr sich ausdrückende kritische Wahrheit über Gesellschaft befragt. Die Chance zur Überwindung affirmativer Traditionsverfallenheit im oben analysierten Sinne scheinen mir beide Richtungen zu haben. Daraus folgt, daß beide Ansätze für rezeptionsästhetische Zwecke funktionalisierbar sind.

Quellennachweis

Emil Ermatinger: Vom Urteilen über Dichtwerke. Der getreue Eckart 6 (1928), S. 63–67.

Levin L. Schücking: Literarische »Fehlurteile«. Deutsche Vierteljahrsschrift für Literaturwissenschaft und Geistesgeschichte 10 (1932), S. 371–386 [abgedr. in: L. L. S.: Essays, Wiesbaden 1948, S. 388–414].

Wolfgang Kayser: Literarische Wertung und Interpretation. W. K.: Die Vortragsreise. Studien zur Literatur, Bern 1958, S. 39–57 [zuerst in: Der Deutschunterricht 4 (1952), H. 2, S. 13–27].

Hans-Egon Hass: [Literarische Wertung und Kulturgemeinschaft]. H.-E. H.: Das Problem der literarischen Wertung, Darmstadt 1970 (Wissenschaftliche Buchgesellschaft, Reihe »Libelli«, Bd. 310) [zuerst in: Studium Generale 12 (1959), S. 727–756], S. 86–96.

Wilhelm Emrich: Das Problem der Wertung und Rangordnung literarischer Werke. W. E.: Geist und Widergeist. Wahrheit und Lüge der Literatur. Studien, Frankfurt am Main 1965, S. 9–29 [zuerst in: Archiv für das Studium der neueren Sprachen und Literaturen 115 (1963), S. 81–102; wieder abgedr. in: Sprache im technischen Zeitalter 12 (1964), S. 974-991].

Gotthart Wunberg: Interpretation und Wertung. Kritische Bemerkungen zu Wilhelm Emrich. [Manuskript; auszugsw. abgedr. in: Handelingen van het dertigste Nederlands Filologencongres 2 (1969), H. 2, S. 56–62. – Der vorliegende Text wurde gegenüber dem Manuskript leicht gekürzt.]

Morris Weitz: The Philosophy of Criticism. Proceedings of the Third International Congress of Aesthetics, Torino 1957, S. 207–216.

Eric Donald Hirsch: Privileged Criteria in Literary Evaluation. Problems of Literary Evaluation, hrsg. v. Joseph P. Strelka, University Park u. London 1969 (Yearbook of Comparative Criticism, Bd. 2), S. 22–34. Copyright 1969 by The Pennsylvania State University Press. Reprinted by permission of The Pennsylvania State University Press.

Emil Staiger: Einige Gedanken zur Fragwürdigkeit des Wertproblems. [Manuskript; in englischer Übers. zuerst in: Problems of Literary Evaluation, a.a.O., S. 198–212.]

Roman Ingarden: [Ästhetisch wertvolle Konkretisation und analytische Betrachtung des literarischen Kunstwerks]. R. I.: Vom Erkennen des literarischen Kunstwerks, Tübingen 1968, S. 298–311.

Max Wehrli: Fortschritt in der Dichtung? Das Problem des Fortschrittes – heute, hrsg. v. R. M. Meyer, Darmstadt 1969, S. 54–70.

Jochen Schulte-Sasse: Autonomie als Wert. Zur historischen und rezeptionsästhetischen Kritik eines ideologisierten Begriffes. Literatur und Leser. Theorien und Modelle zur Rezeption literarischer Werke, hrsg. v. G. Grimm, Stuttgart 1975, S. 101–118; 383f. – Mit freundlicher Genehmigung des Verlages Philipp Reclam jun.

Bibliographie

Beriger, Leonhard: Die literarische Wertung. Ein Spektrum der Kritik, Halle 1938.

Bojtár, Endre: Wert und Wertung des literarischen Werkes. Zagadnienia rodzajów literackich. Lodz, 15 (1972), H. 1, S. 71–108.

Bonheim, Helmut: Instrumentale Literaturkritik, Poetica 6 (1974), S. 76–86.

Bormann, Claus v.: Der praktische Ursprung der Kritik, Stuttgart 1974.

Chvatik, Kvetoslav: Der ästhetische Wert, in: K. C.: Strukturalismus und Avantgarde, München 1970, S. 96–107.

Conrady, Karl Otto: Literatur und Germanistik als Herausforderung, Frankfurt am Main 1974.

Delius, Harald: Zur Natur und Verbindlichkeit ästhetischer Wertungen, in: Text. Bedeutung. Ästhetik, hrsg. v. S. J. Schmidt, 2. Aufl., München 1972, S. 153–175.

Einecke, Jörg: Über die Tätigkeit der Bundesprüfstelle, Zeitschr. f. Literaturwissenschaft u. Linguistik 2 (1972), S. 45–63.

Emrich, Wilhelm: Das Problem der Wertung und Rangordnung literarischer Werke, in: W. E.: Geist und Widergeist, Frankfurt am Main 1965, S. 9–29.

– Bewußtseins- und Daseinsstufen der Dichtung, ebd., S. 30–45.

Ermatinger, Emil: Vom Urteilen über Dichtwerke, Der getreue Eckart 6 (1928), S. 63–67.

– Das dichterische Kunstwerk. Grundbegriffe der Urteilsbildung in der Literaturgeschichte, 2. Aufl., Leipzig 1923.

Fokkema, D. W.: The Problem of Generalization and the Procedure of Literary Evaluation, Neophilologus 58 (1974), S. 253–272.

Gerth, Klaus: ›Ästhetische‹ und ›ontologische‹ Wertung, Der Deutschunterricht 19 (1967), H. 5, S. 43–57.

Glotz, Peter: Die Bedeutung der Kritik für das Lesen, in: Lesen – Ein Handbuch, hrsg. v. A. C. Baumgärtner, Hamburg 1973, S. 604–622.

Grimm, Gunter: Einführung in die Rezeptionsforschung, in: Literatur und Leser, hrsg. v. G. G., Stuttgart 1975, S. 11–84; 359–378.

Günther, Hans: Grundbegriffe der Rezeptions- und Wirkungsanalyse im tschechischen Strukturalismus, Poetica 4 (1971), S. 224–243.

Haller, Rudolf: Das Problem der Objektivität ästhetischer Wertungen, in: Neue Hefte f. Philosophie, H. 5: Ist eine philosophische Ästhetik möglich? Göttingen 1973, S. 105–117.

Hart Nibbrig, Christiaan L.: Ja und Nein. Studien zur Konstitution von Wertgefügen in Texten, Frankfurt am Main 1974.

Hass, Hans-Egon: Das Problem der literarischen Wertung, Darmstadt 1970.

Henckmann, Wolfhart: Über die Verbindlichkeit ästhetischer Urteile, Zeitschr. f. Ästhetik 15 (1970), S. 49–77.

Henze, Donald W.: Das Kunstwerk als eine Regel, Ratio 11 (1969), S. 60–65.

Herrmann, Wolfgang: Der allein ausziehende Held. Zur Problematik literarischer Wertung am Beispiel des Abenteuer- und Wildwestromans, DVjs 46 (1972), S. 320–358.

Hinderer, Walter: Literary Value Judgments and Value Cognition, in: Problems of Literary Evaluation, S. 54–79.

Hirsch, Eric Donald: Privileged Criteria in Literary Evaluation, ebd., S. 22–34.

– Literary Evaluation as Knowledge, Contemporary Literature 9 (1968), S. 319–331.

– Prinzipien der Interpretation, München 1972.

– Value and Knowledge in the Humanities, in: In Search of Literary Theory, hrsg. v. M. W. Bloomfield, Ithaka u. London 1972, S. 55–72.

Hohendahl, Peter Uwe: Literaturkritik und Öffentlichkeit, Zeitschr. f. Literaturwissenschaft u. Linguistik 1 (1970/71), S. 11–46.

Ingarden, Roman: Das literarische Kunstwerk, 3. Aufl., Tübingen 1965.

– Vom Erkennen des literarischen Kunstwerks, Tübingen 1968.

– Erlebnis, Kunstwerk und Wert, Tübingen 1969.

Jarmatz, Klaus: Gibt es in der Kunst einen Fortschritt, Sinn und Form 26 (1974), S. 194–220.

Jauß, Hans Robert: Literaturgeschichte als Provokation, Frankfurt am Main 1970.

Kayser, Wolfgang: Literarische Wertung und Interpretation, in: W. K.: Die Vortragsreise, Bern 1958, S. 39–57.

– Vom Werten der Dichtung, ebd., S. 58–70.

Kraft, Victor: Die Grundlagen einer wissenschaftlichen Wertlehre, 2. Aufl., Wien 1951.

Krause, Ulrich: Ästhetische Wertung als Aggregation, Zeitschr. f. Literaturwissenschaft u. Linguistik 1 (1970/71), S. 99–114.

Kromer, Helene: Vorstudien zur Frage einer wertenden Literaturwissenschaft, phil. Diss. Münster 1935, Bottrop 1935.

Lämmert, Eberhard: Über die zukünftige Rolle der Literaturkritik, in: Kritik der Literaturkritik, hrsg. v. O. Schwencke, Stuttgart 1973, S. 109–124.

Lindner, Burkhardt: Probleme der literarischen Wertung, in: Grundzüge der Literatur- und Sprachwissenschaft, hrsg. v. H. L. Arnold u. V. Sinemus, Bd. 1: Literaturwissenschaft, München 1973, S. 444–458.

Lockemann, Fritz: Literaturwissenschaft und literarische Wertung, München 1965.

Lunding, Erik: Absolutismus oder Relativismus? Zur Wertfrage, Orbis Litterarum 21 (1966), S. 71–94.

– Das Wagnis des Wertens, Der Deutschunterricht 19 (1967), H. 5, S. 24–42.

Maren-Grisebach, Manon: Theorie und Praxis literarischer Wertung, München 1974.
Mecklenburg, Norbert: Kritisches Interpretieren. Untersuchungen zur Theorie der Literaturkritik, München 1972.
– Kriterien als Bedingungen der Möglichkeit von Literaturkritik, in: Kritik der Literaturkritik, hrsg. v. O. Schwencke, Stuttgart 1973, S. 90–98.
– Einleitung: Aufriß einer Didaktik der literarischen Wertung, in: Zur Didaktik der literarischen Wertung, hrsg. v. N. M., Frankfurt am Main 1975, S. 7–33.
– Die Rhetorik der Literaturkritik, in: Literaturkritik und Medienkritik, hrsg. v. J. Drews, Heidelberg 1977.
– Wertung und Kritik als praktische Aufgaben der Literaturwissenschaft, in: Literaturkritik und literarische Wertung, hrsg. v. P. Gebhardt, Darmstadt 1977.
– / Müller, Harro: Erkenntnisinteresse und Literaturwissenschaft, Stuttgart 1974.
Meyer, Heinrich: Observations on Literary Values, in: Texte und Kontexte (Festschrift Fuerst), Bern 1973, S. 115–129.
Morris, Charles William: Grundlagen der Zeichentheorie. Ästhetik und Zeichentheorie (1939/40), München 1972.
Müller-Seidel, Walter: Probleme der literarischen Wertung. Über die Wissenschaftlichkeit eines unwissenschaftlichen Themas, 2. Aufl., Stuttgart 1969.
– Wertung und Wissenschaft im Umgang mit Literatur, Der Deutschunterricht 21 (1969), H. 3, S. 5–40.
Mukařovský, Jan: Ästhetische Funktion, Norm und ästhetischer Wert als soziale Fakten (1936), in: J. M.: Kapitel aus der Ästhetik, Frankfurt am Main 1970, S. 7–112.
Oppel, Horst: Die Literaturwissenschaft in der Gegenwart. Methodologie und Wissenschaftslehre, Stuttgart 1939.
Petersen, Julius: Die Wissenschaft von der Dichtung. System und Methodenlehre der Literaturwissenschaft, 2. Aufl., hrsg. v. E. Trunz, Berlin 1944.
Petsch, Robert: Deutsche Literaturwissenschaft. Aufsätze zur Begründung der Methode, Berlin 1940.
Pfeiffer, Johannes: Umgang mit Dichtung, Hamburg 1949.
Pikulik, Lothar: Das zeitgemässe als kategorie der literarischen wertung, Wirkendes Wort 25 (1975), S. 12–27.
Problems of Literary Evaluation, hrsg. v. J. Strelka, University Park u. London 1969.
Rantavaara, Irma: Ist die Literaturkritik eine Wissenschaft? Neuphilolog. Mitt. 69 (1968), H. 2, S. 330–342.
Schemme, Wolfgang: Trivialliteratur und literarische Wertung. Einführung in Methoden und Ergebnisse der Forschung aus didaktischer Sicht, Stuttgart 1975.

Schober, Rita: Zum Problem der literarischen Wertung, Weimarer Beiträge 19 (1973), H. 7, S. 10–53.
Schücking, Levin L.: Soziologie der literarischen Geschmacksbildung, 3. Aufl., Bern 1961.
– Literarische »Fehlurteile«. Ein Beitrag zur Lehre vom Geschmacksträgertyp, DVjs 10 (1932), S. 371–386; wieder abgedr. in: L. L. S.: Essays, Wiesbaden 1948, S. 388–414.
Schulte-Sasse, Jochen: Literarische Wertung, Stuttgart 1971 (2. Aufl. 1976).
– Autonomie als Wert. Zur historischen und rezeptionsästhetischen Kritik eines ideologisierten Begriffes, in: Literatur und Leser, hrsg. v. G. Grimm, Stuttgart 1975, S. 101–118; 383f.
Seidler, Herbert: Zum Wertungsproblem in der Literaturwissenschaft, in: H. S.: Beiträge zur methodologischen Grundlegung der Literaturwissenschaft, Österr. Akademie d. Wiss., Phil.-hist. Kl., Sitzungsber. Bd. 262, 3. Abh., Wien 1969, S. 5–31.
Sengle, Friedrich: Ein Aspekt der literarischen Wertung, Akzente 2 (1955), S. 28–36.
– Zur Einheit von Literaturgeschichte und Literaturkritik, DVjs 34 (1960), S. 327–337.
Singer, Herbert: Grenzfälle, in: Literatur und Dichtung, hrsg. v. H. Rüdiger, Stuttgart 1973, S. 136–143.
Staiger, Emil: The Questionable Nature of Value Problems, in: Problems of Literary Evaluation, S. 198–212.
Stern, Alfred: Geschichtsphilosophie und Wertproblem, München 1967.
Stodte, Hermann: Deutung und Wertung, Zeitschr. f. Dt. Bildung 6 (1930), S. 161–166.
Strelka, Joseph: Die gelenkten Musen. Dichtung und Gesellschaft, Wien 1971.
– Die Relativität literaturkritischer Methoden, Colloquia Germanica 8 (1974), S. 15–29.
Contemporary Studies in Aesthetics, hrsg. v. F. J. Coleman, New York 1968.
Topitsch, Ernst: Kritik der phänomenologischen Wertlehre, in: Werturteilsstreit, hrsg. v. H. Albert u. E. Topitsch, Darmstadt 1971, S. 16–32.
Tradition in der Literaturgeschichte, hrsg. v. R. Weimann, Berlin 1972.
Völker, Paul Gerhard: Skizze einer marxistischen Literaturwissenschaft, in: Gansberg, Marie Luise / Völker, P. G.: Methodenkritik der Germanistik, Stuttgart 1970, S. 74–132.
Waldmann, Günter: Theorie und Didaktik der Trivialliteratur. Modellanalysen – Didaktikdiskussion – literarische Wertung, München 1973.
Walzel, Oskar: Gehalt und Gestalt im Kunstwerk des Dichters, Potsdam 1923.
Weber, Heinz-Dieter: Über eine Theorie der Literaturkritik, München 1971.

Wehrli, Max: Probleme einer evangelischen Literaturkritik, Reformatio 13 (1964), S. 528–537.
– Wert und Unwert in der Dichtung, Köln 1965.
– Fortschritt in der Dichtung? in: Das Problem des Fortschrittes – heute, hrsg. v. R. M. Meyer, Darmstadt 1969, S. 54–70.
Weimann, Robert: Das Traditionsproblem und die Krise der Literaturgeschichte, in: Tradition in der Literaturgeschichte, S. 9–25.
– Literaturgeschichte und Mythologie. Methodologische und historische Studien, Berlin 1972.
Weitz, Morris: The Philosophy of Criticism, in: Proceedings of the Third International Congress of Aesthetics, Torino 1957, S. 207–216.
– Reasons in Criticism, in: Collected Papers on Aesthetics, hrsg. v. C. Barrett, Oxford 1965, S. 91–106.
Literarische Wertung und Wertungsdidaktik, hrsg. v. G. Pilz u. E. Kaiser, Kronberg/Ts. 1976.
Wienold, Götz: Semiotik der Literatur, Frankfurt am Main 1972.
Willi, Victor J.: Grundlagen einer empirischen Soziologie der Werte und Wertsysteme, Zürich 1966.
Wunberg, Gotthart: Die Wertung literarischer Werke. Kritische Bemerkungen zu Wilhelm Emrich, in: Handelingen van het dertigste Nederlands Filologencongres 2 (1969), H. 2, S. 56–62.
Wutz, Herbert: Zur Theorie der literarischen Wertung. Kritik vorliegender Theorien und Versuch einer Grundlegung, Tübingen 1957.
Zimmermann, Bernhard: Literaturkritik und literarische Wertung, in: Theorie – Literatur – Praxis, hrsg. v. R. Brütting u. B. Zimmermann, Frankfurt am Main 1975, S. 31–40.

Personenregister

Sachregister